SER UN HUMANO
Y TAMBIÉN UN BUDA

EDITORIAL CÁNTICO
COLECCIÓN LUZ DE ORIENTE
DIRIGIDA POR RAÚL ALONSO

cantico.es · @canticoed

© Editorial Almuzara S. L., 2024
Editorial Cántico
Parque Logístico de Córdoba
Carretera de Palma del Río, km. 4
14005 Córdoba
© Anne Carolyn Klein, 2023
Originalmente publicado por Wisdom Publications, Inc.
© de la edición y traducción: Raúl Alonso, 2024

ISBN: 978-84-19387-55-4
Depósito legal: CO 949-2023

ANNE C. KLEIN
(LAMA RIGZIN DROLMA)

SER UN HUMANO Y TAMBIÉN UN BUDA

 སྟོན་འགྲོ་སེམས་སྦྱོང་བདུན་གྱི་དོན་ཁྲིད།

EL SÉPTUPLE ENTRENAMIENTO MENTAL DE
LONGCHENPA PARA UN CIELO ILUMINADO POR EL SOL
CON EL COMENTARIO DE ADZOM PAYLO RIMPOCHÉ

EDICIÓN Y TRADUCCIÓN DE RAÚL ALONSO

EDITORIAL CÁNTICO

COLECCIÓN ◯ LUZ DE ORIENTE

SOBRE LA AUTORA

ANNE C. KLEIN es profesora y ex directora del departamento de religión de la Universidad Rice. También es lama de la tradición Nyingma y directora fundadora y profesora residente de Dawn Mountain, un centro de estudio y práctica contemplativa de Houston. Ha sido ponente plenaria en el Instituto de Verano Mente y Vida en Garrison, Nueva York, y también en importantes programas públicos de Mente y Vida con Su Santidad el Dalai Lama. Ampliamente reconocida como una de las más relevantes tibetólogas del mundo, así como una autoridad del budismo tibetano en occidente, entre sus publicaciones figuran *Path to the Middle* (*El Camino del Medio*), *Unbounded Wholeness* (*Plenitud sin límites*, en coautoría con Gueshe Tenzin Wangyal Rimpoché), *Knowledge and Liberation* (*Conocimiento y liberación*), *Strand of Jewels* (*Collar de joyas*) y *Ser un humano y también un buda*, publicado en español en 2023 por Editorial Cántico.

Todas las abundantes enseñanzas del Maestro sin excepción
—ya se sabe—, liberan el fluir continuo del cuerpo, la palabra
y la mente de los seres y están sintetizadas
en estos puntos cruciales de entrenamiento mental. Estoy seguro.
Así que, personas con corazón para la enseñanza,
cultivad vuestras mentes.

Cuando tu entrenamiento logre discernir la mente y su naturaleza,
todos los pensamientos desagradables que se aferran a uno mismo
son por fin desprendidos de nuestra esfera. No tengo ninguna duda.
Ver naturalmente la realidad es asombroso. Estoy maravillado.

Practicando sólo así, disuelve tus ideas en su propio origen,
la Forma Pura sin florituras (dharmakāya).
Que la manera incalculable e inconstante de ser de las cosas,
totalmente libre de artificios, llegue a ser una rica y serena quietud

en la que estés seguro sin esfuerzo
contemplando la realidad de una mente que se aferra a todo,
así tal como es. Ahora todo está vacío.
Has encontrado tu verdadera naturaleza,
una dichosa esencia búdica. ¡Maravilloso!

Así, Gyurme Thupten Gyatso, también conocido como Pema
Wangyal, un orador en nombre del glorioso Dharma, expresó este
poema en alabanza de este libro que reúne las cruciales disciplinas
mentales, traducido y compuesto por la gran sabia Khewang Rigzin
Drolma. Que sea auspicioso.

ADZOM PAYLO RIMPOCHÉ

8

སྟོན་པའི་ཚོས་ཕྱུང་མ་ལུས་ཏེ་སྟེད་ཀྱུན། །
ཐམས་ཅད་གང་ཟག་རྒྱུད་དེ་གྲོལ་བ་ལགས། །
ཀུན་འདུས་བློ་སྟོང་གནད་འདི་ཟིས་པར་ཤེམས། །
དེ་ཕྱིར་ཚོས་ལྡན་སྐྱེ་བོས་བློ་སྦྱངས་མཛོད། །

ཤེམས་དང་ཤེམས་ཉིད་བློ་སྟོང་མཛད་ཤེས་ན། །
ཐ་མར་བདག་ཏུ་འཛིན་པའི་རྟོག་དན་ཀྱུན། །
རང་སར་ཤེད་དུ་གྲོལ་བ་ཟེ་མི་ཚོམ། །
རང་བཞིན་ཚོས་ཉིད་མཐོང་བ་ཨེ་མ་མཚར། །

དེ་ལྟའི་རྣལ་འབྱོར་ཏེ་བཞིན་བྱེད་པ་ལ། །
ཚོས་སྐྱེའི་སྟོས་པ་བྲལ་བའི་རང་སར་གཞིགས། །
མ་བཅོས་རྩེས་གདབ་བྲལ་བའི་གནས་ལུགས་ཉིད། །
ཐམས་ཅད་བཅོས་པ་མེད་པར་ལྷམ་མེར་ཞོག །

དེ་ཀའི་དང་ནས་ཚོས་ཀུན་བདག་འཛིན་བློ། །
ཏེ་ལྟར་ཏེ་བཞིན་མཐོང་བའི་གནས་ལུགས་ལ། །
བརྟན་པའི་རྩོལ་མེད་དང་གི་སྟོང་པར་གྱུར། །
རང་བཞིན་བདེ་གཤེགས་སྙིང་པོ་མཇལ་བར་རྒྱད། །

ཅེས་པ་འདི་ནི་དཔལ་ཆོས་སྐུ་བ་འགྱུར་མེད་ཐུབ་བསྟན་རྒྱ་མཚོའམ་པདྨ་དབང་གི་
རྒྱལ་པོས་མཁས་དབང་རིག་འཛིན་སྒྱོལ་མ་མཆོག་གིས་བསྐུར་ཚིམ་མཛད་པའི་བློ་སྦྱོང་
གི་གནད་འདུས་པའི་ཚོས་ལ་བསྟོད་པ་དང་བཅས་སྐྱས་པ་ཕྲི་དྲུ་ཡཉྩུ་སཎྜ་མང་ཀྷོ། །

ADZOM PAYLO RIMPOCHÉ

*Dedicado al despertar real
en el sentido más sano para todos,
quienquiera que sea, dondequiera que esté
y cuandoquiera que sea.*

SER UN HUMANO Y TAMBIÉN UN BUDA: EL SÉPTUPLE ENTRENAMIENTO MENTAL DE LONGCHENPA PARA UN CIELO ILUMINADO POR EL SOL

LA COMPOSICIÓN ORIGINAL de Anne C. Klein (Lama Rigzin Drolma) recoge las enseñanzas de Adzom Paylo Rimpoché y explora las cinco prácticas medulares de Jigme Lingpa junto con su detallado comentario sobre los entrenamientos. Entretejiendo en ellas la integración creativa del Sūtra de Longchenpa, el tantra y el Dzogchen[1], orienta el debate hacia la resolución de nuestras preguntas más desafiantes sobre lo que implica el despertar y cómo se relaciona con la verdad de nuestra situación humana en este momento. Los siete entrenamientos son venerados como fundamentales para los practicantes de Dzogchen e incluyen contemplaciones sobre la impermanencia, la casualidad y la corta duración de la felicidad, las múltiples causas de la muerte, el sinsentido de nuestras actividades mundanas, el valor de reconocer las buenas cualidades de Buda, la importancia de las instrucciones fundamentales de un maestro y meditaciones no conceptuales sobre la dicha y el vacío, la claridad y el vacío y, en última instancia, sobre la realidad misma.

---

1 Dzogchen (*Wylie: rdzogs chen*, "Gran Perfección" o "Gran Realización"; también conocido como Atiyoga), es una tradición de enseñanzas en el budismo indo-tibetano. Se basa en descubrir el estado primordial y condición natural de los seres, también llamado "la naturaleza de la mente". Se dice que esta base primordial (*gzhi*) tiene las cualidades de pureza (es decir, vacuidad o *shunyata*), espontaneidad (*lhun grub*, asociado con claridad luminosa) y compasión (*thugs rje*).

PREFACIO

EL BUDISMO se organiza en caminos y procesos. El Dzogchen, la Gran Realización, entiende que todos ellos se dirigen hacia un estado natural de plenitud.

En el proceso, se revela el secreto inexpresable del camino. Este proceso es también la historia de los ríos que buscan su océano, de seres humanos doloridos como nosotros que se enfrentan a algo que es a la vez extraño e inseparable de nuestro ser. El caudal del río parece largo y sinuoso. Sin embargo, el océano no es sólo su destino, sino también su fuente. El secreto, si podemos creerlo, es que el río ya es el océano, y que nosotros, a pesar de todas nuestras angustias, ya estamos completos. Sentirse completo es un estado de intimidad con todo lo que conocemos, sentimos y somos. Íntimo con nuestro dolor, íntimo con nuestra alegría, libre en nuestra plenitud, fácil y abierto a los demás. Como el sol que ilumina el cielo, nuestro conocimiento amoroso aparece en todas partes.

Tal es la premisa de las enseñanzas más profundas y secretas del Tíbet. Incluso cuando somos comprensiblemente escépticos al respecto, queremos buscar por nosotros mismos. Sentimos que algo más es posible, que no tenemos por qué quedarnos atrapados en nuestras siluetas como un viajero solitario en el camino de la vida. Esto no es lo que queremos. Pero entonces, ¿qué? ¿Qué implica el despertar y cómo se relaciona con la verdad de nuestra situación actual? ¿Perdemos o ampliamos nuestra humanidad en el proceso? La exploración de los siete entrenamientos de Longchenpa, siete pasos hacia la plenitud que celebra el Dzogchen, responde a estas preguntas que durante mucho tiempo han sido fuente de intensa especulación tanto para los practicantes como para los filósofos.

Todas las prácticas Dzogchen facilitan la apreciación de la inclusividad radical de nuestra naturaleza. Estas prácticas disipan la separación que normalmente genera la experiencia. Otras personas, culturas, colores, sabores, y todo lo demás que captan los sentidos, parecen ajenos a nosotros. ¿No es así? Para el Dzogchen toda esta aparente separación es simplemente producto de una imaginación confusa. La solución está a nuestro alcance.

Teniendo esto presente, nos encontramos con el secreto revelado a través de la mente iluminada de Longchen Rabjam (1308-1364) y los escritos de su heredero espiritual, Jigme Lingpa (1730-1798). Reflexionamos sobre sus enseñanzas de los siete entrenamientos y otros escritos filosóficos y poéticos de la tradición Dzogchen que ayudan a ampliar lo que esos entrenamientos hacen posible. También seguimos los pivotes por los que Longchenpa —como también se conoce a Longchen Rabjam— guía al lector-practicante desde las enseñanzas de los sūtra sobre la impermanencia y la vacuidad hasta el reconocimiento dzogchen de un dinamismo incesante que impregna toda experiencia. Para aclarar esto aún más, incluimos un comentario oral sobre el texto del *Séptuple Entrenamiento Mental* de Longchenpa por Adzom Paylo Rimpoché, uno de los grandes maestros dzogchen del Tíbet en la actualidad, y ampliamente considerado como una encarnación de Jigme Lingpa.

De este modo, recorremos la gran corriente de voces antiguas de la India y el Tíbet, que se remontan a los primeros tiempos de la escritura y la práctica budistas, y que llegan hasta nuestros días, cuando la posibilidad de la plenitud en el mundo parece más vital que nunca.

INTRODUCCIÓN

Panorama general:
EN EL HOGAR DE LA PLENITUD

La ciencia y la mística dicen que todos estamos conectados. Todos somos hijos del Big Bang. Venimos del espacio. Todo lo que vemos y tocamos viene del espacio. Nuestra sangre lleva hierro, procedente de la energía de la explosión de las supernovas. No somos una pequeñez separada de esta grandeza. Nos nutrimos de ella y contribuimos a ella. Mi aliento, mi hierro, estuvo una vez en el cuerpo de otro, y volverá a estarlo. También en el tuyo. Con esta vasta perspectiva en mente, ¿quién de nosotros es un extraño?

La integridad y la conexión son fundamentales para nuestra existencia. Pero rara vez vivimos como si lo fueran. Nuestro inmanejable sentido de la separación está en el centro de nuestro sufrimiento. Cómo repararlo es la principal lección que debemos aprender los seres humanos. Nos sentimos separados de los demás, de la sociedad, pero no queremos estar solos. Nos sentimos separados de nuestro mayor potencial y, sin embargo, queremos triunfar. Nos sentimos separados de nuestros sentimientos y anhelamos sentirnos más vivos. No queremos sentirnos fragmentados, pero la totalidad se nos escapa. La separación es sufrimiento. La separación que abordamos aquí no es lo mismo que la diferencia y el desacuerdo. La totalidad no es de un solo color. En definitiva, no es un llamamiento a que todo el mundo sea igual. Se trata de no perdernos tanto en el drama que tenemos delante como para olvidarnos que hay un suelo más profundo que lo sostiene todo. La tierra que pisamos nos sostiene a todos. La aspiración a la totalidad reconoce con ardor las multiplicidades que contiene.

Nuestro sentido de lo que es posible siempre está en confrontación con tendencias opuestas proporcionadas por nuestra mente y nuestro entorno social, que ocultan a plena vista lo que realmente está a nuestro alcance. No es poca cosa.

Nada dificulta más el despertar
que permanecer inconsciente
de lo que ya existe, ahí mismo,
sin inquietud ni agobio.[2]

Las opiniones budistas sobre nuestro potencial humano ofrecen un optimismo y un realismo que parecen no tener parangón en las ideas actuales sobre la posibilidad humana. Para explorar esto, no podemos hacer otra cosa que consultar una tradición cuyo propio nombre sugiere la verdad y la necesidad tanto de nuestro estado real como potencial de plenitud.

Esta Gran Perfección se conoce en el Tíbet como Dzogchen. "Dzog" significa completo, perfecto, íntegro e inclusivo, y "chen" significa grande, lo que subraya que todo, simplemente todo, forma parte de este momento. Esta realidad inclusiva rebosa de una variedad que nunca rompe su totalidad. En un antiguo poema de la tradición Bon Dzogchen, la voz de la realidad lo expresa así:

Nada, ni siquiera una cosa, surge de mí.
Nada, ni siquiera una cosa, habita en mí.
Todo, simplemente todo, emana de mí.

---

2 "Majestad Creadora" (*Kun byed rgyal po*), citado por Longchenpa en su *Tratado Precioso*, 200.4-6. Esta traducción puede cantarse con cualquier melodía tibetana de siete sílabas. Para la excelente traducción de Barron, véase su *Precious Treasury of the Basic Space of Phenomena*, 209.

Por lo tanto, ¡sólo soy uno!
Conocerme es conocerlo todo.
Gran dicha.[3]

Este verso ayuda a hacer extraño lo familiar, diluyendo nuestro apego a lo ordinario. La opacidad de la visión que tenemos de nosotros mismos se desvanece un poco. El despertar, por no hablar de la budeidad, puede sonar esotérico o distante, pero la visión del Dzogchen es exactamente lo contrario. Nuestras sensibilidades se revelan como naturalmente preparadas para la extensión abierta de la inclusividad. En el mejor de los casos, los sistemas espirituales, políticos, sociales, religiosos y psicológicos son faros hacia la plenitud; son sanadores de separación. Los villanos y las víctimas, los políticos y quienes les sirven, así como el horrible comportamiento de los déspotas y de las naciones, pueblos, razas y abanderados religiosos que utilizan su poder para odiar y hacer daño: todos ellos están inmersos en estructuras que, por el momento, rehúyen la integridad.

A un nivel personal, hay formas sencillas de sentirse más completo: caminar por el bosque, mirar al cielo, sentarse en silencio con los seres queridos... En todos los casos, sentirse seguro en un espacio tan amplio es sanador y sagrado. Cuando estoy relajada, segura y entre amigos, no deseo hacer daño a nadie. En general, esto es transformador. En plena guerra de Vietnam, Thich Nhat Hanh recomendó la compasión hacia los villanos y las víctimas, los hambrientos y los perseguidos. También dijo: "Si no puedo ser pacífico en medio del peligro, entonces el tipo de paz que podría tener en tiempos más fáciles no tiene sentido."[4]

No es fácil. Sin embargo, es posible. En medio de una cruel historia racista, y como blanco directo de sus atacantes mien-

3 Klein y Wangyal, *Unbounded Wholeness*, 38.

4 Thich Nhat Hanh, "Real Peace," https://justdharma.org/category/thich-nhat-hanh/.

tras encabeza los movimientos por los derechos civiles del siglo XX, Martin Luther King dijo: "Creo que la verdad no armada y el amor incondicional tendrán la última palabra en la realidad."[5] Gandhi señaló célebremente que el ojo por ojo dejaría ciego al mundo entero. Debemos contrarrestar la injusticia con todo lo que tenemos. Pero no debemos, y de hecho no podemos, separarnos unos de otros.

Nuestra mente humana ordinaria podría rebelarse contra lo que podría sonar como demasiada aceptación en estos tiempos devastadores –tanto del precioso Amazonas vendido a los intereses petroleros, la violencia presente en los centros educativos de EE.UU. que en muchos casos termina en la cárcel–, todos ellos productos de injusticias económicas y raciales que amenazan las valiosas rutas de nuestro mundo. La pérdida de conexión con uno mismo y con una sociedad más amplia alimenta la agitación y la crispación en el mundo de hoy. Reconocer nuestra empatía empieza por ver con claridad nuestra propia experiencia humana. Cuanto más nos acerquemos, menos podremos separarla de lo que los budistas llaman despertar.

Las ideas y prácticas aquí expuestas invitan a la plenitud en nuestra experiencia vital. Las características culturales, personales, sexuales, raciales y todas las demás características distintivas contribuyen a un gran horizonte que no tiene límites. La variedad no crea separatividad porque, una vez más, la totalidad es la base de la diversidad. La experiencia de la vida es infinitamente variable. Y apreciar la variedad forma parte del camino hacia la plenitud. La plenitud es felizmente diversa. O, como dijo Borges: "El éxtasis no repite sus símbolos."[6]

Reconocer las conexiones entre las cosas cambia las reglas del juego. La conciencia de las intrincadas interdependencias que subyacen al cambio climático, la migración humana, las

---

5 https://www.brainyquote.com/quotes/martin_luther_king_jr_115064.

6 Borges, "The God's Script," 172.

diferencias económicas, etc., es crucial. Reconocer la interdependencia puede ayudarnos a buscar las máximas oportunidades para todos. La amabilidad y el sentido de conexión, el reconocimiento de que todos estamos juntos en esto, cambia las prioridades. Es una consecuencia natural de la regla de oro, fundamental en las tradiciones espirituales de todo el mundo. Los siete entrenamientos de Longchempa sirven para abrazar una benevolencia sin límites hacia todas las formas de vida.

El océano alberga infinitas olas y ondas, la naturaleza de todas ellas es el agua. Nuestra totalidad personal alberga infinitas olas de experiencias que queremos o no. Sin embargo, toda experiencia tiene la naturaleza del conocimiento: algún tipo de conciencia subyace en cada parte de lo que vivimos.

En su forma más sutil, este conocimiento es lo que el Dzogchen llama "naturaleza mental incorruptible". Reconocerlo es la esencia de la práctica de la Gran Perfección. Este reconocimiento conduce a la bondad y la alegría, cualidades humanas naturales que pueden aflorar en cualquier momento y mejorar nuestra experiencia en ese mismo instante.

No existe ninguna barrera entre las condiciones ordinarias y las despiertas. Desde la perspectiva del Dzogchen, los humanos y los budas son simplemente formas diferentes de emerger de la raíz del ser. En el transcurso de los siete entrenamientos vamos y venimos entre los estados humanos y los más despiertos, igual que en la vida cotidiana. Desde el principio, el estado de ser humano contiene indicios del despertar, aunque se resista.

Vislumbramos estas posibilidades todo el tiempo. Un semestre universitario en el extranjero me proporcionó un glorioso sabor a libertad. Hice autostop con unos amigos por el paso de San Bernadino, caminando durante kilómetros por el borde de la carretera, rezando para que me llevaran y luego subiendo a lo alto de un camión de transporte. Pasamos horas surcando las montañas, sus siluetas macizas contra el cielo brillante o estrellado. Tras la puesta de sol, el conductor paró en un pueblecito cercano a Tolve, donde una amable familia nos alojó. Unos días más tarde, en dirección a la bota italiana, con el corazón lleno y el estómago a menudo vacío, un conductor de aspecto rudo nos dio a cada uno un trozo de pizza siciliana caliente. El mundo nos parecía un lugar muy acogedor, un conjunto sin fisuras de aventuras y posibilidades.

En Brindisi cogimos un barco nocturno a Patras y desembarcamos al amanecer, con el horizonte recién iluminado que se reflejaba en el mar. Estaba relajada y emocionada. Nada era necesario y todo parecía posible. Caminé lentamente por el muelle con mi amigo, sin hablar, dejando que mis sentidos se fundieran en vistas azules hasta donde alcanzaba la vista, el sol dorado tumbado en el cielo y el agua brillando por todas partes, sintiéndome parte íntima de este despliegue expansivo y llena de un amor sencillo por todo ello. Algo dentro de mí me decía: "Así es como es realmente. Nunca olvides lo que se siente." Fue una especie de voto. No hablé de ello con nadie y no lo olvidé, pero tampoco tenía ni idea de lo que podría hacer en relación con esta exaltación sin precedentes de la plenitud. El asombro y la curiosidad por esta gloriosa sensación se convirtieron en una fuerza palpable.

Muchas tradiciones religiosas hablan de una totalidad que existía antes de que naciera la variedad, antes de que surgiera la separación, antes de que hubiera luz. O, más personalmente, antes de que surgiera cualquier pensamiento, o antes de que nuestros imprecisos sentidos infantiles se condensaran en un "yo" localizado.

El límite entre la inmensidad ininterrumpida y el comienzo de la variedad es, sobre todo, el momento de la creación. El impulso de indagar en este proceso está en el corazón de la ciencia y en el centro palpitante de la investigación espiritual, psicológica y fenomenológica. Pensemos en las conocidas palabras del Génesis:

*En el principio creó Dios los cielos y la tierra. La tierra esta-
ba desordenada y vacía, y las tinieblas estaban sobre la faz
del abismo. Y el Espíritu de Dios se movía sobre la faz de las
aguas.*

Y Dios dijo: "Hágase la luz", y se hizo la luz.

*Y vio Dios que la luz era buena, y separó Dios la luz de las
tinieblas. Y llamó Dios a la luz Día, y a las tinieblas llamó
Noche.*[7]

El documento religioso más antiguo de la historia de la humanidad, el *Rig-veda* de la India también toca el misterio de un tiempo
anterior al tiempo:

Entonces nada había, ni la existencia.
Entonces no existía el aire, ni los cielos más allá...
El Uno respiraba sin viento y autosuficiente.
Entonces ese Uno era, y no había ningún otro.

*Al principio sólo había tinieblas envueltas en oscuridad, Todo
esto era sólo agua no alumbrada.*[8]

Las tradiciones indias posteriores hablan de Atman, Brahman,
empatía y naturaleza o realidad búdica como eternamente presentes en todos. Y en el Evangelio de Tomás, la cosmovisión del Génesis se convierte en una relación muy personal con la luz originaria:

*Jesús dijo: «Si os dicen: "¿De dónde venís?" Responded: "Ve-
nimos de la luz; del lugar donde [por primera vez] surgió la
luz". Si os preguntan: "¿Quiénes sois?" Decid: "Somos los hijos
[de la luz]".»*[9]

7 Genesis 1: 1–5.

8 Basham, *The Wonder That Was India*, 247. Parala versión sánscrita ver
https://sanskrit- documents.org/sanskrit/major_works/.

9 Evangelio de Tomás, sentencia Nº 50. Véase *Textos gnósticos. Biblioteca de
Nag Hammadi* vol. II, Editorial Trotta, Madrid, 2004, 88.

Para el *Génesis*, el *Rig-veda* y el *Evangelio de Tomás*, la fuente inicial de la creación es la propia luz. La creación genera fronteras entre la luz y la oscuridad, el creador y lo creado, y las escrituras rompen inmediatamente esa frontera sugiriendo al lector la conexión con ambos principios: la luz y la oscuridad. En el *Rig-veda*, somos hijos del Uno. Para Santo Tomás, la creación significa que somos hijos de la luz. El maestro tibetano Padma-sambhava, conocido como Gurú Rimpoché y precursor de las tradiciones tibetanas de la Gran Perfección, también fusionó lo cósmico y lo personal. El legendario rey indio Indrabhūti lo descubrió, con el aspecto de un niño de ocho años, sentado solo dentro de una flor de loto gigante. Curioso por naturaleza, el rey le preguntó: «¿Quién eres y dónde están tus padres?» El niño responde:

Mi padre es la sabiduría de la conciencia espontánea.
Mi madre es el espacio bueno de todas las cosas.
Mi casta es el espacio y la conciencia indivisibles.
He tomado el reino de la realidad no nacida como mi patria.[10]

La totalidad de un cielo iluminado por el sol, las uniones radicalmente cósmicas e íntimas de la Gran Completud, resuenan con todo lo anterior. Desde los primeros días del Dzogchen, sus practicantes jugaron y exploraron el horizonte expansivo e íntimo que veían como su verdadera patria.

A lo largo de los siglos, estos yoguis, poetas y pensadores espectaculares crearon un magnífico legado de prácticas, poesía y filosofía que evocan una plenitud innata. La literatura de la Esencia del Corazón Dzogchen describe una base fundamental que existe antes de la distinción entre ser buda y ser humano. Esto se cono-

10 Adaptado de Tulku Thondup, *Masters of Meditation*, 77.

ce como el campo global (*spyi'i gzhi*) que aún no se ha dividido en saṃsāra o nirvāṇa. Longchenpa lo invoca de esta manera:

> *Previamente, antes de mí*
> *no había ni budas ni seres ordinarios...*
> *Previamente, antes de mí*
> *ni siquiera existía el nombre de "buda"...*
> *Los budas nacen de mí.*
> *Yo soy el significado último del conocimiento puro no*
> *nacido.*[11]

Hay muchas afirmaciones de este tipo en los escritos Dzogchen. Por definición, las historias tienen principio y fin. Las instrucciones sobre la práctica y la práctica misma, sin embargo, revelan que este campo global es en realidad un estado que existe simultáneamente, aunque en secreto, con todas las limitaciones que genera la dicotomía humano-buda.

Sólo una brizna, que no es exactamente nada, separa a los budas de los humanos. Esta sensación de separación de nuestro legítimo origen en la plenitud produce dolor, inquietud e insatisfacción; no es una idea metafísica abstracta. Las tragedias de la historia humana giran en torno a una injustificada sensación de separación de quienes identificamos como "distintos de nosotros". Los que no son de "los nuestros", humanos o animales, parecen presa fácil para la colonización, la matanza, la esclavitud y la exclusión general de todo tipo de derechos. Estas líneas entre amigo y enemigo, superior y lacayo, se vuelven vívidas hasta el punto de que olvidamos la creatividad más amplia de la que todo surgió. Y esta creatividad, al menos para el Dzogchen, no es un acontecimiento pasado; es una presencia continua en el espacio-cielo de nuestro ser.

---

11 Longchen Rabjam, *Commentary on the "Precious Dharmadhātu Treasury"*, 43. Véase también Barron, *Treasure Trove*, 5.

No sabía nada de esto cuando me enteré, leyendo al azar en mi adolescencia, de que la línea entre budas y humanos no era tan real, una afirmación que me pareció absurda pero interesante.

UN SECRETO A VOCES

Cuando estaba en el instituto, los pocos libros que había entonces sobre Zen me intrigaban. Pero cuando leí que todo el mundo, incluida yo, ya estaba despierto o ya era un buda, dejé el libro. ¿Cómo podía alguien decir algo así? Me parecía imposible. Me miré en el espejo y allí no había ningún Buda. Aun así, me picó la curiosidad. Pero era difícil encontrar información.

En la universidad, el único curso relacionado con Asia que encontré fue un semestre sobre los antiguos Vedas. Después de la universidad y de un máster en estudios budistas por la Universidad de Wisconsin, Madison, estudié textos y prácticas tibetanas con maestros criados y educados en el Tíbet tradicional, a veces en la India o Nepal, y otras como parte de estudios de posgrado en la Universidad de Virginia. Aprendí que había principios fundamentales que respaldaban esa idea descabellada de que todos somos ya budas, o la idea casi igual de descabellada de que con el tiempo podríamos convertirnos en uno: fui asimilando principios como la impermanencia, especialmente la mutabilidad de mi propia mente y cómo, cuando miras realmente de cerca, las cosas son diferentes de lo que parecen a primera vista. Poco a poco me di cuenta de que ninguno de nosotros está tan atascado como creemos. El juego de la vida es un juego de transformaciones. Y la transformación significa... ¡cambio! Significa posibilidad. La sensación acerada de mi indignación se suavizó un poco. Los estudios y las prácticas sobre la impermanencia, la causalidad, la vacuidad y la compasión –todo ello esencializado en los siete entrenamientos– suavizaron poco a poco mi incredulidad sobre la idea del "buda interior". Mi aproximación al Dzogchen en la década siguiente la suavizó aún más.

En 1996 me inspiré para organizar una peregrinación al Tíbet con algunos amigos para visitar lugares relacionados con el linaje Dzogchen de la Esencia del Corazón de la Gran Extensión (*Longchen Nyingthig*) de Jigme Lingpa. La mayor serendipia de mi vida fue encontrarme con el ahora legendario lama tibetano del linaje de Longchenpa, que en sus primeros años de vida fue identificado como una encarnación de Jigme Lingpa. Se trataba de Adzom Paylo Rimpoché. Era la segunda vez que venía al Tíbet Central desde su Kham natal.

Casi de inmediato, en el pequeño convento donde se alojaba, y entre enseñanza y enseñanza a monjes y monjas que descendían en fila india desde las altas cuevas de retiro que nos rodeaban, entonando cánticos de devoción, planteó la pregunta que yo había estado cocinando durante tanto tiempo, y subió la apuesta considerablemente: "¿Crees que puedes despertar en esta vida?".

Tuve que volver a preguntarme cómo sería creer en esta posibilidad. Ciertamente me resultaba atractiva y ya no discutía con ella, pero... ¿realmente creía en ella? Ya lo creía doctrinalmente, pero verlo como parte de mí ahora, y no en un tiempo lejano, sino pronto, era un asunto totalmente distinto.

Quizá puedas apreciar esto desde tu propia experiencia. ¿Te gustaría, ahora mismo, considerar qué cualidades te gustaría más encarnar? ¿Cualidades como la simplicidad, la confianza, la claridad o la amabilidad, por ejemplo? Tómate un momento para imaginar que las posees en toda su plenitud. ¿Cómo te sentirías al pasear por tu casa, al encontrarte con amigos o desconocidos con esas cualidades? ¿Puedes imaginarte a otras personas con esas mismas cualidades? ¿Te afecta de algún modo imaginar esas cualidades? ¿No están ya presentes en tu experiencia, forman ya parte de ti, aunque no se hayan desarrollado plenamente?

Poco a poco, finalmente, empecé a entender, de una forma más encarnada, que esta idea no era una teoría sobre una posibilidad abstracta, ni era algo que pudiera decidir sin más.

Tendría que conectar lo que "sabía" sobre el budismo con mi propio sentido de las cosas en tiempo real. Todavía no sabía lo que era el despertar, por supuesto, pero estaba aprendiendo que había formas de entrenamiento que implicaban algo muy distinto a recopilar información.

Aprender a distinguir la abstracción conceptual de la experiencia vivida fue un paso clave en el proceso. Llevar esa comprensión de la cabeza a los huesos sigue siendo una parte fundamental del aprendizaje y la práctica, y fue el tema de mis primeros libros. Estar dispuesto a abandonar el refugio seguro de las ideas para entrar en el terreno más desordenado de la experiencia fue parte del reto. Aprendí que me gustaba el espacio creativo en el que el conocimiento y el asombro fluyen juntos.

Si nos fijamos en nuestra experiencia real, hay un sinfín de pistas sobre adónde nos puede llevar esto. Una investigadora pionera de la experiencia humana, Claire Petitmengin, escribió recientemente: «La mayor parte del tiempo, estamos desconectados de nosotros mismos, de lo que vibra y vive en nuestro interior, y esta desconexión tiene consecuencias catastróficas en todos los ámbitos de la existencia. Recuperar el contacto con nuestra experiencia es la condición previa que permitiría recobrar nuestra lucidez, nuestra dignidad y el valor de cambiar nuestro modelo de sociedad.»[12]

Toda la tradición budista, empezando por la práctica del mindfulness tan conocida hoy en día, fomenta una nueva familiaridad con la experiencia. Al mismo tiempo, tanto el budismo como la ciencia nos animan a comprender cognitivamente el marco en el que vivimos. La experiencia vivida y la comprensión cognitiva son formas de conocimiento distintas y mutuamente enriquecedoras.

Longchenpa dice que la sabiduría está presente en cada mente y cuerpo. Esta sabiduría no es un saber sobre otra cosa; es puro

---

12 Petitmengin, "Anchoring," 1.

saber, verse a sí mismo. No mira hacia fuera ni hacia dentro. Se despierta a su propia naturaleza imparable e incorruptible, como el agua fresca que se humedece o se reconoce a sí misma en su correr espontáneo y elemental por un monte. Todo lo que experimentamos está en el campo de nuestro conocimiento. No hay "ahí fuera" más allá.

No hay que fiarse de la palabra de los demás. ¿Puedes separar tu conocimiento de lo que es conocido; tus sentidos de lo que sienten: sonidos, imágenes y todo lo demás? No tienes que decidirlo ahora, forma parte de nuestra exploración en curso.

Para Longchenpa, el puro saber es el soporte y la esencia de toda experiencia. Sólo que antes no nos habíamos dado cuenta. En retrospectiva, mi momento de plenitud junto al puerto de Patras me mostró algo así. En un instante, algo indescriptiblemente nuevo se hizo tan evidente como el sol del mediodía. Aquí no había separación entre el saber y lo que sabía. Saber y conocer formaban parte por igual del aire azul y del agua, y todo el horizonte me parecía tan íntimo como vasto. El verdadero secreto, difícil de creer pero al final imposible de ignorar, es que este resplandor es el camino de todo conocimiento.

Pero, ¿cómo ocurre esto? ¿Cómo es, en realidad?

A CONTRALUZ DE LA TOTALIDAD

¿Recuerdas cuando aprendiste a leer? ¿Aprendiste primero las letras sueltas o empezaste con palabras de una sílaba? ¿Recuerda la sorpresa de saber que la "e" final no se pronuncia (en inglés)? La magia de no limitarse a mirar las letras, ¡sino a leer!

Cuando vi a un amigo de la familia, no mucho mayor que yo, de cinco años, abrir un libro y leerlo en voz alta, me llené de admiración y ambición. ¿Cómo lo había hecho? ¿Cómo podía hacerlo yo? Muy pronto, practiqué en casa con un libro sobre una niña que hacía su primer viaje en tren. El primer día no pude pasar de la frase inicial. Luego, cada día después, sin entender por qué, sin más instrucciones, pude leer un poco más. Así que sentí, en lo más profundo de mis huesos, que el aprendizaje puede desarrollarse de forma natural, paso a paso. Aprender el alfabeto, por supuesto, era necesario, pero eso no explicaba por qué ahora podía leer lo que ayer no podía. No lo intenté de ninguna manera especial ni pedí ayuda a nadie. Simplemente me presenté y mi capacidad aumentó. Lo mismo me ocurrió cuando aprendí a contar. Todas las mañanas me ponía junto a la ventana del salón del tercer piso y miraba a la calle. Cada día podía contar un poco más que antes. No consultaba a nadie ni practicaba. El conocimiento estaba ahí. Al parecer, sólo necesitaba incubarse.

Lo que realmente creo que ocurrió es que aprendí a relajarme. Después de leer la primera frase, estaba demasiado emocionada para continuar. No fue la capacidad de leer lo que me desconcertó, sino mi habitual aferramiento a una concepción de mí misma de toda la vida como alguien que no sabía leer. Romper con una identidad para aceptar otra nueva, incluso siendo muy deseada, es un desafío. Ese cambio me ponía lo suficientemente tensa como para no poder seguir leyendo. Pero al día siguiente ya me había acostumbrado a verme como alguien que podía leer una frase, así que podía leer una segunda. ¿Pero una página entera? Todavía no. Así que cada mañana leía hasta que llegaba a la barrera de ese día, el momento en el que mi autopercepción como alguien que no sabía leer se alzaba y me congelaba. Oscilaba continuamente entre las identidades de lectora y no lectora. Antes de empezar a leer, no existía tal división. Y ahora no era por culpa de misteriosas letras que no podía ir más allá. Simplemente no estaba preparada para ser una determinada versión idealizada de mí misma: una lectora. Una vez que me relajé en la verdad de esa identidad de lectora, fue fácil seguir adelante. Este patrón sigue siendo válido para mí hoy en día. Al escribir este libro y practicar los caminos que describe, me detengo una y otra vez, me atasco y me relajo lo suficiente para dar el siguiente paso. Relajarnos nos hace más completos, más disponibles para nuestro conocimiento. El paso a una nueva identidad como lector es más fácil. Lo mismo ocurre cuando pasamos de nuestra experiencia humana ordinaria a estados más despiertos. Descubro una y otra vez que el estrés me impide disfrutar y ser creativa. También es duro para el cuerpo. Pero el estrés, por omnipresente que sea, no es nuestro estado natural. Nos hace retraernos, atacar, perder nuestra expansividad. Nos separa de reservas más profundas de conocimiento y, sobre todo, de la intimidad con nosotros mismos y con los demás. En la práctica, deshacerse de la identificación con el estrés permite que las corrientes de la conciencia fluyan a través de nosotros, del mismo modo que respirar hondo favorece la relajación.

Las ideas que aquí se abordan tienen en cuenta nuestras esperanzas, miedos y pensamientos negativos, así como el potencial que tenemos para liberarnos cada vez más de ellos. La seguridad, la confianza y el compromiso son esenciales. La cultura moderna parece valorar el escepticismo, aunque a menudo recompensa certezas de dudoso mérito: las estrellas de cine glamurosamente seguras de sí mismas, los políticos ideológicamente enardecidos, los directores ejecutivos con afán de lucro. La confianza que necesitamos para asimilar estas enseñanzas no es de este tipo. No se nutre de la fanfarria. Es una auténtica certeza en nuestra capacidad de conectar con algo real de nosotros mismos, incluso si es algo tan básico como la capacidad de leer, y de reconocer esta capacidad en los demás.

Sólo tardé unas décadas en darme cuenta de que mi escepticismo sobre el despertar se basaba, en primer lugar, en que no tenía ni idea de lo que las tradiciones budistas entendían por despertar y, en segundo lugar, en que no sabía que existiera un proceso para llegar a él. Por último, y lo más importante de todo, se basaba en mi suposición de que el despertar estaba totalmente fuera de los límites de la experiencia humana natural.

De hecho, es exactamente lo contrario. El Dzogchen, en particular, hace hincapié en que el despertar es básico e intrínseco. Aprender a salir de nuestro propio camino es el reto. El Dzogchen es para las antiguas tradiciones budistas Nyingma y Bon la más sagrada, rápida y oculta de las grandes tradiciones del Tíbet. Los siete entrenamientos de Longchenpa para la Gran Perfección tratan de desatar los nudos que hay entre nosotros y la totalidad y así permitirnos experimentar lo que Dzogchen describe como nuestra verdadera naturaleza, nuestra vasta expansión.[13] Los entrenamientos implican a todo el cuerpo, el sistema energético y la mente. Reflejan la observación clave de Longchenpa de que la sabiduría impregna todo el cuerpo y la mente humanos y destilan los elementos que transforman el ordinario ser de carne y hueso en un cuerpo de sabiduría viva.

REFLEXIONES DE JIGME LINPA ACERCA DE LONGCHENPA: EL SÉPTUPLE ENTRENAMIENTO MENTAL

Las amplias reflexiones de Jigme Lingpa sobre los siete entrenamientos de Longchenpa, sus meditaciones descriptivas únicas, sus prácticas esenciales y las instrucciones meditativas adicionales que aporta muestran cómo estos entrenamientos abarcan cada uno de los pasos de las nueve vías de Nyingma.[14] En los tres primeros capítulos de la tercera parte presentamos el texto de Jigme Lingpa que amplía los siete entrenamientos de Longchenpa y destaca especialmente sus historias de enseñanza y sus instrucciones esenciales, junto con el importante papel de

13 Talidad o realización no conceptual de la realidad (*chos nyid*), conciencia o presencia abierta (*rig pa*) y vasta expansión (*klong chen*) son términos clave del Dzogchen que se repetirán a lo largo de nuestra exposición.

14 Estas nueve vías se conocen como "vehículos" (*theg pa* en tibetano, *yāna* en sánscrito) porque engendran estados mentales que producen una "plataforma o algo que puede sostenerte". Levinson, *Metaphors of Liberation*, 84.

la imaginación y la centralidad de un corazón compasivo, culminando con la destilación de la sutil integración de mente y cuerpo de Longchenpa en las prácticas del "canal del viento".

Esto nos coloca en una buena posición para apreciar los pivotes mediante los cuales Longchenpa mueve a los practicantes hacia la narrativa de sabiduría Dzogchen que corre como un río a través de todos los entrenamientos. La sabiduría narrativa a la que nos referimos aquí ha sido transmitida de maestro a discípulo, en un tiempo que se remonta al menos a la época de Longchenpa. En todas las tradiciones budistas desde los tiempos de Buda, la relación humana siempre forma parte de la ecuación.

Los propios pivotes de Longchenpa hacia el Dzogchen, extraídos de selectos escritos filosóficos y poéticos, forman los principios organizativos de los dos últimos capítulos de la tercera parte. A lo largo del camino, y entre los capítulos, tocamos secuencialmente las cinco prácticas de Jigme Lingpa, que se encuentran en su propia exposición de los siete entrenamientos. Éstas reflejan el rastro de la sabiduría en meditaciones de una sola frase que pueden generar nuestro propio giro hacia el conocimiento de por vida.

Con el tiempo, estas prácticas suscitan una nueva comprensión y nuevos sentimientos, deshaciendo suavemente el distanciamiento habitual y la sensación de lejanía en relación con el mundo y con nosotros mismos. Como base vital para todo esto, comenzamos con la parte 1: el sucinto texto de Longchenpa sobre estos siete entrenamientos[15], al que he añadido una sección sobre sus antecedentes. La segunda parte es el comentario oral de Adzom Paylo Rimpoché sobre los entrenamientos. Su análisis destallado de los siete entrenamientos es el prólogo y el contexto de mis reflexiones sobre ellos en los siete capítulos de la tercera parte.

---

15 Longchen Rabjam, *Sevenfold Mind Training: Practical Instructions on the Founda- tional Practices* (Sngon 'gro sems sbyong bdun gyi don khrid).

PARTE 1

Las Preciosas Letras de Cobre (el Séptuple Entrenamiento Mental)

POR LONGCHENPA

EL SÉPTUPLE ENTRENAMIENTO MENTAL

Con cuerpo, palabra y mente ofrezco el más profundo homenaje
al lama, yidam y dākinī anfitriones.
Aclaro aquí cómo entrar por etapas en el sentido manifiesto del
corazón mediante mediante estas siete instrucciones prácticas para
entrenar y purificar tu mente.[16]

LAS PRECIOSAS LETRAS DE COBRE describen siete entrenamientos mentales que hacen posible que los principiantes afortunados entren gradualmente y de forma directa en su propia conciencia pura.[17] El primero de los siete métodos practicados es la contemplación de la impermanencia.

16 He aquí una traducción al español que puede cantarse con cualquier melodía tibetana tradicional para un verso de nueve sílabas:

Respetuoso homenaje a través de mis tres puertas
al lama, yidam, dākinī anfitriones.
Siete puntos de entrenamiento mental aclaran cómo
entrar paso a paso en su significado central.

La palabra tibetana *sbyong* significa "entrenar" y también "purificar". Las aflicciones requieren purificación, la esencia de tu corazón no. Del mismo modo, la mente errónea (*sems*) requiere entrenamiento, pero tu naturaleza búdica innata no. De ahí que el término *sems sbyong* ("entrenamiento de la mente") también pueda traducirse como "purificación de la mente."

17 Las "Preciosas Letras de Cobre" es una sección de la *Cuádruple Esencia del Corazón* (*Snying thig ya bzhi*) y sus temas se desarrollan más ampliamente en las enseñanzas de Yangthig, las síntesis comentadas por Longchenpa de las enseñanzas de la *Esencia del Corazón* de Vimalamitra y Guru Rimpoché. Para una visión general de la *Cuádruple Esencia del Corazón*, incluido el lugar que ocupan en ella las "Preciosas Letras de Cobre", véase Dahl, *Entrance to the Great Perfection*, apéndice 3, 218-29.

PRIMER ENTRENAMIENTO MENTAL:
REFLEXIÓN SOBRE LA IMPERMANENCIA

La impermanencia externa incluye la alterabilidad de las cuatro estaciones, así como los segundos y minutos del día y de la noche. La impermanencia interior incluye la mutabilidad de tus propios agregados asociados con los cuatro elementos.[18] Éstos son tan impermanentes como una masa de burbujas de agua, que se desintegran inmediatamente y no tienen esencia real. La impermanencia más íntima o secreta es la muerte de tu madre, padre y parientes, y con el tiempo ésta será también tu propia situación, ¿no es así? Nada te garantiza que no vayas a morir hoy o mañana.

Desde lo más profundo de tu corazón reflexiona: "Podría morir esta noche, o podría morir mañana". Concéntrate en esto sin distraerte ni un momento. Ningún otro ser vivo que veas ha trascendido la muerte tampoco. Medita sobre la incertidumbre de cuándo ocurrirá la muerte de cualquier persona. De este modo, verás que todos los fenómenos condicionados tienen la naturaleza de la impermanencia y que ellos mismos son instancias de impermanencia. Tu capacidad para mantener la atención en esto es la medida de auaining esta formación. Con esta meditación cumples el requisito de apartar tu mente de la existencia cíclica.

18 Los agregados psicológicos son los "yoes" que conforman nuestra psicología segregada en formas mentales y volitivas distintas de nuestro ser esencial.

SEGUNDO ENTRENAMIENTO MENTAL:
FELICIDAD TEMPORAL Y DURADERA

Todo el espectro de sufrimiento y renacimientos desafortunados se produce debido a nuestras acciones insanas. Todos los renacimientos y placeres elevados se producen debido a nuestras acciones sanas. ¡Qué vergüenza! Los altibajos de la existencia cíclica son por naturaleza como una rueda, vacilante e incapaz de perdurar. La liberación, que es el despertar, es la forma ideal de evitar acabar en la existencia cíclica. Al carecer de la conciencia liberada, tu mente permanece inestable y se engaña enormemente.

Si permaneces en el camino de la liberación, la felicidad temporal y las excelentes cualidades asociadas con un buen renacimiento estarán presentes en tu corriente mental. Al igual que los herederos de los budas, que son los bodhisattvas de mente heroica, obtendrás la felicidad duradera del despertar insuperable, como lo han logrado los budas.

A menos que entres en el camino de la liberación, acabarás en destinos desafortunados debido a acciones insanas, y aunque las acciones sanas te proporcionen un estatus elevado, volverás cíclicamente a las malas circunstancias de la existencia mutable.

Reconocer que todas las actividades son causa de dolor es, por tanto, la medida de la adquisición de este entrenamiento. Esto hace imperativo que surja en tu corriente mental la conciencia de la existencia cíclica.

Tercer entrenamiento mental: reflexión sobre las múltiples condiciones de la muerte

Una vez nacido en la existencia cíclica, no hay nada fiable ni digno de confianza. Incluso cuando uno tiene la intención de ser útil, produce daños. Comer o beber puede ser causa de enfermedad o muerte. Incluso cuando se adquieren algunas necesidades básicas, resultan ser justo lo que nuestro enemigo o algún ladrón codicia. Con la esperanza de obtener ayuda, llamas a un amigo o a un pariente, que se convierte en un enemigo que te hace daño. Aunque no te hagan daño, hablan mal de ti o te difaman sin motivo. Hagas lo que hagas, la gente se disgusta, y esta situación continúa sin fin. ¡Qué pena!

Una vez que reflexionas de todo corazón sobre la actitud de los seres vivos, ves que, como ya se ha dicho, aunque intentes ayudar, algunos quedan satisfechos y otros no. Se mire como se mire, nada es del todo beneficioso. Cualquier cosa que hagas es, por su propia naturaleza, insatisfactoria. Las muchas cosas que provocan la enfermedad o la muerte definitivamente no aportan ayuda o beneficio. Excepto el lama y las Tres Joyas[19], nada es infalible. Tu sincero anhelo y tus ofrendas a ellos son fuentes de felicidad. Así pues, reflexiona: "Todo lo que necesito es una acción recta". Reflexiona sobre las condiciones buenas y malas que ya has experimentado, sobre lo que estás haciendo ahora y sobre tus actividades en el futuro. Entonces siente el cansancio del mundo y modula tu forma de vivir.

La medida de la adquisición de este entrenamiento es la compasión que se vaya despertando en ti hacia los seres de los seis

---

19 Las Tres Joyas, también conocidas como las Tres Gemas o los Tres Refugios, son el Buda, el Dharma (la Enseñanza de Buda) y la Sangha (la comunidad espiritual) [nota del editor].

reinos[20] y el reflejo de lo apropiado que es considerar todas tus actividades como ofrendas a las Tres Joyas y a tu maestro.

---

20 En el budismo, los seis reinos son una representación de los diferentes tipos de existencia en los que los seres pueden renacer. Esta enseñanza es una parte importante del ciclo de samsara, que es la rueda del nacimiento y la muerte continuos, impulsada por el karma. Los seis reinos son:

• El Reino de los Dioses o Devas: este es un reino de gran placer y lujo. Los seres aquí disfrutan de una larga vida llena de comodidades y placeres. Sin embargo, este reino no es permanente y eventualmente los seres renacen en otros reinos. La principal desventaja es la complacencia y el olvido de la práctica espiritual, lo que eventualmente lleva a su caída.

• El Reino de los Asuras o Semi-Dioses: estos seres también disfrutan de poder y privilegios, pero están marcados por la envidia y el deseo constante de poseer las cualidades y posesiones de los dioses. Hay una constante lucha o competencia, lo que lleva a sufrimiento y frustración.

• El Reino Humano: este reino es considerado como el más favorable para la práctica espiritual porque contiene una mezcla de placer y dolor. Los seres humanos tienen suficiente sufrimiento para motivar la búsqueda espiritual, pero no tanto como para desalentar completamente. El potencial para alcanzar la iluminación es mayor en este reino.

• El Reino Animal: caracterizado por la ignorancia y la supervivencia basada en los instintos. Los seres en este reino experimentan miedo constante, hambre y la lucha por la supervivencia, con poca oportunidad para la comprensión espiritual.

• El Reino de los Espíritus Hambrientos o Pretas: estos seres sufren de un deseo y hambre insaciables. Representa el sufrimiento de la codicia y el apego insatisfechos. Los Pretas son a menudo descritos como teniendo estómagos enormes pero bocas muy pequeñas, una metáfora de su incapacidad para satisfacer sus deseos.

• El Reino del Infierno: el más doloroso de los reinos, es el lugar de sufrimiento extremo, usualmente como resultado de acciones negativas graves en vidas pasadas. Hay varios infiernos, cada uno con diferentes tipos de sufrimiento, análogamente a como lo describe Dante en su *Divina comedia*.

Estos reinos no deben entenderse literalmente, sino más bien como representaciones simbólicas de los diferentes estados de la mente y las experiencias. Enseñan sobre las consecuencias del karma y la importancia de la práctica espiritual para liberarse del ciclo del samsara [nota del editor].

CUARTO ENTRENAMIENTO MENTAL:
LA INUTILIDAD DE TODAS LAS ACTIVIDADES

Nuestras actividades en esta vida implican proteger a nuestros seres queridos, frustrar a nuestros enemigos, múltiples asuntos de negocios, buscar ganancias y fama, tener deseo y odio, recibir consejos amistosos de otros tanto como su arrogancia, buscar conversaciones agradables y cosas por el estilo, disfrutar con los amigos y construir un hogar, etcétera. Pero no importa lo que hayas hecho, cuando mueras nada de esto te beneficiará ni te acompañará.

Lo que hayas hecho ayer, o antes, no es más que un recuerdo, como el sueño de anoche, que nunca volverá. Lo que ves hoy ante ti es como el sueño de esta noche. Más allá de eso, todas las actividades de todos tus mañanas son como el sueño de la noche de mañana.

Nuestras diversas búsquedas pasadas –el deseo sin sentido, el odio, las peleas, los gustos, las aversiones, la búsqueda de la felicidad, la lucha contra el sufrimiento– son una pérdida de tiempo.

¡Qué pena! Las apariencias mundanas son ilusiones, engañosas y seductoras. La medida de adquirir este entrenamiento es sentir muy poderosamente la necesidad, a partir de hoy, de renunciar por completo a acitudes asociadas a la no realización. Por lo tanto, es vital entrar en las instrucciones prácticas de un guía.

QUINTO ENTRENAMIENTO MENTAL:
CONFIANDO EN LAS BUENAS CUALIDADES DE LOS BUDAS

Ahora, reflexiona de esta manera. "Buda está más allá de todos los defectos de la existencia cíclica: la forma de Buda resplandece con las indicaciones y señales de la Budeidad, el discurso de Buda hace girar la rueda del dharma, y la gran mente-corazón de Buda no se mueve del estado de conocimiento primordial. Buda es el único guía excelente del mundo entero y sus dioses, nuestro refugio y recurso último. Por lo tanto, ¡debo convertirme en buda! Si no me convierto en buda, no obtendré ningún beneficio".

"Es imposible alcanzar la budeidad sin cultivar el camino. Por lo tanto, medite como medite, debo esforzarme por llegar a los asombrosos logros de los seres realizados del pasado que alcanzaron la liberación después de enfrentarse a muchas dificultades y practicar en solitario. Como ellos, yo también debo dejar a un lado las actividades de esta vida y practicar en solitario en una zona remota." Y así es. La medida de obtener este entrenamiento es dar lugar en tu corriente mental al pensamiento: "Sin meditación, no se encuentra la budeidad. Por lo tanto, debo meditar". Por lo tanto, cuando se trata de meditar, la fortaleza[21] es esencial.

---

21 Comentando el significado de "fortaleza" (*bsran tshugs*) en el *Séptuple Entrenamiento Mental* (texto tibetano 329.3 y 329.6), Adzom Rimpoché señala: "Por ejemplo, aunque estés muy enfermo, cultiva la paciencia. Esfuérzate. No importa la dificultad. Toma medicinas aunque no te gusten porque aportan beneficios. Esta práctica también traerá grandes beneficios". Lama Tenzin Samphel, aclamado alumno de Khetsun Sangpo Rimpoché, dice que la fortaleza significa dar continuamente lo mejor de uno mismo, aunando esfuerzo y valor. La concentración te ayuda a evitar las distracciones. Si, por ejemplo, te ordenan permanecer de pie sobre una pierna durante mucho tiempo, sentirás dolor, estarás temblando, pero aun así perseveras".

Sexto entrenamiento mental:
REFLEXIÓN SOBRE LAS INSTRUCCIONES PRÁCTICAS DEL LAMA

Reflexiona que el lama es tu guía para liberarte de las profundidades sin fin del océano samsárico; el método que libera es una gran barca formada por las instrucciones de tu lama. Por lo tanto, es importante que practiques exactamente lo que se te ha enseñado. A falta de práctica, serás atormentado constantemente por la enfermedad que es el sufrimiento. Tu amoroso maestro es el rey de los médicos.

Reflexiona: "Es vital para mí tomar con entereza las instrucciones prácticas, néctar medicinal". Luego considera las muchas razones para ello. La medida de ganar este entrenamiento es cuando, a través de esta búsqueda, te preguntas: "¿Para qué sirven las actividades de esta vida?" y concluir que te centrarás por completo en la práctica de las instrucciones prácticas de tu lama. Por lo tanto, es importante que te concentres en las instrucciones prácticas sin perder de vista otras actividades.

SÉPTIMO ENTRENAMIENTO MENTAL:
LA TRIPLE CONTEMPLACIÓN NO CONCEPTUAL (PRANAYAMA)

La triple contemplación no conceptual se basa en estas tres prácticas de meditación, cada una con sus propias instrucciones:

1. *Entrenamiento en el estado no conceptual de dicha y vacío.* En la parte superior de tu canal central hay una letra ham (ह) invertida de la que desciende néctar cuando atiendes al fuego que brota de la letra ah (आ) en tu ombligo. Este néctar impregna completamente los chacras, así como los nadis menores. De este modo, contempla el surgimiento de la dicha y el vacío. Tira de tu energía hacia arriba desde abajo mientras presionas hacia abajo desde arriba, y fija tu mente en una ah blanca en tu corazón. La dicha es el medio hábil que da lugar a la sabiduría del vacío.

2. *Entrenamiento en el estado no conceptual de claridad y vacío.* Después de tres exhalaciones, siente que todas las apariencias se han disuelto en luz y se han fundido con el cielo azul. Al inhalar, este resplandor entra y llena tu cuerpo. Al sostener las energías unidas (*rlung kha sbyar*), surgen la claridad y el vacío. A través de esta práctica llegará la realización. Además, cuando haga frío, medita que tu energía está caliente, y cuando haga calor, considera que está fría. Éste es un punto clave: para crear equilibrio, hay que meditar en la energía opuesta.

3. *Entrenamiento no conceptual con respecto a la realidad.* Relaja tu cuerpo y tu mente desde lo más profundo de tu ser mientras tus ojos permanecen quietos, meditando sin expandir tus conceptos ni replegarlos. Esta meditación te permitirá enfocar tu mente en cualquier lugar y, a continuación, permanecer más y más tiempo con la mente en un estado similar al del cielo, libre de conceptos.

Epílogo

Así, a través del significado clave de las profundas prácticas fundacionale contenidas en este conjunto de puntos de enseñanza sobre los siete entrenamientos de la mente, con su plenitud elevándose blanca como las montañas nevadas, que los seres sin excepción encuentren su lugar de exquisita paz. A través de lo que continúa del entrenamiento en mis nacimientos anteriores, en esta vida soy sabio en el significado del corazón del Vehículo Supremo. Y así, con inteligencia benevolente revelé claramente su profundo significado.

Seres afortunados, tomad este bello portal hacia el sentido profundo del corazón como adorno de vuestra corona. Este excelente camino es un carro para buscar la liberación, logrado rápidamente a través de mis escritos aquí vertidos.

Los puntos de enseñanza sobre el *Séptuple entrenamiento mental* fueron elaborados en las laderas de la Montaña Nevada de la Calavera Blanca por un yogui del Vehículo Supremo, Longchen Rabjam. Se lo he confiado a la soberana señora del mantra [Ekazati], Rāhula y el juramento [Vajrasadhu]. Guárdala en secreto de aquellos que no son recipientes para ella. Concédelo a los afortunados.

Sellado al silencio.

Compromiso.

Saludable. Saludable. Saludable.

ANTECEDENTES DEL *SÉPTUPLE ENTRENAMIENTO*

Las crónicas tibetanas sitúan a una de las anteriores encarnaciones de Longchenpa en el centro de las historias del origen del Tíbet imperial. Se trata de la princesa Pematsal, hija del segundo gran rey budista del Tíbet, Trisong Detsen, que gobernó entre los años 755 y 797 de la era cristiana. Murió siendo aún una niña y, a petición de su afligido padre, fue devuelta brevemente a la vida nada menos que por Padmasambhava, que la bendijo para que renaciera en el futuro e introdujera en el Tíbet un nuevo ciclo de enseñanzas Dzogchen de la Esencia del Corazón. Seiscientos años más tarde, se nos dice, nació como Longchen Rabjam.[22]

Durante esos seiscientos años, prevalecieron las enseñanzas de la Esencia del Corazón del gran maestro indio Vimalamitra, que viajó al Tíbet en el siglo IX. Entre sus principales maestros se encontraban Jñānasūtra y Śrī Singha. Los tres fueron a China, y Vimalamitra y Śrī Singha pasaron un tiempo en el famoso Wutai Shan de China, la montaña sagrada de cinco picos al noreste de Pekín. Se dice que Vimalamitra sigue allí hoy en día. Adzom Paylo Rimpoché ha escrito que lo encontró allí en una visión.[23]

---

22 Para más detalles, véase "Mark of Vermillion," en Kapstein, *Tibetan Assimilation*, 38.

23 De este encuentro surgió el *Mañjuśri Dzogchen* de Adzom Paylo Rimpoché, un tesoro revelado (*gter*) de Mañjuśri a través de su intermediario Vimalamitra. Hasta ahora, Rimpoché sólo ha publicado dos oraciones del mismo, cuyas líneas iniciales indican la transmisión en el monte Wutai de Mañjuśri a Vimalamitra, quien a su vez se las transmitió a Adzom Paylo Rimpoché. Mañjuśri o Manjushri (en sánscrito: मञ्जुश्री) es uno de los bodhisattvas más célebres del budismo mahāyāna, identificado en el campo de los estudios budistas como probablemente el bodhisattva más antiguo y uno de los más importante de la literatura mahāyāna, junto al popular Avalokiteshvara. En el budismo vajrayāna es considerado un Buda completamente iluminado. Su nombre significa «gloria gentil».

La amplia tradición dzogchen del Tíbet se remonta a los siglos VIII y IX, el mismo periodo en el que surgió el chan en la China de la dinastía Tang. Los estudiosos contemporáneos consideran que el dzogchen tibetano se consolidó durante el siglo X o incluso el XII. Sin embargo, hay pruebas de enseñanzas entre las primeras formas de Dzogchen y Chan desde un periodo bastante temprano, especialmente sobre los méritos respectivos del camino clásico y gradual de la India frente al camino swifi, incluso instantáneo, que se hizo famoso en los primeros escritos Chan, especialmente en el *Sūtra de la Plataforma*.[24] Incluso antes de eso, algunos de los primeros sūtras Mahāyāna, como veremos, contienen hilos que más tarde se convierten en centrales para el Dzogchen.

Durante los seis siglos que transcurrieron entre la muerte de la princesa y su profetizado renacimiento como Longchen Rabjam, la cultura tibetana se impregnó profundamente del budismo procedente de la India. Enormes colecciones de literatura budista india se tradujeron al tibetano durante una colaboración de cuatrocientos años entre los pandits indios y lotsawas tibetanos, que culminó con la visita de Atiśa al Tíbet en el siglo XI. Además de esta prodigiosa empresa de traducción, los tibetanos pronto empezaron a escribir sus propios comentarios y a componer textos de práctica que ofrecían una entrada experiencial a las enseñanzas de Buda. No ha habido una transferencia cultural de literatura budista tan sostenida y extensa hasta que las obras tibetanas empezaron a traducirse al inglés a finales del siglo XX, y siguen haciéndolo.[25]

---

24 Véase Ying, "Being and Knowing," particularmente los capítulos 3 y 4.

25 Cabe destacar el vertiginoso progreso del proyecto 84000, creado en 2010 con el objetivo de traducir todas las transmisiones escriturales (sūtras) atribuidas a Buda en un plazo de cien años. Ya han logrado más del 10% de su objetivo. Su sala de lectura, constantemente actualizada, está disponible en https://read.84000.co/.

En el siglo XIV, Longchenpa emprendió una vasta recopilación de las principales tradiciones dzogchen que se habían puesto en marcha desde el siglo VIII. En esta recopilación, conocida como *Esencia Cuádruple del Corazón* (*Snying thig ya bzhi*), expone y comenta la *Esencia del Corazón* de Vimalamitra, así como la *Esencia del Corazón Dākinī* de Guru Rimpoché. Los siete entrenamientos está incluido en una de sus subsecciones más famosas conocidas como las *Preciosas Letras de Cobre*.

Los primeros flujos de literatura budista de la India al Tíbet incluían sūtras y tantras junto a los primeros tantras Dzogchen. Los primeros budistas del Tíbet, los nyingma ("antiguos"), no tardaron en sintetizar este creciente conjunto de prácticas y reflexiones filosóficas, que organizaron en nueve vías o vehículos.

Desde su propia perspectiva, el Dzogchen está presente en cada una de sus partes. Las nueve vías participan en cierta medida en los siete entrenamientos. Como dice Adzom Rimpoché: "Todo, desde las prácticas fundacionales hasta la base real, es en sí mismo una gran completitud, una perfección real". La Gran Perfección deja claro que incluye los nueve caminos, incluso cuando enseña las características distintivas de cada uno. Todos ellos amplían en cierta medida los siete entrenamientos. Así pues, el noveno vehículo del Dzogchen, la Gran Perfección, no sólo culmina las otras ocho vías, sino que también sostiene, y en ese sentido retroilumina, a todas ellas.

Las prácticas de los sūtra hacen hincapié en la reflexión sobre principios clave como la impermanencia, las cuatro verdades, el origen dependiente y la vacuidad. Estos temas están relacionados con los tres primeros vehículos, la tríada inicial de los nueve caminos. Tanto en los tantras internos como en los externos, el segundo y el tercer grupo de tres, una sutil sensibilidad encarnada se combina con una imaginación floreciente a medida que uno aprende a verse a sí mismo como un ser plenamente despierto. En el Dzogchen, todo pensamiento e imaginación se resuelven en el suelo de la realidad. Sólo cuando alcanzamos esa cima, el noveno camino, podemos ver claramente cómo todos los demás caminos, toda la ladera de la montaña, está ahí para apoyarnos. Esa Gran Perfección, de nuevo, es la realidad que todo lo incluye. En todo momento es inseparable de nuestro cuerpo, palabra y mente ordinarios. Gran parte de la literatura básica de la que se nutre Longchenpa incluye pasajes en los que la realidad se describe a sí misma. Encontramos, por ejemplo, estas evocadoras líneas en la *Majestad Creadora*:

> *Yo, creador de todo, abarco las tres dimensiones de Buda despierto.*
>
> *Todas las cosas, se manifiesten como se manifiesten, son inconstantes en su naturaleza, esencia y respuesta amorosa. Revelo estas dimensiones como mi talidad.*[26]

Variación y simplicidad

A veces, los practicantes creen que debería bastar con sentarse y estar ahí. ¿Por qué cantar mantras, por qué imaginar tantos mundos y seres? ¿Y por qué los tibetanos tienen tantas prácticas diferentes? La intuición que subyace a esta pregunta es válida: la realidad es, en efecto, muy simple. Sin embargo, su incesante dinamismo da lugar a expresiones infinitamente diversas. Para conocer bien a una persona, hay que ver las distintas formas en que se expresa: con los niños, con los compañeros, en el cine, durante la cena. ¿Cuánto más en una realidad infinitamente creativa? Y nosotros mismos somos variables. A veces estamos agitados, a veces molestos, a veces incrédulos: las variedades de nuestra reactividad son infinitas. La mejor forma de abordar

---

26 En Longchen Rabjam, *Commentary on the "Precious Dharmadhātu Treasury,"*, 49. Véase también Barron, *Treasure Trove*, 14.

nuestras diferentes inclinaciones es a través de diferentes estilos de prácticas. Las tradiciones tibetanas ofrecen muchas de ellas. ¿Te sientes agitado? Aprende a separar cuerpo, respiración y mente. ¿Sientes odio? Cultiva el amor o una relación con Avalokiteśvara. ¿Tienes miedo? Cultiva una fuerza imparable a través de una relación con el tigre Dorje Drolo. Y, por último, reconoce que la naturaleza real de todos ellos, y de ti mismo, es la misma. Una naturaleza, infinita variedad. No nacida, incesante. Ver esto es el corazón del Dzogchen.

Reconocer toda práctica y experiencia como retroiluminadas por su propia Gran Perfección es encontrar un horizonte que nunca se estrecha. Esto no puede tener sentido para nuestra mente humana ordinaria, pero no carece de sentido. Y puede experimentarse.

Longchenpa deja claro que sus siete entrenamientos, aunque repletos de conocimientos comunes a otros caminos budistas, son vías hacia el Dzogchen. Extrae los epígrafes principales de esta práctica de un antiguo tantra, la *Escritura del Hijo Único* (*Bu gcig*), atribuida a Garab Dorje. Los siete temas que nombra se convierten en el esquema de Longchenpa para los siete entrenamientos, que se describen a continuación. Entre paréntesis, al lado de cada entrenamiento, se encuentra el tema que Jigme Lingpa elige enfatizar en su propia exposición:

1. Impermanencia (soledad existencial).

2. La adventicia de la felicidad y su corta duración (karma causa y efecto).

3. Las múltiples causas de la muerte (sufrimiento de los seis reinos).

4. El sinsentido de nuestras actividades mundanas (importancia de la relación con tu maestro).

5. Confianza en las buenas cualidades del buda (necesidad de meditación).

6. La orientación práctica del maestro (descartar los diez actos no completos).

7. Tres experiencias meditativas que conducen a la realidad: meditación no conceptual sobre la dicha y el vacío, la claridad y el vacío, y la realidad misma (sabiduría y respiración).

Al final de su comentario sobre su *Tesoro del Precioso Dharmadhātu*, Longchenpa escribe: "En el pasado, firmé los tratados de mi autoría con varios nombres", y señala que estos diferentes nombres son pistas sobre el autor de la enseñanza del texto. "En las obras que revelan el camino de la permanencia como una inconcebible extensión espaciosa, he firmado con el nombre de Longchen Rabjam"[27]. Revelar ese camino de la permanencia es encontrar la visión dzogchen. Así es como firma los siete entrenamientos.

Además, en el colofón de los entrenamientos, escribe: "He confiado este [texto] a la gloriosa señora soberana del mantra [Ekazati], a Rāhula y al juramentado [vajra sadhu Dorje Lekpa].

¡Guárdalo en secreto de aquellos que no son recipientes para él! Concédelo a los afortunados. Sellado al Silencio. *Kha tham*". Ekazati es la protectora del Dzogchen, y Rāhula, de la tradición del Tesoro Nyingma, también forma parte del Dzogchen. Al pedirles que protejan este texto, Longchenpa está indicando además que debemos entender su pedigrí Dzogchen. Y en otra parte dice directamente: "Estas instrucciones clave sobre las prácticas fundamentales de los siete entrenamientos de la mente sirven como pasos que conducen a la naturaleza primordial", que es otro tema clave en el Dzogchen.

27 Longchen Rabjam, *Comentario sobre el Tesoro del Precioso Dharmadhātu* 385.3; Barron, *Treasure Trove*, 437.

Además, el propio Longchenpa, al enumerar las categorías de sus extensos escritos, nombra cinco que, según él, "resumen la esencia del corazón de profundo significado". A la cabeza de esta lista se encuentra su *Séptuple Entrenamiento Mental,* y señala que los cinco juntos conforman el ciclo de "instrucciones prácticas sagradas" relacionadas con la *Esencia Profunda del Corazón* de Vimalamitra.[28]

Menciono estos puntos porque, a primera vista, el texto de Longchenpa parece centrarse en muchos temas tratados en las primeras fases del camino: la impermanencia, la fugacidad de la felicidad mundana, el deseo de centrarse en una felicidad más duradera, de desarrollar la compasión y de practicar con sinceridad. Longchenpa quiere que conozcamos desde el principio el horizonte completo de estas prácticas. Nos deja a nosotros descubrir cómo estos entrenamientos funcionan como portales hacia el Dzogchen.

Identificar el estatus de esta obra como texto dzogchen es útil y también provocativa. El dzogchen es famoso por su desenmascaramiento directo de la mente ordinaria. ¿Somos humanos practicando para ser budas? ¿Somos budas haciéndonos pasar por humanos? Dado que la base de toda experiencia humana es la realidad, ¿existe algo que sea "meramente humano"? De hecho, cuanto más lo analizo, más se replantea la pregunta: "¿Puedo despertar?" Por un momento me digo poderosamente: "¡Cómo no voy a poder!" En una línea similar, Rumi señala que "Dios te ama" es la única frase posible, porque una vez que se sabe esto, uno se disuelve en Dios y no queda ningún otro pronombre.[29]

---

28 Nyoshul Khenpo Jamyang Dorje, *A Marvelous Garland of Rare Gems,* 144. La *Esencia del Corazón Profunda* (*Zab mo yang thig*) está contenida en la *Esencia Cuádruple del Corazón*. Véase también Dahl, *Entrance to the Great Completeness,* apéndice 3.

29 Barks, *Essential Rumi,* 274.

Sin embargo, mi mente cotidiana, ingeniosamente protectora del "yo" que es su principal objeto de devoción, se resiste a deshacer las descripciones con las que forjo mi separatividad. Olvido fácilmente que ser diferente y estar separado no son lo mismo. La totalidad lo es precisamente porque abarca todas las diferencias. Anhelo la totalidad en la medida en que me siento agobiado por la soledad existencial de la separación y también en la medida en que me siento amenazado por la violencia resultante de la alienación. En este nivel humano tan fundamental, la totalidad puede curar muchas cosas.

La experiencia confirma que la curiosidad y la convivencia son más verdaderas que nuestras aparentes divisiones. Desde los albores de la vida humana en la Tierra hemos aprendido unos de otros, hemos intercambiado bienes e ideas. Reconocer que esta naturaleza fluida y solidaria es más verdadera y beneficiosa que las suposiciones en blanco y negro de nosotros contra ellos ha sido la clave de gran parte de nuestro despertar social. Somos diferentes, y la diferencia es divertida y enriquecedora. Confundir diferencia con desigualdad es un gran error. Superar nuestro sentido de la diferencia, o separatividad, requiere perseverancia y paciencia. Sin embargo, cada paso adelante es una prueba de que la brecha entre nosotros y nuestro ser profundo, incluso la budeidad, es muy exagerada. Los seis primeros entrenamientos de Longchenpa remodelan la mente ordinaria cultivando la claridad sobre la impermanencia, la causa y el efecto, la compasión y el compromiso. El propósito es invertir nuestras suposiciones erróneas ya que la alteridad va de la mano de nuestra mente humana ordinaria.

Para Longchenpa "mente ordinaria" se refiere a cualquier conciencia que reifica los objetos de los sentidos. Sin embargo, Longchenpa subraya que "la raíz de la mente ordinaria se encuentra en la sabiduría primordial..."[30]. Ésta es una afirmación

_____

30 Adaptado de Barron, *Treasure Trove*, 100; Longchen Rabjam, *Comentario*

tremenda y una pieza central del Dzogchen. Significa que los humanos y los budas –nuestro sueño ordinario y nuestro potencial despierto– no están separados por un abismo, como yo había imaginado cuando oí hablar por primera vez de la naturaleza búdica y retrocedí ante el absurdo de sugerir que yo ya participaba de algún tipo de budeidad. Por el contrario, Longchenpa afirma que el corazón del despertar es la raíz incluso de las partes más alborotadas de nosotros. En esto se hace eco del énfasis de los primeros budistas indios en la luminosidad intrínseca de la mente y el gran potencial de todo ser vivo.[31]

Cuanto más tiende mi mente hacia la separación y la distancia, más se desbocan la idealización y la difamación. El espacio de mi experiencia se encoge, su potencial de expansión emocional o psíquico-física se reduce. La paz y la justicia requieren un sentido social de totalidad, y una sabiduría acorde con la totalidad tiende a la conexión y al cuidado.

La mente ordinaria es un facultad poderoso. Llevamos toda la vida confiando en ella para todo. Reconocer sus limitaciones y prepararse para probar una alternativa es una bifurcación crucial en el camino.

Al abordar los hábitos mentales que impiden las grandes perspectivas, los siete entrenamientos integran todos los aspectos de la práctica. Cada parte de nuestro ser está implicada: el intelecto, la imaginación, la vocalización, el cuerpo, la respiración y los sentidos. La quietud y la imaginación, el sonido y el silencio, se potencian mutuamente. Finalmente, todo se disuelve en

---

sobre el *"Precioso Tesoro Dharmadhātu"*, 115.15.

31 En el siglo X, el gran maestro budista Gampopa, nacido en el Tíbet central y versado en la cultura india, china y tibetana, comentó que ser "persona" (en tibetano *gang zag*, en sánscrito *purusha* o *pudgala*), es por definición tener capacidad o habilidad. (Gyaltsen, *Jewel Ornament of Liberation*, 63). Para más información sobre las distintas definiciones de "persona", véase Klein, *Meeting the Great Bliss Queen*, 44-47.

su fuente, el corazón de todo conocimiento, cuyo dinamismo produce continuamente nuevas formaciones.

Jigme Lingpa en *Stairway,* su comentario sobre los siete entrenamientos, escribe que "el infinito número de enfoques que comprenden las tradiciones de sūtra y tantra pueden mostrarse [sentándose una vez]."[32] Este camino-río fluye a través de muchos paisajes, y Jigme Lingpa señala aquí que las etapas del camino, las diferentes partes de nuestro paisaje espiritual, están profundamente conectadas. Hay un flujo natural a través de ellas, como revelarán los siete entrenamientos y las prácticas centrales asociadas. Cuanto más experimentamos este flujo, más crece la claridad sobre cómo lo impedimos. Esta claridad se abre hacia la totalidad. Al conectar los otros ocho vehículos con la visión única del Dzogchen, Jigme Lingpa muestra a los practicantes cómo los siete entrenamientos de Longchenpa combinan el sūtra, el tantra y el Dzogchen. Se integran las habilidades tan diferentes que caracterizan a estas tres perspectivas. Todos los elementos están conectados de forma significativa y su variedad enriquece la totalidad en la que ellos, como nosotros, participan.

Cuando empiezas a entrar en contacto con la naturaleza que buscas, es posible que te resistas, igual que yo me resistí hace años al leer unas líneas que era perfectamente capaz de leer. Mi mente ordinaria, mi concepción de mí misma como incapaz de leer, seguía siendo la única identidad que me resultaba familiar. Cuando se sentía amenazada, yo me sentía amenazada. La mente ordinaria no quiere desaparecer ni ser superada. La mente ordinaria quiere dirigir el espectáculo y proteger sus propios engaños. La mente ordinaria, desesperada por comprender la realidad, no puede. Y, desde luego, no quiere disolverse en ella. Así que estamos atascados. La duda se apodera de nosotros. Puede que nos alejemos y decidamos que es demasiado difícil.

---

32 Dahl, *Steps to the Great Perfection*, 17.

O bien nos intriga y nos preguntamos cómo podemos meter el pie en el agua de la sabiduría.

Mente ordinaria y mente sabia

La práctica no consiste únicamente en corregir nuestros errores, ni tampoco en desvelar nuestras cualidades naturales de sabiduría. Necesitamos ambos gestos. La narrativa kármica del budismo refleja nuestro rostro ordinario y nos ayuda a iluminarlo. La narrativa de la sabiduría del budismo resuena con nuestro verdadero rostro, lo que el zen llama "nuestro rostro antes de que naciera nuestra madre". Jigme Lingpa nos recuerda:

> *Mahāyāna tiene dos aspectos:*
> *el enfoque de la perfección (paramita)*
> *y el insuperable Vajrayana.*[33]

El karma es la historia de nuestra ruptura; la sabiduría habla de nuestra totalidad. En los relatos kármicos, la mente despierta es algo por lo que luchamos, la culminación de muchos esfuerzos en un largo camino. En los relatos de la sabiduría dzogchen, la mente despierta es tanto la meta como la base. Es camino, así como la fructificación del camino. La narrativa kármica nos enseña cómo avanzar hacia la sabiduría; el relato de la sabiduría nos enseña cómo ver que la sabiduría ya está aquí. Ambas son esenciales.

Los giros gnósticos de Longchenpa –sus pivotes hacia la sabiduría ya presente– son señales para pasar de la ruptura a la plenitud, para descubrir que la sabiduría siempre está aquí mismo. No es un hecho objetivo, pero es algo que podemos sentir y celebrar. La sabiduría es algo vivo. Igual que nosotros.

---

33 Jigme Lingpa, *Treasury of Precious Qualities: Book Two, Vajrayana and the Great Perfection*, 85.

En los próximos capítulos, trazaremos el arco de Longchenpa desde las narraciones kármicas hasta las de sabiduría y ampliaremos sus consideraciones en lo que se refiere a los siete entrenamientos, basándonos especialmente en dos de sus famosos siete tesoros: el *Tesoro Precioso Dharmadhātu* y el *Tesoro Precioso de Sistemas Filosóficos*. Sugiere que hagamos bien en acercarnos a la sabiduría con asombro y admiración. "Qué asombro", suele decir, modelando esos mismos estados.

Destacamos los movimientos por los que pone en consonancia los aspectos kármicos ordinarios con la sabiduría, de modo que, finalmente, el amor y la compasión dejan de ser metas del camino y se reconocen ya como la naturaleza misma de todo.[34] La mente despierta se revela como el fundamento real de todo, nuestra propia naturaleza incorruptible.[35]

Todo es sabiduría o una distorsión de ella. La sabiduría que describe el Dzogchen está intrínsecamente impregnada de amabilidad receptiva. Empezamos a ver que, al igual que ya formamos parte del vasto universo sin esfuerzo, también somos parte de la sabiduría, parte de la amabilidad receptiva. El propio camino es una totalidad amable.

ADZOM RIMPOCHÉ: EL PROGRESO DEL PEREGRINO A TRAVÉS DEL *SÉPTUPLE ENTRENAMIENTO MENTAL*

En la siguiente sección, Adzom Paylo Rimpoché, ampliamente considerado como el mayor maestro dzogchen del Tíbet en la actualidad, analiza los siete entrenamientos. Su elucidación de

---

34 Longchenpa deja esto muy claro en su análisis de los cuatro estados ilimitados: ecuanimidad, amor, compasión y alegría comprensiva. Véase también Longchen Rabjam, *Now That I Come to Die*, 41–66; y Jigme Lingpa, *Treasury of Precious Qualities*, cap. 8.

35 Barron, *Basic Space*, 32–33; Longchen Rabjam, *Commentary on the "Precious Dharmadhātu Treasury,"* 63.

los mismos es la base de mi posterior comentario sobre ellos en la Parte 3, en la que examino los entrenamientos a través de la lente del comentario de Jigme Lingpa y recurro también a otras obras de Longchenpa. En el proceso, seguimos apreciando los pivotes mediante los cuales Longchenpa, así como los practicantes, pueden dar el salto desde los planteamientos kármicos a los de sabiduría. En el sagrado mes budista de Sagadawa, en 1996, yo iba de pie en la parte trasera de un camión que llevaba a nuestro grupo de peregrinos desde Samye, el primer monasterio del Tíbet, hasta la pradera principal de Samye Chimphu, uno de los lugares sagrados centrales del Tíbet. Una joven monja tibetana que se agarraba al lateral del camión junto a mí llevaba un pin con la cara de un monje. Le pregunté quién era. Me dijo que era un gran lama que estaba de visita en Chimphu y que podíamos conocerle. Se alojaba en una pequeña gompa de Ani (ahora muy reconstruida).

El camión nos llevó a un prado bajo la Gompa, donde nuestro grupo acampó para pasar la noche. A la mañana siguiente salimos en su busca. Yo exploré el camino, trepando por un sendero rocoso en el aire brillante, hasta que llegamos a un pequeño convento enclavado en un claro llano en la ladera de la montaña. Nos admitieron en la habitación de Rimpoché, donde estaba sentado, poderoso como una montaña, en la plataforma de madera que le servía de cama por la noche y de asiento para conversar durante el día.

Cuando, en nombre del grupo, le pregunté si nos enseñaría, su respuesta inmediata fue: "¿Quieres decir que os enseñe a todos a la vez o de uno en uno?". Me quedé desconcertada por un momento, indecisa ante aquella asombrosa generosidad. Pero me serené lo suficiente como para aceptar agradecida en nombre del grupo y luego participé con mi amiga Michele Martin en la traducción de estos intercambios tan personales para cada uno de nosotros.

Para cuando concluyeron las instrucciones personales, incluidas las pausas en la conversación en las que transmitía con sus ojos ensanchados de experiencia totalmente nuevos, mi orientación se había matizado suavemente y ha seguido matizándose desde entonces. Un horizonte más amplio es absolutamente posible. Y definitivamente no es lo que yo pensaba.

PARTE 2

Comentario al
Séptuple entrenamiento mental
de Longchenpa

POR ADZOM PAYLO RIMPOCHÉ

COMENTARIO DE ADZOM PAYLO RIMPOCHÉ AL SÉPTUPLE ENTRENAMIENTO MENTAL DE LONGCHENPA

En el invierno de 2007-8, Adzom Paylo Rimpoché enseñó los siete entrenamientos en la isla de Whidbey, Washington, y en Alemania. En 2010, me animó a reflexionar, enseñar y escribir sobre ellos. "No puede haber mejor base para la práctica", me dijo a su manera. "Lo firmaré con mi nombre", dijo, con su mano derecha escribiendo vigorosamente en el aire fresco. Ahora te los presenta. Su cuidadosa y esmerada enseñanza oral dirige nuestra mirada hacia el cielo interior iluminado por el sol, y a apreciar cómo Longchenpa y luego Jigme Lingpa nos traen a casa estos siete entrenamientos.[36]

Adzom Paylo Rimpoché fue reconocido muy pronto en su vida como encarnación de varias figuras clave para la identidad cultural del Tíbet, entre ellas el rey Trisong Detsen, Vimalamitra, Ngari Panchen, Jigme Lingpa y, en su vida pasada más reciente, Pema Wangyal, hijo de Adzom Drukpa (m. 1924), que desempeñó un papel decisivo al introducir los ciclos de la *Esencia del Corazón* de Jigme Lingpa en el Tíbet oriental del siglo XX e infundirles reflexiones sobre su propia experiencia. Cuando Adzom Drukpa tenía treinta y dos años, tuvo una visión

---

36 Adzom Rimpoché enseñó los siete entrenamientos sólo dos veces en Occidente. Este capítulo se ha elaborado a partir de las traducciones orales del tibetano al inglés de Erik Drew y Anne Klein, y de la traducción oral del tibetano y el inglés al alemán de Martin Kalff. Estas traducciones han sido revisadas y ampliadas gracias a mis conversaciones posteriores con Rimpoché.

luminosamente clara de Jigme Lingpa, a quien describió como excepcionalmente bondadoso. Muchos años después, observó que Jigme Lingpa había sido el más impactante de todos sus maestros.[37] No es necesario creer en las visiones, ni siquiera en la reencarnación, para reconocer las conexiones viscerales que los practicantes budistas encuentran entre las figuras encarnadas ahora en Adzom Rimpoché.[38]

En estas reflexiones directas al corazón, escuchamos la voz sincera del propio Rimpoché sobre la importancia y la estructura de los siete entrenamientos, que tocan todas las partes del camino, desde las instrucciones sobre la audición, pasando por los principios de la impermanencia y la compasión, hasta el entrenamiento esotérico séptimo que compromete los canales y los vientos al servicio de la dicha no conceptual, la claridad y la comprensión de la realidad. Los elementos clave del camino Dzogchen están implícitos en la cristalización de estos siete entrenamientos, considerados una base excepcional para avanzar por todo el camino.[39]

---

37 Gyurme Dorje, *Biography of Adzom Drukpa*, 186.

38 Mientras crecían en Adzom Gar, Adzom Paylo Rimpoché y su hermana, Jetsun Khacho Wangmo, considerada ella misma una encarnación de Tārā, estudiaron con el erudito yogui Karmabenzra y con la encarnación inmediata de Adzom Drukpa, Adzom Drukpa Thupten Pema Trinle (1926-2001), que fue uno de los maestros dzogchen más influyentes en China en las décadas de 1980 y 1990 y a quien otros maestros nyingma enviaron a sus estudiantes para recibir instrucción y transmisión dzogchen. Chogyal Namkhai Norbu Rimpoché (1938-2018), fundador de la internacionalmente conocida Comunidad Dzogchen, autor prolífico y uno de los grandes pioneros en la introducción del Dzogchen en Occidente, también fue reconocido como la encarnación de Adzom Drukpa.

39 Adzom Rimpoché también ha señalado que, junto con Longchenpa, Jigme Lingpa nos guía a través de su análisis del camino por etapas (*lam rim*) en *Stairway to Liberation* ("Escalera hacia la liberación" *Thar pa'i them sgas*), que su comentario sobre el *Séptuple Entrenamiento Mental* de Longchenpa. El título completo del comentario de Jigme Lingpa sobre los siete entrenamientos,

LA INTENCIÓN DE ENTRENAR LA MENTE
por ADZOM PAYLO RIMPOCHÉ

Desde el principio, la alegría es importante porque limpia la mente. Así que disfruta de la oportunidad que tenemos ahora mismo de iluminar nuestras mentes nubladas con las sabias enseñanzas de Longchen Rabjam, el maestro profundista del Tíbet. Longchenpa era un maestro profundamente erudito y muy consumado en la práctica. Vivió, enseñó y escribió en el Tíbet del siglo XIV y desde entonces no hemos vuelto a ver a nadie como él. Alégrate y recibe estas enseñanzas con verdadero coraje y fortaleza de ánimo. Deja que el entusiasmo se eleve y fortalezca tu disposición a fomentar tu bodhicitta, tu poderosa aspiración de beneficiar a todos los seres. Esta intención produce muchas buenas cualidades de enorme beneficio. En el mejor de los casos, tendremos una bodhicitta sin fabricar, una especie de embrión.

Escalera hacia la liberación: Instrucciones sobre el Significado del Entrenamiento Mental Fundacional Mahāyāna Compartido, indica que todos los puntos clave del entrenamiento mental se encuentran aquí, y que la sabiduría a la que conduce el entrenamiento mental produce todas las buenas cualidades.

¿Por qué es tan importante la bodhicitta? Aporta a nuestra mente inmensidad y valor. Con una mente así, podemos superar nuestro hábito condicionado de mantener un sentido omnipresente del yo, de aferrarnos al yo. Este aferramiento erróneo es la raíz de todas nuestras aflicciones y dolores. Bodhicitta los destierra. La bodhicitta es necesaria en todo momento, independientemente de nuestra actividad. Bodhicitta desestabiliza la base misma de nuestro aferramiento al "yo". Cuando ese aferramiento se disuelve, nuestro corazón abraza fácilmente a todos los seres vivos. Que cada una de nuestras acciones esté motivada por la intención de beneficiar a todos. De hecho, el objetivo de toda nuestra práctica, de todo nuestro entrenamiento –incluyendo especialmente estos siete entrenamientos de Longchenpa– es el florecimiento de nuestra bodhicitta, nuestra conciencia despierta.

Despertamos a través de nuestra intención pura de beneficiar a los demás. Nuestro primer objetivo son las necesidades de los seres vivos. Por su bien, tenemos un segundo enfoque, nuestro propio despertar a la omnisciencia completa de la budeidad. Esto nos permite ocuparnos de su sufrimiento. No estamos separados de los demás seres vivos. Como dijo Maitreya, desarrollar la bodhicitta es el fin último de toda nuestra práctica y entrenamiento. Bodhicitta, la mente despierta, da el fruto supremo. Llenos de valor y determinación para lograr esta fructificación, estamos dispuestos a superar toda pereza e impedimento. Cada uno de nosotros desea lo mismo. Queremos evitar el sufrimiento y disfrutar de la felicidad. Sin embargo, el sufrimiento nos llega a través de la maduración de nuestras cinco aficiones principales[40]. Esto sucede porque no conocemos directamente nuestra propia naturaleza. Así que nos entrenamos para que surjan la claridad, la sabiduría y el anhelo que conducen al despertar completo. Esto disipa toda niebla mental.

---

40 Los cinco sentidos [nota del editor].

Para ello es crucial nuestra propia confianza sincera, lo que los budistas llaman fe. Esta confianza sincera, un estado de gran receptividad, es de cuatro tipos: la confianza sincera que es clarificadora, la que busca el despertar, la que tiene una convicción segura en la causa y el efecto, y la que permanece irreversiblemente en el camino.

En primer lugar, tenemos la confianza clarificadora sincera (*dvang pa'i dad pa*). La confianza clarificadora te hace sentir muy vivo. Al encontrarte con tu maestro, estudiando o practicando el dharma, descubres que tu mente está viva, despejada y entusiasmada. Te sientes inspirado. Estás animado, estás claro. Esta brillante confianza aporta luz y disipa la pereza mental. Aclara la base de todo lo existente (*kun gzhi*, ālaya). Esto es importante. La base es opaca. Oscurece. Es la causa de que no reconozcas tu propia naturaleza. Tal desconocimiento es discordante con la conciencia. La confianza sincera disipa parte de esa ignorancia y al mismo tiempo revela lo que es genuinamente significativo.

En resumen, la causa de no saber o no reconocer tu naturaleza (*ma rig pa*, avidyā) es la base de todo. El camino, por el contrario, es saber qué comportamientos adoptar y cuáles descartar. Su fructificación es la budeidad. En todos estos sentidos, este primer tipo de confianza sincera promueve el destierro de lo que obstruye y promueve un mayor desarrollo. Es importante comprenderlo bien.

El segundo tipo de fe, la confianza sincera que quiere despertar (*'dod pa'i dad pa*), es un deseo que surge a través de la confianza clarificadora que es su germen. Es vital que tu objetivo esté claro. Este tipo de confianza nos impulsa en el camino. Tu meta se ha vuelto clara, como la niebla que se levanta en el camino ante ti. Ve hacia donde te diriges.

¿Querer alcanzar el camino parece un deseo? ¿Y que ese deseo, por ser un deseo, está mal? No todos los deseos son iguales.

No es necesario que anules *todos los deseos*. Aśvaghoṣa llama al deseo del joven Gautama de salir a espaciarse plácidamente en un jardín "el deseo que pondrá fin a todo deseo", porque es en el camino a este placer donde se encuentra con un anciano, un enfermo, un cadáver y, finalmente, el alegre mendicante que le inspira a salir de casa con la intención de liberarse.

Los deseos pueden ayudar u obstruir. Hablamos aquí del deseo de practicar, un deseo que nace de la intención pura y de querer beneficiar a los demás. Este tipo de deseo no se parece en nada al deseo de tus propios deseos. Querer algo para beneficiar a los demás es totalmente distinto a los deseos mundanos, que no te llevan al despertar. La causa es diferente, y su efecto también. Es importante y necesario tener un deseo y una meta. De lo contrario, no llegarás. Sin causa no puede haber efecto, ni fructificación.

Tu deseo de practicar es la causa de tu capacidad de beneficiar a los demás. Los deseos mundanos tienen que ver con tu propia felicidad. El anhelo de ayudar a otros libera las limitaciones de propósito que pones alrededor de tus acciones. Centrarse en uno mismo sólo produce más sufrimiento. No puede conducir al despertar. Tu deseo de practicar, por otro lado, puede traer felicidad a todos, incluyéndote a ti mismo. Esta es una gran diferencia. Así que dirige tu mente a este propósito y cúmplelo. Esta intencionalidad es necesaria para lograr cualquier cosa. No construyes una casa sin alguna intención que canalice tu energía.

El tercer tipo de confianza que abre el corazón es la convicción sincera en la causa y el efecto (*rgyu 'bras yid ches gyi dad pa*). Tanto espiritual como materialmente, vivimos en un proceso continuo de causa y efecto. El poder y la validez de la causa y el efecto significan que el camino puede cumplir nuestros deseos. Una causa que es auténtica y correcta da lugar a un efecto que también es auténtico y correcto. Necesitamos comprender este principio con confianza. La intención y el deseo por sí solos no bastan.

Debemos entrenarnos en los métodos reales que producen el despertar. Esto nos da confianza en nuestro camino y en las enseñanzas fundamentales de Buda sobre causa y efecto. Es importante investigar esto, sondear el asunto con preguntas, analizarlo científicamente. Así es como desarrollamos una certeza completa (*nges shes*) respecto a la duda. Esta interdependencia es lo que aportamos en nuestro camino para avanzar.

Todo lo vivo, así como todo lo que carece de vida, surge de causas. Así es como surgen los fenómenos ordinarios que nos rodean, y su origen no es otro: todo hecho ocurre por otro. Esto es con lo que tenemos que trabajar. Saberlo bien favorece nuestro desarrollo. De esta manera también, empiezas a ver que tu vida es realmente el efecto de sus propias causas anteriores. Esto revela la existencia de vidas pasadas. Reconocemos que ahora estamos en el presente, caminando hacia nuestro futuro.

El cuarto tipo de confianza el la del corazón irreversible (*phyir mi ldog pa'i dad pa*), una apertura de corazón que nunca revertirá. Hasta que no se adquiere un conocimiento auténtico (*tshad ma, pramāṇa*), creemos en la inferencia basada en la autoridad de las escrituras. Una vez que tienes una experiencia auténtica y directa de causa y efecto, ya no necesitas creer en las escrituras o en tus conjeturas intelectivas. Tu conocimiento es irreversible. Como dijo Vasubandhu:

> *Escuchar disipa la ignorancia como una lámpara disipa la oscuridad. Conocer la rectitud es el acrecentador supremo de la bondad.*

Todas las buenas cualidades proceden de un saber magnánimo (*shes rab, prañjā*). La sabiduría es inagotable y completa (*shes rab mthar phyin pa*). Necesitamos confiar en un maestro excelente que pueda explicarla bien. Si no podemos seguir el significado que oímos, si no entendemos su lógica, podemos consultar a la autoridad escritural. Cuando Buda dijo: "Os hablaré bien", quiso decir que hablaría bien para proporcionar antídotos temporales y definitivos a nuestra ignorancia y nuestras aficiones. De este modo, se dan bendiciones y se ofrecen enseñanzas. El propio Buda logró todo esto y sus logros también afectaron a sus oyentes.

También nos entrenamos en la meditación. La sabiduría que surge de la meditación da lugar a expresiones ilimitadas de las enseñanzas: pueden surgir palabras sin límites. De una sola palabra emanan nuevas dimensiones de significado. La sabiduría más sublime y maravillosa *(phun sum tshogs pa, sampanna)* lo sabe todo; abarca todo el espectro del conocimiento. Cuando esa abundancia de comprensión cognitiva se une a la acción, revela todos las formas de llegar a ella y nos permite cortar todos los malentendidos que nos limitan. Esta sabiduría tiene perspicacia, voluntad y poder. Es inagotable. Es lo que puede surgir a través de la escucha –o el estudio– y la reflexión personal.

La compasión es un método supremo para realizar la vacuidad. Los practicantes más excelentes, al encontrarse con otros seres vivos, ven su dolor y, por tanto, sienten compasión por ellos. Esta compasión da lugar a la sabiduría. Necesitamos unir nuestra comprensión de la vacuidad con la compasión.

Buda aconsejó: "Escucha bien, realmente bien, sin ninguna distracción hacia los objetos sensoriales". Escuchar auténticamente *(tshad dang ldan pa)* significa que estás escuchando sin que surjan pensamientos que divagan. Esto es bueno.

Cuando Buda nos instó a escuchar bien señaló tres puntos. Primero, debemos renunciar a conceptualizar groseramente cuando escuchamos. Segundo, debemos mantener nuestra mente, nuestros ojos y nuestros oídos centrados en la enseñanza. Tercero, al hacerlo nos convertimos en un recipiente erguido, capaz de contener su contenido sin derramarlo. Si nos quedamos quietos, no conseguiremos escuchar bien. Patrul Rimpoché describe esta situación en *Palabras de mi maestro perfecto*: "El cuerpo está recto y quieto, pero la mente se ha escapado al mercado".

Comprende que, al escuchar bien, no te quedarás dormido ni estarás demasiado estresado. Ni demasiado tenso ni demasiado flojo. Mantente en el término medio. Como dijo Majik Labdron: "Aprieta apretando, afloja aflojando. La esencia misma de la vista está ahí". Este es el punto de vista sobre el que reflexionamos y meditamos. No intentes lo imposible tratando de tocar la punta de tu dedo con ese mismo dedo. Se te torcerá el dedo; no podrás conseguirlo.

Es bueno que tanta gente sienta afinidad por la Gran Perfección, el Dzogchen. Pero hay que comprender bien las formas exactas en que es excelente. La palabra tibetana *dzog* significa lo que es completo, lo que es perfecto. Todo, desde las prácticas fundamentales (*sngon 'gro*) hasta la base real de la práctica, es en sí mismo una Gran Perfección, una perfección real.

Antes de que un avión pueda surcar los cielos, hay que ensamblarlo en tierra. Del mismo modo, las prácticas fundacionales nos permiten desarrollar el avión que es el Dzogchen. Los medios hábiles y la sabiduría son las dos alas de este avión. Cuando está plenamente operativo podemos guiar nuestro soporte real –el plano plenamente operativo– hacia la budeidad. Sin este fundamento, no es pleno, no es perfecto. No es *dzog* (completo). La Gran Perfección incluye todas las buenas cualidades de las nueve vías[41]. Todos los aspectos favorables confluyen en ella. El Dzogchen, el más veloz de todos los caminos,

---

41 Las "Nueve Vías del Budismo" se refieren a una clasificación de prácticas y enseñanzas encontradas principalmente en el budismo tibetano. Esta clasificación es parte de una tradición más amplia conocida como las "Diez Tierras" o "Diez Bhumi", que es una forma de describir el camino de un bodhisattva hacia la iluminación. Las nueve vías se dividen en tres grupos, cada uno representando un conjunto de prácticas y enseñanzas. Aquí están:

puede, como una flecha, atravesar todos las vías para alcanzar el estado de completo despertar. Esta perfección completa se llama "grande", o *chen*, porque no hay nada más grande que ella, ningún propósito más grande, ninguna realidad más elevada o más vasta. Sobre la base de las instrucciones prácticas únicas del Dzogchen (*man ngag*) podemos alcanzar la budeidad muy rápidamente, siempre que tengamos una conexión kármica adecuada con ella. De pocas palabras y profundo significado, el Dzogchen hace fructificar con facilidad a quienes se conectan a él. El camino ordinario de las perfecciones lleva muchas vidas.

---

1. Grupo de los Métodos Comunes (Hinayana):
   • La Vía de los Oyentes: se centra en escuchar las enseñanzas y contemplarlas para alcanzar la liberación personal.
   • La Vía de los Budas Solitarios: incluye prácticas de meditación profunda sin un maestro, buscando la iluminación individual.
2. Grupo del Mahayana:
   • La Vía de los Bodhisattvas: esta vía se enfoca en el desarrollo de la bodhicitta (deseo de alcanzar la iluminación por el bien de todos los seres) y la práctica de las seis perfecciones (generosidad, disciplina, paciencia, esfuerzo, meditación y sabiduría).
   • La Vía de los Seres Realizados: implica un mayor énfasis en la comprensión y realización directa de la naturaleza vacía de todos los fenómenos.
3. Grupo del Vajrayana o Tantra:
   • La Vía de Acción del Tantra: se basa en rituales y prácticas externas, tanto ritualísticas como éticas.
   • La Vía de Conducta del Tantra: implica prácticas más internas y sutiles, incluyendo la visualización y la meditación.
   • La Vía de Yoga del Tantra: combina elementos de las dos anteriores, con un enfoque en la unión de sabiduría y método a través de un trabajo muy sutil con la energía sexual (kundalini) incorporando pranayama (técnicas de respiración), mudras (posiciones del cuerpo y de las manos), y mantras (sonidos o frases sagradas), entre otras técnicas.
   • La Vía del Tantra Incomparable: conocida también como Anuttarayoga Tantra, se centra en prácticas muy avanzadas que buscan la transformación completa del ser a un estado búdico realizado.
   • La Vía de la Gran Perfección (Dzogchen): considerada la culminación de todas las prácticas, el Dzogchen se enfoca en reconocer la naturaleza fundamental de la mente y la realidad.
[Nota del editor].

El dzogchen es el estado despierto, la mente de gracia (*dgongs, saṃdhāya*) de todos los budas, pasados, presentes y futuros. Es la sangre del corazón, el orbe brillante vital esencial del lama, la deidad especial o yidam, y las ḍākinīs, las mujeres de sabiduría que fluyen por el cielo.

Las prácticas fundamentales nos ayudan a ser capaces de acceder genuinamente a las enseñanzas de la Gran Perfección. ¿Cómo lo hacen? El acceso requiere que nosotros mismos seamos personas de Gran Perfección. Por lo tanto, se necesita cierta preparación. Cuando una persona recta se encuentra con las enseñanzas de la Gran Perfección, están sincronizadas. Las prácticas funcionan.

Este entrenamiento o purificación de la mente es necesario porque ahora mismo nuestras mentes están bajo el poder de su propio aferramiento. "Mente" se refiere aquí al funcionamiento de nuestros sentidos y a nuestra percepción cognitiva. Nuestra mente se aferra a los objetos y los toma por verdaderos. Como resultado, experimentamos deseo, aversión o ignorancia. En otras palabras, la forma en que percibimos las cosas da lugar a afectos y apegos. Y nuestros afectos y apegos inevitablemente producen sufrimiento.

Para entrenarnos con éxito, debemos comprender los errores de nuestra mente e invertirlos. Puesto que el sufrimiento procede esencialmente de nuestra propia mente, la entrenamos para que cambie nuestra forma de percibir de modo que no se origine más sufrimiento. Nos reorientamos hacia una dirección más adecuada y nueva para nosotros. Rompemos el hechizo del no discernimiento e invertimos los procesos que conducen al sufrimiento. Buda explicó que el propósito del dharma es conducirnos al despertar, a la realización plena. Necesitamos que nos conduzcan al estado de despertar definitivo a través de la realización de la vacuidad final, la naturaleza real de las cosas. Estas enseñanzas nos convierten en verdaderos candidatos para la Gran Perfección.

Al realizar estos entrenamientos mentales establecidos por Longchenpa, hacemos posible en nosotros la Gran Perfección. A través de ellos pasamos de lo burdo a lo cada vez más sutil. Empezamos a ver todo como impermanente. Esto es bastante obvio, así que en ese sentido es la parte más fácil del camino. Después de esto somos guiados hacia el sentido que conduce a lo último, la gracia de la conciencia despierta esencial de todos los budas.

REFUGIARSE EN EL LAMA, LAS DEIDADES Y LAS ḌĀKINĪS

Longchenpa comienza con un homenaje: «Me inclino ante los lamas, los dioses y las ḍākinīs». Les rendimos homenaje porque sus grandes cualidades nos inspiran y nos dan comprensión. Del lama surgen las bendiciones para nuestro cuerpo, palabra y mente. Ofrecemos a nuestros lamas devoción a través de nuestro cuerpo, palabra y mente para conectar con lo que es suyo. Sus bendiciones nos ayudan a superar el sentido ordinario de nuestro cuerpo, verbo y mente. Nuestros tres portales[42] se des-

---

42 Los tres portales del budismo tibetano, también conocidos como las "tres puertas de la liberación", son conceptos fundamentales en la filosofía budista, especialmente en las escuelas Mahayana y Vajrayana. Estos tres portales representan las realizaciones esenciales que conducen a la liberación del sufrimiento y al entendimiento profundo de la realidad. Son:

1. Vacuidad (shunyata): la vacuidad se refiere a la comprensión de que todos los fenómenos son carentes de una existencia inherente e independiente. Según esta visión, nada existe por sí mismo, sino que todo está interconectado y es dependiente de causas y condiciones. Esta comprensión de la vacuidad es central en la filosofía budista y se considera esencial para liberarse del apego y del sufrimiento.

2. Significado sin características (animitta): este portal se refiere a que todos los fenómenos están libres de características intrínsecas y distintivas. En otras palabras, las diferencias que percibimos en los objetos o experiencias no son cualidades inherentes a ellos, sino proyecciones de nuestra mente. Reconocer esto ayuda a superar las ilusiones y las percepciones erróneas.

piertan. Estas bendiciones, que son las ondas de gracia de los seres despiertos, fluyen a través de nosotros. Incluso la bondad de Buda es superada por la bondad de nuestro lama, nuestro amigo espiritual.

Un mantra secreto dice que el lama encarna tanto las Tres Joyas ordinarias como las extraordinarias. El lama es la encarnación del cuerpo, la palabra y la mente despiertos. Y las buenas cualidades del lama son iguales a las de Buda. Además, el lama está aquí con nosotros, capaz de ofrecernos guía personal. Lo necesitamos. Incluso los budas cuentan con amigos espirituales. Y los propios budas son nuestros amigos espirituales. "En el futuro, me revelo como amigo espiritual para ayudar a los seres".

El lama excelente es conocedor del dharma (*mkhas*), tiene claro cómo ser un guía, es capaz de comunicarse con claridad (*btsun*) y está lleno de compasión (*thugs rje*) y bondad (*bzang*). Además, debe ser hábil en la escucha, la reflexión y la meditación.

La escucha, o estudio, aporta comprensión de la enseñanza. La reflexión permite asimilar el significado de las palabras. La meditación permite comprender cómo son realmente las cosas, nos da la visión. Como resultado, uno se vuelve capaz de enseñar, debatir y componer, y se inspira para beneficiar las mentes de sus estudiantes. En lo que respecta al Dzogchen, tenemos comprensión intelectual, experiencia meditativa y realización.

---

3. Ausencia de aspiración (apranihita): este concepto implica la ausencia de deseos o aspiraciones específicas en la práctica espiritual. Se trata de una actitud de no-apego incluso hacia los resultados de la práctica espiritual, como la iluminación. Es la comprensión de que el anhelo y la aversión son obstáculos en el camino hacia la iluminación, y que una actitud de ecuanimidad y aceptación es fundamental.

Estos tres portales son vistos como aspectos interconectados de la realidad que, al ser comprendidos y experimentados, conducen a un estado de liberación y sabiduría. En el budismo tibetano, la meditación y otras prácticas espirituales están orientadas a cultivar la comprensión y la experiencia directa de estos tres portales [nota del editor].

Además de confiar en el lama, también confiamos en nuestra esencia divina personal, o *yidam*, que nos aporta una genuina flexibilidad a nuestra mente. Al confiar en el yidam, nuestros hábitos mentales (*phag chags*) comienzan a desvanecerse. Un condicionamiento habitual muy fuerte es el aferramiento a nuestro propio cuerpo como yo. En nuestra práctica, sustituimos nuestro cuerpo ordinario por la forma divina del yidam, un ser despierto con el que sentimos una relación especial. Experimentamos nuestro propio cuerpo como la forma divina del yidam. De este modo, eliminamos un importante punto de referencia para aferrarnos al yo. También sustituimos el sentido de nuestra palabra y nuestra mente ordinarias por la expresión y la mente despierta de este yidam. Así es como purificamos las percepciones asociadas con el yo y nuestro sentido ordinario del cuerpo.

El último *siddhi*, o poder (*'grub pa*), es el propio despertar. Los tres niveles de saṃsāra –los reinos del deseo, de la forma y sin forma[43]– surgen de nuestras tendencias habituales. Estas

---

43 En el budismo, el Saṃsāra se refiere al ciclo de nacimiento, muerte y renacimiento, impulsado por el karma y la ignorancia. Dentro de este ciclo existen diferentes reinos o estados de existencia. A menudo, estos se dividen en tres categorías principales, conocidas como los "tres reinos" o "tres mundos", a saber:

• El Reino del deseo (Kamadhatu): este es el reino más bajo y se caracteriza por el fuerte apego a los deseos y placeres sensoriales. Incluye no solo los reinos humanos y animales, sino también los reinos de los espíritus hambrientos (Pretas) y los infiernos (Narakas). Además, ciertos seres celestiales (Devas) que aún están sujetos a los deseos también pertenecen a este reino.

• El Reino de la forma (Rupadhatu): este reino es habitado por seres que han superado los deseos más groseros, pero aún tienen cuerpos y experimentan formas sutiles de sensación. Se asocia con estados de meditación más elevados y es el hogar de varios tipos de seres celestiales que disfrutan de estados de bienestar y meditación profunda. Estos seres, sin embargo, todavía están sujetos al ciclo del Saṃsāra.

• El Reino de la sin forma (Arupadhatu): este es el reino más elevado y se caracteriza por la ausencia de forma física y deseo sensorial. Los seres en este reino experimentan estados meditativos muy sutiles y abstractos. Aunque

tendencias conducen a las aficiones. A través de nuestra práctica, experimentamos nuestro cuerpo como la deidad, nuestro habla como mantra, y nuestra mente como estabilización meditativa. Así es como adquirimos una totalidad indivisible de cuerpo, palabra y mente *(lus ngag sems gsum ngo bo dbyer med)*. Esta meditación nos conecta con las tres dimensiones búdicas o *kāya*[44]. Así es como obtenemos los logros o hazañas (*siddhis*) que son inseparables del propio cuerpo, palabra y mente de un

---

estos estados son extremadamente sutiles y pacíficos, los seres en el Reino de la sin forma todavía no están completamente liberados del Saṃsāra.

Es importante señalar que estos reinos no son lugares físicos, sino más bien estados de existencia o conciencia. La transmigración a través de estos reinos depende del karma acumulado por un ser. El objetivo último del budismo es escapar del ciclo del Samsara alcanzando el Nirvana, un estado de liberación y despertar que trasciende estos tres reinos [nota del editor].

44 En el budismo, especialmente en las tradiciones Mahayana y Vajrayana, el concepto de las "tres dimensiones búdicas" o "tres cuerpos de Buda" (trikāya) es fundamental. Estas tres dimensiones representan diferentes aspectos o manifestaciones de la naturaleza de Buda. Los tres kayas son:

- Dharmakāya (Cuerpo de la Verdad): este es el aspecto más sutil y trascendente de Buda. El Dharmakāya representa la verdad última, la vacuidad, y la naturaleza búdica inherente a todos los seres. Es la esencia inmutable y eterna, libre de todas las limitaciones físicas y conceptuales. En este nivel, todas las distinciones entre sujeto y objeto se disuelven, revelando la naturaleza pura y no dual de la realidad.

- Sambhogakāya (Cuerpo de Gozo): es la dimensión de Buda que se manifiesta en formas divinas o celestiales, accesibles principalmente a seres altamente realizados como los bodhisattvas. Este cuerpo está asociado con la enseñanza y la transmisión de enseñanzas profundas en los reinos puros o cielos budistas. El Sambhogakāya es una manifestación de compasión y sabiduría, y se comunica a través de símbolos y experiencias visionarias.

- Nirmanakāya (Cuerpo de Manifestación): este es el cuerpo físico a través del cual un Buda o un ser iluminado se manifiesta en el mundo para enseñar y guiar a los seres sintientes. El ejemplo más conocido de Nirmanakāya es el Buda histórico, Siddhartha Gautama. El Nirmanakāya permite que los seres ordinarios interactúen con un buda, y es a través de esta forma que se realiza el trabajo compasivo y la enseñanza (dharma) en el mundo físico.

[Nota del editor].

buda. Y estos logros últimos vienen asimismo acompañados de otros menores.

También nos refugiamos en la ḍākinī, nuestra amiga que nos apoya. Todo el mundo necesita este tipo de amistad; nadie triunfa solo. También debemos comprender que las ḍākinī realizan cuatro tipos de actividades de ayuda:

1. *Pacifican* las obstrucciones, las enfermedades y los oscurecimientos.

2. *Aumentan* y *enriquecen*; invocan circunstancias adventicias aún no presentes, como la esperanza de vida, el mérito o la prosperidad.

3. Ellas *magnetizan*. Por ejemplo, si los seres no se concentran bien, las ḍākinīs refuerzan su intención. En resumen, ponen bajo control las mentes y energías (*rlung*) de los seres vivos, incluidos los espíritus que pueden andar sueltos. Se trata de una función de integración y unión de cabos sueltos de diversa índole.

4. *Las acciones airadas (coléricas, contundentes)*, que ellas emplean cuando los otros métodos no tienen éxito, cuando necesitamos cortar o atravesar algo justo en su lugar para despertar.

El cuerpo despierto de un buda es la dimensión de emanación o forma formada, el nirmāṇakāya. El verbo despierto es la dimensión resplandeciente o forma brillante, el saṃbhogakāya. Y la mente despierta es la dimensión de esencia pura o forma pura, el dharmakāya. Estas dimensiones de buda pura, brillante y plenamente formadas están conectadas con la forma despierta del lama. De este modo, en última instancia encontramos que nuestro propio cuerpo, palabra y mente son inseparables del cuerpo, palabra y mente iluminados del lama.

Durante nuestro florecimiento, nuestro cuerpo despierto es el lama, nuestra habla despierta es el yidam, y nuestra mente despierta es la ḍākinī. Nuestra identificación con las tres fuentes –guru, deva y ḍākinī– es nuestro último homenaje. Practicamos para reconocer nuestra indivisibilidad con ellos.

SOBRE EL *SÉPTUPLE ENTRENAMIENTO MENTAL* DE LONGCHENPA

El primer verso completo de Longchenpa, como hemos visto, ofrece homenaje mediante el cuerpo, la palabra y la mente al lama, al yidam y a la ḍākinī.

Con el mayor respeto, ofrezco homenaje a través de las tres puertas de mi ser, a las huestes del lama, yidam y ḍākinī. Aclaro el método de entrada directa al corazón-sentido a través de siete puntos de enseñanza para entrenar tu mente.

Los lectores con una especial capacidad comprenderán el significado interno de este texto con sólo leer su título y las palabras iniciales de homenaje. Aquellos con buena fortuna y conexión kármica llegarán a la realización basándose en el texto.

Longchenpa compuso este texto para dar una explicación clara de los siete entrenamientos que conducen a esa realización. Estos son un método, un camino por etapas para entrar en nuestra gran perfección natural. No podemos avanzar sin ellos. Necesitamos un método para nuestra realización. Nuestro propósito al practicar este método, y el de Longchenpa, al escribir sobre él, es invertir todas las apariencias erróneas de modo que veamos correctamente y amanezcan para nosotros como realmente son. Nuestra naturaleza real se hará manifiesta. Y cuando esto ocurre sentimos que ganamos un tipo de vida completamente nuevo. En su gran generosidad, Longchenpa levanta aquí el velo y expresa su significado.

Tras el homenaje, Longchenpa expresa su sincera intención de beneficiar a todos los seres, dejando de lado cualquier agenda menor. Esta aspiración es la base de todo. El orgullo, por ejemplo, hace que uno sea incapaz de ayudar a los demás. Del mismo modo, los eruditos interesados en demostrar su erudición carecen de motivación pura. Están interesados en el reconocimiento y el respeto, consumados por la competitividad o el deseo de avanzar en sus carreras y desmantelar la de otros. Sin las causas adecuadas, señala Longchenpa, seremos incapaces de ayudar a los demás. La motivación pura y positiva hace que sus escritos sean poderosos. Y escuchar con gran alegría tales enseñanzas dispersa nuestra agitación y somnolencia. Nuestra mente se aclara. Así podemos escuchar con plena atención, integrando lo que aprendemos con nuestra propia intención de beneficiar a los seres. No nos limitamos a escuchar estas enseñanzas, sino que las practicamos hasta completarlas.

Cuando Longchenpa dice que "adelantará este entrenamiento para principiantes afortunados con karma positivo", quiere decir que esta enseñanza es para todos aquellos que, por el poder de su propia escucha previa, son capaces de responder plenamente a estas enseñanzas. La fuerza de su desarrollo hace que puedan conectar más fácilmente con el camino y familiarizarse con el conocimiento puro, una conciencia abierta, o *rigpa*, que ya han encontrado.

Todas las enseñanzas aquí concuerdan con las "Preciosas letras de cobre" de la *Cuádruple Esencia del Corazón* y se desarrollan con más detalle en las extensas enseñanzas comentadas de esa colección[45] de escritos.

---

45 Rinpoché utiliza aquí la palabra *yangthig*, aparentemente refiriéndose tanto al *Khandro Yangthig*, el comentario de Longchenpa sobre la *Esencia del Corazón*

PRIMER ENTRENAMIENTO MENTAL: IMPERMANENCIA

La formación sobre la impermanencia se relaciona con la primera enseñanza de Buda sobre la insatisfactoriedad, la primera verdad ennoblecedora, también llamada "la verdad del sufrimiento." Las cuatro características asociadas a esta primera verdad ennoblecedora son la impermanencia, el dolor, la vacuidad y el desinterés.[46] Saṃsāra tiene la naturaleza del sufrimiento, la naturaleza de la impermanencia.

La impermanencia es algo que podemos ver directamente. Cuando meditamos sobre ella, superamos nuestro aferramiento erróneo a la permanencia. Esa meditación es vital, porque la impermanencia nos revela que la existencia es insatisfactoria. Aquí hay tres aspectos que debemos considerar: primero, cómo nos entrenamos para comprender la impermanencia; segundo, la medida de nuestra comprensión; y tercero, el resultado.

La meditación sobre la impermanencia pasa de los tipos de caducidad más obvios, externos o burdos, a los más sutiles, los que se pasan por alto con más facilidad. Podemos ver las formas más obvias directamente, mientras que nos acercamos a las formas más ocultas o secretas de la impermanencia a través de la inferencia. Éste es un entrenamiento importante. Al final buscamos darnos cuenta de la impermanencia exterior, interior y secreta. Al hacerlo, descubrimos que todo aquello con lo que entran en contacto nuestros sentidos es impermanente. Este reconocimiento florece hasta que la naturaleza cambiante de todo se vuelve más convincente que la solidez ilusoria que suele

---

de las *Dakinis* de Guru Rimpoché, como al *Lama Yangthig*, el comentario de Longchenpa sobre la *Esencia del Corazón* de Vimalamitra. Es posible, sin embargo, que su intención sea principalmente remitirse a este último. Véase Dahl, *Entrada a la Gran Perfección*, apéndice 3.

46 Véase Klein, *Knowing, Naming, and Negation*, 186–89.

atraer nuestra atención. Dejamos de confundir las apariencias con lo que realmente es.

El tipo externo o más obvio y burdo de impermanencia es el recipiente en el que vivimos, nuestro ecosistema. Este sistema mundial se forma a lo largo de un período de veinte eones incontables. Permanece y luego se desintegra durante otros dos eones incontables, y tras su destrucción hay veinte eones en los que está totalmente ausente y sólo hay espacio vacío.

Otro ejemplo de impermanencia externa al que Longchenpa llama la atención es el cambio de las estaciones. Cada día es un ejemplo de impermanencia. Primero llega la mañana, luego el mediodía y después el atardecer. El día sigue a la noche. Luego desaparece. Del mismo modo, cada momento también tiene un principio y un final, que sólo duran una pizca de tiempo. La rueda siempre está girando. Todo está siempre en movimiento. Nada permanece, nunca.

Nuestros cuerpos también están siempre en transición. Primero es la concepción, luego somos un feto, después nacemos, vivimos nuestra vida, experimentamos nuestra muerte. Somos como burbujas que pueden estallar en cualquier momento. Estamos compuestos de los cuatro elementos[47] o de los cinco

47 En el budismo, los "cuatro elementos" se refieren a una enseñanza fundamental que describe la composición básica del mundo físico y del cuerpo humano. Estos elementos son considerados como los bloques constructivos de la realidad material y se utilizan para comprender la naturaleza impermanente y no autónoma de todos los fenómenos. Los cuatro elementos son:

1. Tierra (Prithvi): este elemento simboliza la solidez y la estabilidad. En el cuerpo humano, se relaciona con la estructura sólida, como los huesos y los músculos. En el mundo físico, representa todo lo que tiene forma y dureza, como las rocas y el suelo.
2. Agua (Apas): el elemento agua simboliza la cohesión y la fluidez. En el cuerpo, se asocia con la sangre, la saliva, y otros fluidos corporales. Representa todas las cualidades líquidas que permiten la cohesión y el movimiento en la naturaleza.
3. Fuego (Tejas): este elemento representa la transformación y el calor. En el

agregados[48]. Estos se unen y luego se separan. No tienen esencia. Con cada respiración, existe la posibilidad de que la respiración se detenga, y entonces morimos. Este es el nivel interno de la impermanencia.

cuerpo, está relacionado con la digestión y la temperatura corporal. En el entorno, simboliza todas las formas de calor y energía, así como los procesos metabólicos y de transformación.

4. Aire (Vayu): el elemento aire simboliza el movimiento y el cambio. En el cuerpo humano, se manifiesta en la respiración y en los procesos gaseosos. En el mundo externo, representa el viento y el movimiento del aire.

Estos cuatro elementos son utilizados en muchas prácticas budistas para la contemplación y el entendimiento de la naturaleza no sustancial de los fenómenos. Al meditar sobre ellos, los practicantes buscan comprender cómo los elementos operan tanto en sus cuerpos como en el mundo exterior, lo que lleva a una percepción más profunda de la impermanencia y la interconexión de todo lo existente. La comprensión de los cuatro elementos también ayuda en el desarrollo de la no-identificación con el cuerpo y los fenómenos físicos, facilitando así la liberación del apego y del sufrimiento. [Nota del editor].

48 Los cinco agregados del budismo, conocidos en sánscrito como "skandhas", son componentes esenciales para entender la doctrina del no-yo (anatta) en el budismo, que sostiene que no existe un "yo" permanente e independiente. A continuación, detallamos cada uno de ellos:

1. Forma o materia (rūpa): este agregado se refiere a lo físico o material, incluyendo el cuerpo y los objetos físicos. En el contexto de la experiencia humana, se relaciona con el cuerpo y los sentidos.

2. Sensación o sentimiento (vedanā): se refiere a las sensaciones experimentadas como placenteras, dolorosas o neutras que surgen de la interacción con el mundo físico y mental.

3. Percepción (saṃjñā): este agregado abarca el proceso de reconocer y etiquetar las experiencias sensoriales, como identificar colores, formas, sonidos, olores y gustos.

4. Formaciones mentales (saṃskāra): incluye una amplia gama de funciones mentales como los pensamientos, emociones, hábitos, decisiones y voluntad. Es un agregado complejo que abarca muchos aspectos de la actividad mental.

5. Cognición mental (vijñāna): es el agregado que coordina los anteriores, conformando el conocimiento de las experiencias. No se trata solo de estar consciente, sino también de la manera en que se experimenta y se procesa la información sensorial y mental [nota del editor].

La siguiente fase de esta meditación consiste en observar que los demás también son impermanentes. Al igual que nosotros, están condicionados, lo que significa que el soporte de sus vidas se une y luego se deshace. Sin embargo, consideran que las cosas de esta vida son permanentes. Al ver esto, cultivamos la compasión por ellos, lo que nos ayuda a acabar con la pereza y la dilación en nuestra práctica. También nos orienta hacia lo que es duradero, el estado de pleno despertar.

El nivel secreto de la impermanencia abarca todos los cambios que nos separan de quienes amamos o nos dejan atrapados con quienes no. Y nunca podemos declarar con certeza que no moriremos hoy. Reconocer el nivel secreto de la impermanencia también significa que vemos cómo nuestros pensamientos, estados de ánimo y mente están siempre cambiando. Y así aceptamos las cosas como son.

Cuando Buda se encontró con los cuatro grandes ríos del sufrimiento –nacimiento, vejez, enfermedad y muerte– vio que el dominio sobre su reino no tenía sentido. Al final lo perdería de todos modos. En ese momento renunció a su reino. Le pareció más significativo centrarse en algo que pudiera perdurar, el estado de buda.

Está bien disfrutar, pero hay que tener cuidado con perseguir el placer como si fuera permanente, como si realmente fuera a durar. Practicamos para no distraernos nunca de este reconocimiento. En nuestros corazones, mantenemos una conciencia constante de la impermanencia. No creas que tu meditación sobre la impermanencia te lleva a sufrir más. Todo lo contrario. Con esta práctica, nos dirigimos hacia la comprensión definitiva (*nges shes*) de nuestra situación real.

La medida de nuestra comprensión en esta práctica es que disminuimos la ocupación en actividades mundanas sin sentido. Nos centramos en acciones cuyos frutos perdurarán e invertimos la tendencia a involucrarnos en el saṃsāra. Como resultado, revertimos las causas que aumentan el sufrimiento y nuestra adicción a afecciones como la ira.

Todos tenemos afecciones profundamente arraigadas que nos causan dificultades. Nos proponemos invertir los procesos causales que maduran nuestro sufrimiento en el saṃsāra. Reducimos nuestra implicación en el deseo y el odio. Invertimos la tendencia negativa de la causa y el efecto asociada a la existencia cíclica (*'khor ba'i blo ldog*).

SEGUNDO ENTRENAMIENTO MENTAL: FELICIDAD EFÍMERA

Una vez que hemos pacificado nuestra mente tosca mediante la comprensión de la impermanencia, pasamos a reflexionar sobre la naturaleza temporal de la felicidad y aprendemos a distinguirla de la felicidad duradera. De este modo, los practicantes expertos disminuyen los efectos perjudiciales de sus aficiones. El karma puede madurar, y podemos experimentar una felicidad temporal o incluso algo estable, pero en cualquier caso no nos fijamos en ella. Aprendemos a distinguir lo sano de lo insano, reconociendo que lo insano surge debido a nuestra propia mente errónea, no sin causa.

Los reinos inferiores son, obviamente, lugares de sufrimiento. Sin embargo, los reinos superiores también traen formas sutiles de sufrimiento. Los reinos inferiores son, obviamente, lugares de sufrimiento. Sin embargo, los reinos superiores también traen sufrimiento. Ambos se ven afectados por el condicionamiento omnipresente, que está en todas partes en el saṃsāra. La medida de nuestro éxito en este segundo entrenamiento es que veamos todo aquello en lo que estamos involucrados como causa de sufrimiento, y así renunciemos para siempre a anhelar formas superiores de existencia samsárica. Esto está en consonancia con la realización de la causa del sufrimiento, la segunda noble verdad[49]. Ahora comprendemos lo que da lugar a los ciclos de nuestra existencia. Nuestra decisión de abandonar esta situación asesta un duro golpe a nuestras aficiones y abre el camino para superarlas por completo. Primero nos alejamos de ellas mediante el esplendor de nuestra determinación de liberarnos de los patrones afectivos de la existencia cíclica. Al final, abrumamos estas aflicciones con la luz de nuestra sabiduría, que realiza el desapego. Esto significa que estamos realmente decididos a salir de esta naturaleza repetitiva. Esta determinación por nuestra parte es esencial. Así realizamos la verdad de la cesación, la tercera noble verdad. Además, necesitamos confianza y compasión de corazón abierto.

Estas tres: la determinación de salir del saṃsāra, la confianza y la compasión, son esenciales para la liberación. Nuestra determinación de abandonar la existencia cíclica nos ayuda a superar las aficiones, un proceso esencial para la liberación. Esta misma determinación también estabiliza nuestro camino, que a su vez nos conduce a la realización del desinterés, la sabiduría intemporal.

TERCER ENTRENAMIENTO MENTAL: COMPASIÓN POR TODOS LOS SAṂSĀRA

Nuestro saṃsāra se produce por un sinfín de causas y condiciones. Nuestras mentes son impactadas por una multitud de circunstancias. Cuando incorporamos estas condiciones al entrenamiento mental, aprovechamos ese mismo proceso para obtener un resultado positivo. Nos orientamos hacia lo que es

---

49 La Noble Verdad del origen del sufrimiento (Samudaya) explica que el sufrimiento es causado por el deseo, la avidez y la ignorancia. Es decir, el sufrimiento surge de nuestros deseos insaciables y de nuestra incapacidad para ver la realidad tal como es [nota del editor].

fiable. Aún no hemos decidido del todo que nada en la existencia cíclica es estable o fiable. Ahora buscamos convertirnos en el tipo de buen practicante que no se deja dominar por ninguna circunstancia samsárica.

Nuestras acciones malsanas están motivadas por tendencias afectivas. Las tres acciones físicas negativas que provocan las afecciones son matar, robar y la conducta sexual inapropiada. Las cuatro acciones negativas asociadas con el habla son mentir, hablar con dureza, hablar de forma divisiva y hablar de forma insensata y chismosa. Las tres acciones mentales negativas son la codicia, la intención de dañar y la visión errónea.

Las acciones saludables asociadas con el cuerpo son la generosidad, la protección de la vida y la ética pura. Las acciones sanas asociadas con la palabra son decir la verdad, el discurso armonioso y las palabras amables o la recitación de enseñanzas y mantras. El entrenamiento en estas acciones debilita e invierte los hábitos negativos.

Las tres acciones mentales sanas son, en primer lugar, cultivar una mente de ayuda (*phan sems*) para contrarrestar la malicia, es decir, en lugar de mala voluntad, tener una mente con la intención de beneficiar a los demás. En segundo lugar, dado que la plenitud en sí misma es la verdadera riqueza, cultivarla contrarresta los celos y acaba con la codicia. Y el cultivo de la devoción invertirá los puntos de vista erróneos. No buscamos sólo evitar las acciones negativas, sino fomentar las positivas. Estos tres cultivos son un gran apoyo para la liberación.

Nosotros mismos creamos los tres reinos de la existencia cíclica: el del deseo, el de la forma y el de la no forma. Estos reinos surgen a través de nuestras acciones, no debido a una deidad externa. Mediante el entrenamiento mental recalibramos las causas y condiciones de nuestras vidas. Nos entrenamos para revertir los procesos que maduran nuestro sufrimiento y fomentan nuestro saṃsāra, aprendiendo a utilizar estas circunstancias de una manera que funcione positivamente para nosotros. Nos entrenamos para no dejarnos llevar por las afecciones, fuente de nuestro sufrimiento futuro. Nos entrenamos para invertir la existencia cíclica, no para prolongarla.

Como observa Longchenpa, pensar que la existencia cíclica dará sus frutos de algún modo no es más que una ilusión. Los practicantes hábiles no se ven superados ni dominados por ninguna circunstancia. Disminuyen fácilmente los efectos perjudiciales de su propia negatividad.

Buda dijo: "La existencia cíclica es realmente muy extraña. Ponemos nuestra esperanza en lo que no puede colmarnos, mientras que fallamos en esperar lo que en realidad puede llegar a suceder". La existencia cíclica es impredecible. Puede que quieras ayudar a alguien sin motivo. O alguien te critica por algo que no has hecho, y aunque el asunto en cuestión sea menor, se exagera. Las actividades mundanas son interminables.

Como los deseos y las ansias afectivas nunca pueden saciarse, nos impulsarán sin fin. Ese es el ciclo. Nuestras propias afecciones contribuyen a que nos sumerjamos en el sufrimiento. Las acciones negativas, motivadas por nuestros patrones de reacción afectiva, dan origen a los tres reinos inferiores. Las enseñanzas hablan de unir los medios hábiles con la sabiduría. Sabiduría significa comprensión real de cómo son las cosas, y unimos esta comprensión con los medios hábiles de la compasión.

Longchenpa nos dice: "¡No te entregues al saṃsāra! Dirige tu mente hacia la liberación". Para liberarnos del torbellino de los hábitos –nuestro propio saṃsāra– debemos desarmar nuestras afecciones. Cuando nos damos cuenta del desapego, asestamos un duro golpe a nuestro erróneo sentido del yo. La felicidad duradera viene de realizar exactamente este desinterés. Hasta entonces, las afecciones distorsionan nuestra percepción.

Nuestra orientación se basa en aportar beneficios a los seres vivos. El entrenamiento de la mente nos ayuda a dirigirnos hacia la felicidad duradera, una felicidad no sujeta a la impermanencia. Siempre que prendemos el fuego de la felicidad última, naturalmente tenemos el humo de los beneficios temporales. Estos beneficios incluyen encontrar situaciones en las que las obstrucciones disminuyen, en las que tenemos buena salud, etcétera. Tales beneficios temporales aparecen en el camino, pero nuestro enfoque permanece en acceder a la felicidad estable que es la última.

Al mismo tiempo, seguimos considerando el saṃsāra como algo de lo que podemos alejarnos reduciendo las acciones negativas y sus causas. Cultivamos la confianza de corazón abierto, la compasión por todos los seres y la clara intención de abandonar el saṃsāra. Estos tres, como hemos dicho, son vitales para nuestro camino hacia el despertar.

El éxito significa darse cuenta de que nuestras percepciones kármicas mundanas carecen por completo de sustancia. Sin embargo, nos impiden encontrar una vía y, por lo tanto, nos impiden saborear sus frutos. Por lo tanto, es vital tener el segundo tipo de confianza de corazón, buscando firmemente la iluminación. Este tipo de vibración en el corazón es fundamental para nosotros. De lo contrario, no avanzamos por el camino.

El propósito del excelente dharma es vencer la negatividad, hacer aflorar todas las buenas cualidades y encontrar así la felicidad. Disfruta leyendo o escuchando estas enseñanzas especiales. Comprométete en el aprendizaje con la intención de beneficiar a todos. Todos los seres son como tú, desean la felicidad y hacen todo lo posible por evitar el sufrimiento. Practica con la intención de estabilizar la felicidad duradera de la budeidad para ti y para todos ellos. Todos estos son puntos clave para desarrollar una visión correcta y una meditación correcta.

Para que tu intención florezca, tienes que ser un recipiente para las enseñanzas. La enseñanza en sí consiste en vocales y consonantes, la condición para que surjan las palabras. Ser un recipiente para la enseñanza significa desarrollar una relación con la enseñanza de manera que tu mente se vuelva fértil y receptiva, ver a tu maestro como Samantabhadra[50], el Omnivirtuoso, y considerarte a ti mismo como Mañjuśrī[51], por ejemplo.

Todo lo que aparece a nuestros sentidos es erróneo. Las cosas aparecen en función de nuestros propios hábitos y predisposiciones. Surgen debido a la ignorancia. Esta ignorancia, el desconocimiento (*ma rig pa*) que los tiene por verdaderos, se denomina "oscurecimiento" (*gti mug*) por cómo se aferra a lo que falsamente parece tan verdadero.

---

50 Samantabhadra es conocido como el Bodhisattva de la Gran Virtud. Las cualidades que se le atribuyen son la compasión, la bondad incondicional y la acción benefactora. A menudo se le representa en un elefante blanco, simbolizando la fuerza, la dignidad y la paciencia. En la iconografía budista, su presencia en un elefante también puede interpretarse como una metáfora de su capacidad para guiar a los seres hacia el camino de la verdad. Junto con Mañjuśrī, el Bodhisattva de la sabiduría, y Avalokiteśvara, el Bodhisattva de la compasión, Samantabhadra forma una tríada que representa aspectos fundamentales del camino budista. Mientras Mañjuśrī representa la sabiduría y Avalokiteśvara la compasión, Samantabhadra simboliza la práctica y la acción virtuosa [nota del editor].

51 Mañjuśrī es una figura prominente en el budismo, conocida por representar la sabiduría trascendental. En el budismo Mahāyāna, se le considera uno de los Bodhisattvas más importantes y venerados. En las representaciones artísticas, Mañjuśrī suele aparecer como un joven hermoso y sereno, simbolizando la pureza de la sabiduría. Frecuentemente se le muestra sosteniendo una espada en una mano y un loto en la otra, sobre el cual descansa el *Prajñāpāramitā Sūtra* (un texto importante sobre la sabiduría trascendental). La espada simboliza la capacidad de cortar la ignorancia y los engaños, mientras que el loto y el sutra representan la pureza y la sabiduría trascendental. Su culto se extiende por diversas regiones donde el budismo Mahāyāna es practicado, como el Tíbet, China, Japón y Corea. En cada cultura, Mañjuśrī ha adquirido formas y atributos ligeramente diferentes, pero su esencia como encarnación de la sabiduría trascendental se mantiene constante [nota del editor].

La apariencia de las cosas como verdaderas es completamente errónea. Está dictada por nuestros hábitos distorsionados. Nuestro poderoso hábito de ignorancia nos lleva a ver y creer que todo lo que experimentamos es sólido y permanente. Y no lo es. Los budas ven los fenómenos de una manera totalmente diferente, despierta. Los bodhisattvas menores aún tienen algo de aferramiento y fijación, pero nosotros, los seres ordinarios, tenemos una enorme cantidad de ellos. Nuestra adicción a ver las cosas como verdaderas, sólidas y duraderas crea nuestro deseo, odio e ignorancia, así como orgullo y celos. Éstas son las causas de nuestro sufrimiento.

El objetivo principal de nuestro entrenamiento, como hemos visto, es invertir estas formas de ver y de ser tan densamente habituales. Nos encontramos con muchas circunstancias en nuestras vidas: buenas, malas e indiferentes. Nuestro compromiso afectivo nunca está satisfecho. Pensamos que podemos obtener algún beneficio de ellas y, en lugar de ello, nos convertimos en esclavos de los objetos que imaginamos tan sólidamente presentes a nuestro alrededor. Esto es inevitable: una vez que comprendemos que los objetos, las cosas que vemos y tocamos, son erróneos, nosotros mismos, el sujeto de esas percepciones, estamos ciertamente en el error. De ahí que debamos invertir esas tendencias habituales, por poderosas que sean.

Aquí hay tres cosas importantes que entender: todo lo que vemos o concebimos es impermanente, erróneo y sin esencia. Lo que carece de esencia no tiene sentido ni propósito. Tales cosas no pueden dar lugar a una felicidad real o duradera. Por lo tanto, debemos dirigir nuestra mente hacia lo que es fiable y verdadero, que es una fuente de auténtica felicidad.

CUARTO ENTRENAMIENTO MENTAL:
NUESTRAS ACTIVIDADES INÚTILES

Nuestras actividades mundanas carecen, al fin y al cabo, de sentido o propósito. El sentido reside en lo que es verdadero. Centrarse en los intereses de esta vida es propio de quien está totalmente identificado con su particular sentido del yo. Estamos obsesionados con el ego. Los bodhisattvas no son así. Se preocupan por todos los seres vivos.Como observa Longchenpa, nuestras actividades mundanas están impulsadas por intereses estrechos como proteger a nuestra familia, mantener cerca a los amigos, comprar, competir con nuestros enemigos y vencerlos, dedicarnos a los negocios o a la agricultura. Necesitamos vivir y ocuparnos de las cosas. La cuestión es cómo nuestra auto-fijación gobierna todos estos esfuerzos, convirtiéndonos en esclavos del saṃsāra, siempre sirviendo y sirviendo de nuevo a las demandas de nuestra adicción a la existencia cíclica. Pero al final no hay recompensa. Es como si hubiéramos buscado afanosamente un empleo a tiempo completo en la Oficina de Conflictos.

Queremos fama, que todo el mundo nos reconozca y nos honre. El resultado es que estamos huecos por dentro, en el filo de la navaja. De hecho, la mayoría de nosotros aumentamos nuestras amistades, nos involucramos más en la familia y nos esforzamos por mantener buenas relaciones con los amigos. También maduramos nuestras aversiones, cultivamos la enemistad y nos alejamos de quienes consideramos hostiles. ¿Cuál de estas actividades nos ayudará cuando lleguemos a la muerte?

Volvamos nuestra atención a lo que es realmente útil. Reconozcamos que estas cosas que ahora cuidamos con tanto esmero y con toda la energía de nuestra vida no son útiles. Pronto pasarán y se convertirán en recuerdos. Son como los sueños. La noche nos trae sueños más cortos, nuestra vida es un sueño más largo. Ésa es la única diferencia. Eres un huésped en tu cuerpo.

Todas estas cosas que ahora consideramos nuestras —nuestra casa, incluso los agregados de nuestro cuerpo— no nos ayudarán cuando nos enfrentemos a la muerte. Espiritualmente carecen de sentido. Estamos entrenando nuestras mentes para centrarnos en lo que es realmente significativo y beneficioso. Qué sentido tiene servir al saṃsāra toda nuestra vida cuando no podemos llevarnos nada de él con nosotros? Debemos reflexionar muy detenidamente sobre dónde reside realmente el beneficio. ¿No resulta irónico que Buda cultivara con éxito la felicidad en una cueva, mientras que la gente rica puede sentirse miserable en un palacio?

Por lo común, estamos muy engañados. Necesitamos renunciar a los bienes engañosos de esta vida como Buda renunció a su reino. Longchenpa dice que se siente como si un mago le hubiera atraído a esta "realidad" totalmente falsa. Cuando despertó, cantó una canción de realización. Tales canciones están destinadas a traer alegría y a permitir que florezca la belleza. He aquí mi propia canción espontánea:[52]

སྣང་ཆེན་ཆོས་སྐུའི་དགོངས་དོན་བརྗེས༔ རབ་འབྱམས་ཤེས་བྱའི་མཁའ་ལ་བཅལ༔
མ་ནོར་ཐེག་ཆེ་སྟོན་མཛད་པའི༔ རྗེ་མེད༔ རྗེ་མེད་དོན་ཟེར་ཀུན་ཕྱུག་འཚལ༔
སྣང་ཆེན་དོད་གསལ་འཇའ་ལུས་སྐུ༔ འཕོ་བར་མེད་པའི་ཕོ་བོར་བཞུགས༔
རྟག་ཁྱབ་ལྷུན་གྲུབ་སར་རྩོལས་ནས༔ འགྲོ་དོན་ནས་མཁའ་མཉམ་པར་ཕོག༔
བདག་ནི་རྗེ་བཙུན་ལ་ཆུ་མི་དང་༔ ནས་ཡང་འཕྲལ་བར་མེད་པ་ཡིས༔ ཆོས་ཀྱི་བདུད་རྩིའི་རོ་སྙོང་ནས༔
ཆོམས་སུ་གཅིག་ཏུ་སངས་རྒྱས་ཤོག༔ ཅེས་འགྱུར་མེད་ཐུབ་བསྟན་རྒྱ་མཚོས་འཕལ་དུ་སྨྲས་པ་དགོ༔

52 Rimpoché cantó esta canción espontáneamente por primera vez en este momento de la enseñanza en la isla Whidbey, en diciembre de 2007.

En el vasto espacio del Dharmakāya,
los significados profundos
se muestran en el cielo del conocimiento claro.
revelando la cima de la pureza inmaculada,

El cuerpo esplendoroso de la luz clara y amplia,
hago reverencia a la luz inextinguible de la sabiduría.

Desde la realización espontánea en todo momento,
que todos los seres compartan este cielo del beneficio universal.

Yo, un humilde practicante reverencio al Maestro,
unido a Él saboreando el néctar de los espíritus del Dharma,
que cada uno de nosotros alcance la iluminación
en esta sola vida.

Realmente es como si un mago hubiera conjurado las escenas de nuestras vidas y nosotros hubiéramos respondido absortos en ellas. Sufrimos mucho por ello. Las apariencias de esta vida no te seguirán para siempre. ¿Por qué debemos ser siervos de la falible saṃsāra? ¿Por qué no servir a lo que es impecable y atender a las instrucciones esenciales de las enseñanzas? La medida de nuestro éxito en este entrenamiento es darnos cuenta de que tenemos que abandonar todas estas búsquedas vacías.

QUINTO ENTRENAMIENTO MENTAL:
LAS BUENAS CUALIDADES DE BUDA

Sufrimos mucho a causa de las aflicciones que surgen de la preocupación por nosotros mismos y al modo en que dotamos de solidez a nuestro sentido del yo. Los seres despiertos, los budas, trascienden esto. A medida que se eliminan las afecciones disminuye la estrecha atadura al yo falsamente cosificado. Se trata de un proceso interdependiente que también funciona en sentido inverso: a medida que aflojas los lazos de la autoidentificación errónea, tus afectos disminuyen y dejan de sujetarte. Así es como Buda acumuló un vasto acervo de méritos que maduró en el cuerpo búdico de treinta y dos marcas y ochenta y cuatro signos[53]. Las buenas cualidades del cuerpo, la palabra y la mente despiertos son una rueda de ornamentación (*rgyan gyi 'khor* lo) inagotable, el resultado de un océano de bondad virtuosa. La mente de una persona así está siempre llena del deseo de beneficiar a los seres, a todos los seres. Una mente así nunca se desvía de la inmutable dimensión de la pura esencia (*chos sku, dharmakāya*); la sabiduría fluye continuamente de ella. El esplendor del cuerpo, el habla y la mente de Buda abruma las limitaciones de todos los seres ordinarios. Este estado despierto es el propósito de estos entrenamientos. Como quien convierte la leche en mantequilla, nos esforzamos por manifestar las increíbles cualidades de la budeidad.

Longchenpa nos aconseja que pensemos profundamente en alcanzar la budeidad y, por tanto, que nos centremos en adquirir las cualidades beneficiosas que nos ayuden a lograrlo. Para

---

53 Se trata de características físicas especiales que, según las tradiciones budistas, son poseídas por un Buda completamente iluminado. Estas marcas y signos son vistos como manifestaciones exteriores de la perfección espiritual y moral alcanzada por un Buda. Las "treinta y dos marcas mayores" (en sánscrito "dvātrimāśalākṣaṇa") son características físicas únicas y sobrenaturales. Algunas de estas marcas incluyen pies con una rueda impresa, palmas de las manos largas y dedos de pies y manos bien proporcionados, un aura que rodea el cuerpo, y una protuberancia en la parte superior de la cabeza (ushnisha), que simboliza una elevada sabiduría espiritual. Los "ochenta signos menores" son características adicionales que complementan las marcas mayores y también son indicadores de la naturaleza exaltada de un Buda. Estos signos pueden incluir la belleza de la piel, la claridad de los ojos, y otros rasgos físicos que denotan virtud y sabiduría. Estas características se encuentran detalladas en textos como el *Lakkhaṇa Sutra* del Digha Nikaya en el Canon Pāli, uno de los textos más antiguos del budismo Theravāda, así como en escrituras del Mahāyāna y el Vajrayāna [nota del editor].

ello necesitamos desarrollarnos en la meditación. Guru Rimpoché dijo: "Nunca he dicho que exista la budeidad sin meditación, ni que los logros se alcancen sin hacer ningún esfuerzo".

Los grandes yoguis se dedican a estrictas austeridades y a una práctica rigurosa. Así purifican los cinco venenos[54] y manifiestan las cualidades del despertar, lo que depende enteramente de la práctica. Ella apacigua la agitación y nos inspira más práctica. La meditación es la causa. El despertar, llamado budeidad, es el fruto. Nos proponemos practicar hasta obtener el resultado. La medida de nuestro éxito en este entrenamiento es que deseamos de todo corazón seguir practicando.

Sexto entrenamiento mental: LA IMPORTANCIA DE LAS INSTRUCCIONES DEL MAESTRO

El océano de nuestro sufrimiento es vasto y profundo. Nuestro lama es el barquero. La barca en sí consiste en instrucciones. Utilizamos estas instrucciones como una barca que nos lleva a la otra orilla. Queremos meditar sobre la preciosidad y el significado de las instrucciones del maestro. Nuestro maestro es el barquero que nos ayuda a cruzar el océano. El maestro es un monarca supremo que quita los velos del saṃsāra. Como estudiantes, necesitamos la fortaleza para llevar a cabo las enseñanzas que recibimos. Estos entrenamientos mentales hacen que nuestra mente funcione rectamente y sea capaz de superar nuestras afecciones. Cada entrenamiento mental apoya a los otros. Por eso confiamos de todo corazón en el lama.

La medida de nuestro éxito aquí es darnos cuenta de que una búsqueda estrecha de los propósitos de esta vida por sí sola es

---

54 Los cinco venenos son: la ignorancia (avidyā), el deseo o apego (rāga), la aversión o el odio (dveṣa), el orgullo o la arrogancia (māna) y los celos o envidia (īrṣyā) [nota del editor].

inútil. Y no tenemos nada más en lo que confiar que en las instrucciones de nuestro lama. Necesitamos revisar y reflexionar sobre esto hasta que nos hayamos convertido en un recipiente perfecto para las enseñanzas. Porque lo que se necesita es que alcancemos las grandes cualidades y beneficios de la budeidad en esta misma vida. En una sola vida. Así que renunciamos a nuestras búsquedas sin sentido y nos centramos en las instrucciones que hemos recibido.

SÉPTIMO ENTRENAMIENTO MENTAL: TRES ESTADOS MÁS ALLÁ DEL PENSAMIENTO

Este es un nivel sutil de entrenamiento. Produce la capacidad de confiar plenamente en la buena causa, nuestro maestro, que conduce a la buena fructificación del despertar. La talidad, o la naturaleza de la realidad (*chos nyid, dharmatā*), es la esencia de todo y la no conceptualidad es el camino para realizar esta naturaleza por nosotros mismos.

La no-conceptualidad es un método que puede llevarnos a reconocer la verdadera naturaleza de las cosas, su realidad. Por tanto, confía en Longchenpa y comprende la verdad de la dicha y el vacío en un estado de no-conceptualidad. La no conceptualidad es la fuente de la que surgen nuestras buenas cualidades. El lama es esa fuente, ya que encarna las Tres Joyas. Las experiencias meditativas fugaces *(nyams)* de dicha, claridad y no-conceptualidad son métodos mediante los cuales podemos encontrarnos gradualmente con la realidad.[55]

---

55 En una conversación privada sin fecha, Adzom Rimpoché añadió: "Necesitamos identificar la esencia (*ngo bo*) de la estabilización meditativa, porque su esencia incluye todos los demás métodos."

MEDITACIONES

Primera meditación no conceptual: la dicha indivisible y el vacío.

Esta meditación comienza llevando la atención al interior del cuerpo y viendo claramente tu canal central. Es de color azul oscuro, lo que significa la dimensión de la esencia pura, y forma un pasaje hueco, como un trozo de bambú. Este canal hueco surge de la zona profunda del ombligo, lo que los tibetanos llaman el *mdo* (pronunciado "doe"), donde convergen los tres canales principales del cuerpo.[56]

La parte superior de este canal se abre en tu coronilla, donde imaginas una sílaba blanca invertida *ham*, del tamaño de un guisante. Se dice que tiene la naturaleza del método. En la base del canal, cuatro dedos por debajo del ombligo, hay un *ah* rojo ardiente[57]. Su llama se eleva a través de tu canal central como

---

56 Rimpoché añadió: "Véanse también los dos canales laterales: el rojo Roma y el blanco Gyangma, derecho e izquierdo para los hombres, y (a veces, pero no en este caso) invertido para las mujeres" (15 de marzo de 2017, Chengdu). El texto de Jigme Lingpa no menciona los canales laterales.
[Aclaración del editor: en el contexto del budismo tibetano, especialmente en las tradiciones del Vajrayana y la medicina tibetana, los términos "Roma" y "Gyangma" se refieren a dos de los tres canales principales (nadis) que se cree recorren el cuerpo energético. Roma (conocido como "Ida" en el hinduismo) está asociado con energías más frías y a menudo se le relaciona con aspectos de la luna y con cualidades femeninas en el simbolismo yóguico y tántrico. Gyangma ("Pingala" en el hinduismo) se encuentra en el lado izquierdo del cuerpo. Se asocia con energías más cálidas y a menudo se le relaciona con el sol y con cualidades masculinas. Estos dos canales, junto con el canal central "Uma" (o "Sushumna" en sánscrito), son componentes fundamentales en diversas prácticas de yoga tántrico y meditación. Se cree que el flujo de energía ("prana" en sánscrito, "lung" en tibetano) a través de estos canales tiene un impacto directo en la salud física, mental y espiritual del individuo. Generalmente en la mujer la posición de estos nadis se invierte de forma opuesta a la de los hombres.]

57 Jigme Lingpa, en su obra *Stairway to Liberation*, solo menciona "rojo ah." Véase Dahl, *Steps to the Great Perfection*, 95.

una corriente luminosa de luz cálida que purifica todos tus nadis y chakras. Llega a tu chakra coronario de gran dicha, asociado con la dimensión de forma formada o emanación (nirmāṇakāya), donde su calor disuelve la sílaba blanca invertida haṃ, de la que ahora desciende luz líquida blanca, pasando a través de tu cakra de la garganta, que está asociado con la forma brillante o dimensión ricamente resplandeciente (saṃbhogakāya), hasta la rueda del dharma en tu corazón, que está asociada con la forma pura o dimensión pura de buda (dharmakāya). A continuación, llega a la rueda de la manifestación (*sprul 'khor*, nirmāṇakaya) en tu centro del ombligo, que se asocia con la dimensión naturalmente despierta o forma plena (svabhāvikakāya). Una vez que los canales estén completamente impregnados de néctar, se pueden realizar las cuatro aplicaciones (*sbyor ba gzhi*) de inhalación, sedimentación, agitación y expulsión. Primero, atrae la energía con la inhalación. En segundo lugar, séllela por debajo del ombligo y, a continuación, tire hacia arriba desde abajo mientras empuja un poco desde arriba, atrapando una bola de energía respiratoria en la zona del diafragma. En tercer lugar, agita el bajo vientre hacia derecha e izquierda, y de nuevo hacia delante.[58] Aguanta la respiración mientras puedas, pero no la fuerces. Luego, en cuarto lugar, cuando necesites respirar, suelta el aliento, enviándolo directamente fuera de ti como una flecha.

Dicho de otro modo, tiramos suavemente del viento inferior hacia arriba y presionamos el superior hacia abajo. Cuando necesitemos exhalar, nos relajamos y reanudamos. Mientras haces esto, concéntrate en un *ah* blanco en tu corazón. A través de este hábil medio para desarrollar la bienaventuranza alcanzas una realización estable de la vacuidad. Aunque las instrucciones son sencillas, hay matices que sólo pueden comunicarse en persona.

---

58 Esta rotación de adelante hacia atrás me fue descrita por un monástico de Adzom Gar como única en el linaje Adzom de prácticas de pranayama.

Segunda meditación no conceptual: indivisibilidad de la claridad del vacío.

Comienza con la triple o novena limpieza respiratoria, respirando por la nariz. Expulsa el odio a través de tu fosa nasal derecha como un humo azul-negro, y envía el deseo a través de tu fosa nasal izquierda como un color rojo oscuro. Expulsa la ignorancia por ambas fosas nasales como un color ahumado. De este modo, emplearás tu respiración para purificar los oscurecimientos.

Inmediatamente, todo lo que existe, todo lo que puedes ver o sentir, se disuelve en luz y luego en amplitud de cielo azul. Inhala nuevamente, y retén la respiración sin devolverla a tu vientre. No hace falta que aguantes mucho tiempo, basta con un poco, hasta que te sientas incómodo. De lo contrario, la energía puede subir hasta el corazón, lo cual es peligroso. Utiliza la respiración media, no la mantengas demasiado tiempo, pero ve hasta el borde. Tranquilízate, deja que tu cuerpo y tu mente se relajen, y quédate con el estado no conceptual de claridad y vacío.

Si tienes calor, siente que la energía del aliento es fría. Si tienes frío, siente que la energía del aliento es cálida. Esta es una forma sencilla y muy apropiada de trabajar con las energías y los elementos. De forma más elaborada, podemos decir que en verano, cuando el elemento fuego es dominante, meditamos en el agua. En otoño, cuando domina el viento, meditamos en la tierra. En invierno, cuando domina el agua, meditamos en el fuego, y en primavera, cuando domina la tierra, meditamos en el viento. Y si se desea, también se puede trabajar con el color asociado al antídoto de la estación actual. El invierno es el blanco, la primavera el amarillo, el verano el rojo y el otoño el verde. También se puede meditar sobre la sensación o el tacto de, por ejemplo, calor, frío, líquido, etc.

Sin embargo, la energía del espacio está siempre presente, y todos los elementos están incluidos en ella. Por lo tanto, trabajar simplemente con el frío y el calor es suficiente. Longchenpa se maravilla ante esta práctica y nos aconseja practicar sólo esto.

Tercera meditación no conceptual: realización de la Realidad.

Esta meditación es para entrar en nuestra verdadera condición sin conceptualizar. Tu mente gana poder a partir del estado unipuntual y se da cuenta de la gran amplitud a medida que entra en el samādhi no elaborado –estabilización meditativa– de la realidad misma. De este modo florece para ti la sabiduría primordial de la budeidad.

¡Alégrate! Has recibido una introducción increíblemente profunda al Dzogchen. Longchenpa dijo: "He dispuesto estos siete entrenamientos, que contienen los puntos clave para que los practicantes puedan entrar en la sumamente profunda práctica de la Gran Perfección". El entrenamiento mental de Longchenpa abarca desde las prácticas fundamentales hasta el Dzogchen. Lo compuso de modo que el verdadero significado de cómo son las cosas pueda llegar a ser claro para todos nosotros. Este método proporciona pasos para entrar en la Gran Perfecciónl. Es un proceso gradual para desarrollar la comprensión (*kho rim*).

Mantén la mente y el cuerpo relajados, tranquilos. No dejes que tus ojos revoloteen aquí y allá; déjalos descansar sin movimiento. Deja que tu mente simplemente esté, sin entretenerse con recuerdos del pasado ni planes para el futuro. De este modo, tu mente no persigue nada. Simplemente descansa. Se queda quieta. Y adquieres la capacidad de ser tu propio maestro.

Esto es la libertad. A través de esto reconocerás tu naturaleza mental. Tu naturaleza mental es como el cielo y es igual al espacio. Estás presente en el espacio, con la conciencia pura, totalmente desnuda y abierta. Este es el método para reconocer el verdadero significado de lo que es. Recibir esta práctica es como encontrar un vehículo excelente en el que puedes alejarte del sufrimiento. Sus dimensiones más sutiles y profundas emergen a medida que te familiarizas con la práctica.

El nombre de Longchenpa significa vasta (*chen*) extensión (*klong*). Logró el cuerpo arco iris de luz clara y allí permanece. Que logremos la visión suprema y la presencia espontánea. Que todas nuestras vidas mantengan esta conexión con el gurú. Que todos los seres despierten en este maṇḍala.

Longchenpa escribió esto en la Montaña de la Calavera Blanca, sobre el convento de Shugseb. "Blanco" indica la intención de beneficiar a los demás. Y, como una montaña, esta práctica es fuente de muchas buenas cualidades. Realizar estas prácticas te prepara para recibir *semtri*, o guía mental (*sems khrid*), además de otras enseñanzas. La guía mental es la superautopista hacia el despertar. El entrenamiento mental es un nivel externo, algo así como las directrices dietéticas que son útiles para todo el mundo. La orientación mental es específica para cada individuo. Como el consejo de tu propio médico, es personal, un proceso individual. Nuestra conexión con estas prácticas crea las condiciones en las que esta semilla puede provocar tu despertar. Que todos se beneficien. Esta es mi aspiración más profunda y sincera.

PARTE 3

*Amplitud y profundidad del entrenamiento mental:
sabiduría, prácticas de la médula y perspectiva
dzogchen en Jigme Lingpa y Longchen Rabjam*

I

HORIZONTES DE PERFECCIÓN
Y EL PRIMER ENTRENAMIENTO MENTAL

AL ABRIR SU TEXTO con un homenaje a Guru, Deva y Ḍākinī, Longchenpa, al igual que Jigme Lingpa y Adzom Rimpoché después de él, indica que la perspectiva de los siete entrenamientos incluye tanto el tantra como el Dzogchen. Garab Dorje, en cuyo esquema se basan estos, los llama "siete entrenamientos de la bodhicitta", y las enseñanzas de Adzom Rimpoché al respecto también hacen de la bodhicitta un elemento central.

Jigme Lingpa llama a su *Escalera hacia la Liberación* una "instrucción sobre el significado esencial" o "puntos de enseñanza" (*don khrid*) de los siete entrenamientos de Longchenpa. En él ofrece consejos detallados para la práctica. Su visión de los siete entrenamientos tiene cuatro características cruciales. En primer lugar, ancla los siete en principios budistas ampliamente compartidos, así como en perspectivas singularmente tántricas. Entrelaza narrativas kármicas y de sabiduría, e incluye también un toque de Dzogchen. En segundo lugar, amplía los entrenamientos a través de meditaciones narrativas, algo que rara vez o nunca se encuentra en los manuales de entrenamiento mental, pero un método que se remonta a la propia forma de enseñar de Buda, tal y como se describe en muchos sūtras. En tercer lugar, une estas meditaciones narrativas a elementos clave del gurú-yoga y a elementos tántricos del camino. En cuarto lugar, incluye prácticas que, de la forma más sencilla posible, guían la mente hacia su propia naturaleza. Como él dice: "Al confiar en la flor de las palabras, uno llega al fruto, al significado sin palabras y no conceptual".[59]

Jigme Lingpa es famoso por su revelación del ciclo de enseñanzas Dzogchen de la *Vasta Extensión de la Esencia del Corazón*, que se convirtió quizás en el más extendido de los ciclos de la *Esencia del Corazón* en el Tíbet y ahora se practica ampliamente en las comunidades Dzogchen de todo el mundo. Al igual que Adzom Paylo Rimpoché, a quien se reconoce como su encarnación, Jigme Lingpa fue considerado como una encarnación de Trisong Detsen y Vimalamitra, y fue profetizado por Guru Rimpoché en un tesoro descubierto en el siglo XIV[60].

Jigme Lingpa tuvo poderosas visiones de Longchen Rabjam durante su segundo retiro de tres años en la Cueva de las Flores de Samye Chimphu, en el Tíbet central.[61] Algunos relatos lo consideran una reencarnación de Longchen Rabjam.[62] En cualquier caso, Jigme Lingpa es sin duda un hijo espiritual de Longchenpa, ya que recibió todas las bendiciones, la transmisión y el permiso para enseñar durante las tres visiones que describe en su *Autobiografía secreta*.[63]

Jigme Lingpa abre la *Escalera hacia la Liberación* con un homenaje a Samantabhadra, la realidad plenamente (*kun, samanta*) buena (*bzang, bhadra*), que no tiene obstáculos y está

---

59 Jigme Lingpa, *Exposiciones de sabiduría,* nº 65 y 66, 773.4 y ss. (Anne Klein, traducción inédita).

60 Tulku Thondup, *Masters of Meditation,* 118.

61 Goodman y Davidson, *Tibetan Buddhism,* 133.

62 Un listado de diversas encarnaciones reconocidas de Longchenpa puede encontrarse en Goodman y Davidson, *Tibetan Buddhism,* 133.

63 Traducido y comentado por Janet Gyatso en *Apparitions of Self.*

primordialmente despierta. Las prácticas que Jigme Lingpa proporciona aquí pueden revelar la propia naturaleza del practicante como totalmente buena, sin obstrucciones y despierta. Puesto que esta naturaleza siempre ha existido, no acaba de nacer, por lo que es "no nacida", un simple epíteto que en dzogchen es una abreviatura de muchos aspectos de la experiencia que el lenguaje no puede expresar.

Jigme Lingpa también rinde homenaje al primer maestro humano de Dzogchen, Garab Dorje, cuyo comentario sobre la *Escritura del Hijo Único* (*Bu gcig*)[64] nos recuerda que "debemos reflexionar sobre el hecho de que todas las cosas condicionadas son impermanentes"[65].

Reducir la velocidad y advertir la impermanencia de todo lo que hasta ahora habíamos pasado por alto disuelve nuestra adicción a imaginar que nosotros y lo que nos rodea somos permanentes. Siguiendo las instrucciones de Longchenpa en el primer entrenamiento, digerimos gradualmente la importancia del cambio estacional, reconocemos nuestra propia mortalidad y la de nuestros seres queridos y, finalmente, como sugirió Adzom Rimpoché, nos damos cuenta de la naturaleza fugaz de nuestras propias emociones turbulentas. En el segundo entrenamiento nos damos cuenta de la naturaleza huidiza de la felicidad, y en el tercero desarrollamos la compasión percibiendo los profundos sufrimientos de este mundo.

---

64 Dahl, *Steps to the Great Perfection*, 5.

65 Dahl, *Steps to the Great Perfection*, 16. Texto tibetano de homenaje en Jigme Lingpa, *Stairway to Liberation*, 141.3.

LA PRIMERA MEDITACIÓN-CUENTO

Los tres primeros de los siete entrenamientos bien podrían llamarse "bienvenidos al mundo del saṃsāra". Nuestro reino se conoce en la India como el *saha*, un lugar donde hay mucho que soportar. ¿Qué podría simbolizar mejor nuestro frágil estado que una desvencijada barca de remos en medio de una furiosa tormenta, agitada por gigantescas marejadas que transportan monstruos de múltiples cabezas?[66] Pronto estaremos en ella, porque en el primer entrenamiento Jigme Lingpa nos invita a imaginarnos a nosotros mismos surcando un mar así mientras se intensifica nuestro temeroso pesar. Ésta es la primera de sus meditaciones-cuento, un método único en el amplio abanico de prácticas de entrenamiento mental[67]. Los practicantes veteranos, observa, pueden llegar a comprender la impermanencia reflexionando sobre las escrituras, pero los principiantes suelen hacerlo con historias.[67] ¿Quién de nosotros no es un principiante? Mi venerable gurú durante cuarenta años, el honorable maestro dzogchen Khetsun Sangpo Rimpoché, al hablar con nosotros, los estudiantes, se incluía a sí mismo, de hecho, como parte del círculo de "nosotros, los principiantes".

Al principio de esta primera meditación-cuento, nos encontramos en un lugar aterrador del que no sabemos nada, excepto que estamos solos. La soledad existencial es un estado desolador. Estamos allí sentados en un miserable no saber: ¿qué vamos a hacer? Un hombre blanco y una mujer negra se acercan a nosotros y rápidamente aceptamos unirnos a ellos en busca de una preciosa joya en la Ciudad de los Seis Sentidos Ilusorios[68]. El

---

66 Dahl, *Steps to the Great Perfection*, 29; Jigme Lingpa, *Stairway to Liberation*, 144.3.

67 Para una visión completa del entrenamiento mental en el Tíbet, véase Thupten Jinpa, *Essential Mind Training and Mind Training: The Great Collection*.

68 En el budismo, los seis sentidos se refieren a los cinco sentidos físicos cono-

propio nombre debería ser una advertencia, pero no lo es. Tal es el grado de nuestra confusión.

Navegando en un pequeño bote con estos nuevos compañeros, nos encontramos con un peligro tras otro. Este viaje es una pesadilla de olas que saltan por los aires, monstruos marinos de varias cabezas y vientos huracanados, hasta que finalmente el barco está a punto de romperse en medio del océano. Poco a poco, lo entiendes. Comprendes que este océano de saṃsāra nunca nos traerá la feliz seguridad que buscamos. Al sumergirnos en este drama, la impermanencia y la mortalidad dejan de ser teóricas. De repente sabes exactamente cómo se sienten. Representas tu terror. Consternado, te encuentras por primera vez ante la cruda inevitabilidad de tu muerte. No volverás a ver a tu familia, a tus amigos ni a tu tierra.

Gritas. Tus lamentos llenan el aire. Y entonces tu propio maestro, Gurú Rimpoché, maestro tántrico y dzogchen por excelencia, está ahí mismo, balanceándose en una suave danza en el espacio que tienes ante ti. Te explica el simbolismo de tu historia. "Has estado viendo el saṃsāra como una joya preciosa", te dice, "cuando no es más que dolor". Esto es lo que ocurre como consecuencia de no haber tenido presente tu mortalidad. El hombre y la mujer que te atrajeron al otro lado del océano son tu propia ignorancia innata y arraigada. "¿Qué harás?", pregunta. Y entonces...:

El pánico se intensifica y rezas en profunda concentración. Cuando estás completamente desconcertado, sin saber qué hacer a continuación, directamente surge del corazón del gurú una malla de luz blanca que atraviesa tu corazón. Tu barca

---

cidos en Occidente —vista, oído, olfato, gusto y tacto— y se añade un sexto sentido, que es la mente. Ella es vista como el órgano que percibe los fenómenos mentales, como los pensamientos, las emociones y los recuerdos [nota del editor].

zozobra, tu mente abandona tu cuerpo. Te fundes insepara-blemente con el gurú y alcanzas la budeidad.[69]

Esta última frase es un gurú-yoga refinado, una práctica tántrica resumida. La escena en su conjunto apela al creciente instinto humano de supervivencia, al tiempo que pivota hacia un estado del ser que nunca necesita luchar para sobrevivir.

Una vez que hayas imaginado todo esto, Jigme Lingpa te da la primera de las cinco instrucciones de médula[70], un pivote directo hacia ese estado más profundo e inexpugnable:

Deja que tus pensamientos sobre los tres tiempos sean tuyos, sin apoyo. Mantente totalmente abierto y tranquilo. Luego, tanto si tu mente está activa como en reposo, simplemente mantén un estado de conciencia plena.[71]

Esta enseñanza medular se desarrolla en tres partes. El primer paso es procurar detener los pensamientos que se desvían

---

69 Adaptado de Dahl, *Steps to the Great Perfection*, 31.

70 Las instrucciones de la médula, también conocidas como enseñanzas del corazón, instrucciones esenciales o instrucciones directas, son una forma de enseñanza concisa pero rica que destila la esencia de la filosofía budista en una guía clara y experiencial. Estas instrucciones pretenden eludir las complejidades intelectuales y conducir a los practicantes directamente a percepciones transformadoras. En el budismo tibetano o himalayo, las instrucciones de la médula se denominan el atajo Vajra. Van directamente al grano, llevando al practicante desde donde se encuentra −su punto de partida, por así decirlo− hasta su destino: la visión o incluso el despertar. Las instrucciones de la médula son los consejos más esenciales y fáciles de usar sobre la práctica budista. Suelen transmitirse de maestro a discípulo, pero también de practicante a practicante. [Fuente: Jamyang Tenphel, *The Awakening Heart: 108 Pith Instructions for Buddhist Practice*, Timeless Awareness Publications, 2023].

71 Jigme Lingpa, *Stairway to Liberation*, 147.6–148.; véase también Dahl, *Steps to the Great Perfection*, 31.

hacia el pasado, el presente o el futuro (los tres tiempos). ¿Qué significa detener los pensamientos? Es muy posible que nunca hayas considerado que el pensamiento surge debido a un apoyo identificable que tú le proporcionas. Si simplemente activas tu atención, pronto percibirás cómo surge un pensamiento, o más probablemente una corriente de pensamientos. ¿Qué hiciste, o no hiciste, para iniciar este proceso? ¿Qué hiciste para mantenerlo? Analiza tu experiencia sin juzgarla ni hilar teorías.

Por definición, una práctica medular como ésta surge de la experiencia y te lleva también a la experiencia. Esto hace que las prácticas sean especialmente valiosas. Tradicionalmente, la formación budista consiste en escuchar, reflexionar y meditar. Escuchar incluye leer y estudiar; aporta comprensión. La reflexión profundiza en la comprensión y la convierte en una sensación personal. Es una forma de descubrir o recuperar el entendimiento de los propios procesos ordinarios.

De nuevo, surge un pensamiento. ¿Hay algo que lo haya apoyado? ¿Cómo lo sabes? Una vez que te has dado cuenta, ¿cómo lo sueltas? ¿Y qué ocurre cuando lo haces? Investiga esto, no para encontrar respuestas, sino con una ligera curiosidad, sólo para ver cómo es. Lo que descubras puede ser muy sutil, nada llamativo, suficiente para ampliar tu comprensión. No es un cambio drástico, pero estás en un lugar nuevo. Puede ayudarte tener a alguien con quien dialogar, un amigo que, si se lo pides, te detenga suavemente cuando te quedes ensimismado en ideas y te invite a volver a lo que realmente hiciste o dejaste de hacer. Nuestra experiencia cotidiana se compone de muchos gestos internos diminutos que suelen permanecer al margen de la conciencia. No hay un "soporte" predeterminado en el que se pueda aterrizar. No hay un modelo al que ajustarse. Sólo existe la lente abierta de tu atención para ver lo que puedes ver. En mi caso he encontrado dos cosas. En primer lugar, al principio de una idea parece iluminarse una trayectoria secundaria de tensión. Surge como un patrón de trozos de energía ligeramente efervescentes. Puedo sentirlo cinestésicamente en la zona del pecho o la garganta, una sensación sutil y fácil de pasar por alto. La ubicación cambia, pero casi siempre está asociada a un lugar concreto de mi cuerpo, ya sea en la superficie o en lo más profundo. Discernirlo puede llevar unos minutos.

La cuestión es que, una vez lo identifico, me encuentro en una bifurcación. Puedo dejarlo estar, como sugiere la instrucción, en cuyo caso la corriente de pensamiento se disipa. O puedo dudar de que realmente lo haya identificado y sigo observando hasta que surja una sensación más clara. Por lo general, antes de que pase mucho tiempo, me doy por satisfecha de haberme desprendido de algún soporte del pensamiento. Ese "algo" suele ser difícil de describir, pero fácil de percibir. Entonces me siento, por así decirlo, y observo el movimiento y la quietud, así como el horizonte más amplio que esto ofrece.

Otra forma en la que puedo notar un apoyo del pensamiento, que es un poco más difícil de captar, es el sentido de autoobservación que nos divide en "observador y ovservado". El proceso del pensamiento tiene un centro, y yo soy ese centro. Puede parecer que forma parte de mi pecho, emitiendo cosas desde allí. Estoy menos centrada en el desfile de pensamientos que en la experiencia de ser una especie de centro magnetizador hacia y desde el que se emiten los pensamientos. Mi siguiente movimiento es sentir esto más de cerca, mientras que al mismo tiempo (aunque suene paradójico) mi atención se relaja y se abre un poco, disipando mi sensación de un yo magnetizante. Algo cambia, una constricción que ni siquiera sabía que estaba ahí parece aligerarse, estoy preparada para un horizonte más amplio. De nuevo, esto es sólo un ejemplo. Lo importante es tu propia experiencia, por muy diferente que sea.

Una vez que has probado cómo sostener el pensamiento y luego soltarlo, llega la siguiente fase de esta práctica minuciosa.

El lenguaje de Jigme Lingpa es preciso y evocador. Sugiere que estemos "totalmente abiertos" (*kha yan*), un término que literalmente significa "sin correa": sin trabas, sin ataduras, sin restricciones. Libre. No dejarse llevar por cualquier pensamiento o reacción que surja. Su sugerencia adicional es ser fácil (*glod*), una instrucción vital del Dzogchen. Mis maestros solían entonar esto suavemente en el transcurso de las enseñanzas Dzogchen, *hlo, hlo,* repitiéndolo ligeramente, casi como una canción de cuna. Es un sonido fácil, *hlo, hlo* (rima con *coser, coser*), una inducción onomatopéyica con voz suave que tranquiliza todo mi ser. Esto es clave.

Longchenpa dice que si no podemos relajarnos, siempre estaremos en el pensamiento ordinario.[72] Relajarse no significa que no ocurra nada. De hecho, las sensaciones, las imágenes o los recuerdos pueden volverse aún más claros. Mi océano está en calma, pero debajo nadan peces de colores. Algunos son más lentos que otros, ¡pero no hay quien pare a esos peces! El dinamismo de la mente está siempre presente. Para mi sorpresa, me doy cuenta de que puedo experimentar simultáneamente el movimiento y la quietud. La sabiduría, después de todo, se describe clásicamente como innata e incesante. No se trata de una contradicción. Se relaciona con el horizonte más amplio que surgió cuando me desprendí de un "apoyo" o "yo" condicionado. Así pues, no lucho ni intento crear ningún tipo de experiencia. En la medida en que permanezco desbocada por el pensamiento, no etiqueto y no juzgo lo que se asoma por mi horizonte. Los pensamientos tienen permiso para venir o no. Activa o quieta, la conciencia continúa. Descubro que, efectivamente, hay movimiento y que, efectivamente, hay quietud. Y estar presente ante ellos de esta manera, más libre, es tan sencillo como asombroso. Sin mi forma habitual de sostener pensamientos sobre el

---

72 Longchen Rabjam, *Precious Treasury*, 71.12 y ss. Ver también Barron, *Treasure Trove*, 42.

pasado, el presente o el futuro, y al centrarme en mi proceso, todo en mi experiencia está integrado, ya que todos los gestos de la mente se mueven o están quietos.[73] El sentido limitado de un yo que pone todo lo que no soy yo en la periferia ya no es el protagonista del espectáculo. Sentir esto suaviza la creencia de que el despertar en esta vida parezca imposible.

Esta práctica medular nos lleva a la descripción de Long-chenpa del dharmadhātu como el espacio en el que se manifiestan las cosas;[74] es decir, como el campo último e integrador de nuestra experiencia, hogar de todo movimiento y quietud. Reconocer la impermanencia quita brillo al saṃsāra, nos ayuda a soltarlo y a liberarnos de él. Adquirir tal determinación es crucial para todo el camino y común a todas las tradiciones budistas de la India. Desde la perspectiva del Dzogchen, reconocer la impermanencia abre la puerta para ver la naturaleza real de nuestra mente.

La mente ordinaria ata sus objetos, limitando nuestra conciencia a una sola posibilidad, haciendo que una serie de momentos parezcan una sola unidad de tiempo a expensas de nuestra apertura y flexibilidad para responder al momento. A medida que la cuerda se tensa, la mente ordinaria insiste cada vez más en que las cosas sean de una manera y no de otra.

La atención que está simplemente presente en la experiencia sin quedarse atascada en una parte concreta de ella nos invita y nos permite saborear la plenitud. La plenitud significa estar presente de un modo más sencillo en el campo de nuestra experiencia y nos libera cada vez más de la mente ordinaria y

---

73 Este es un aspecto central. En un contexto mahāmudrā, Ju Mipham ensalza el poder de comprometerse con la tríada de quietud, movimiento y conciencia (gnas, brgyud, rig gsum) de la mente. Las enseñanzas orales del Lama Tenzin Samphel en el Dawn Mountain Center for Tibetan Buddhism, 2020-23, proporcionan un excelente trasfondo para explorar esta tríada. Las grabaciones están disponibles en info@dawnmountain.org.

su reactividad. Nadando en este océano abierto, eres visceralmente consciente de tu entorno inmediato, de las corrientes que se arremolinan cerca de ti, sin dejar de estar presente en el horizonte más amplio del océano y el cielo. Es un placer. Cura parte de nuestra soledad existencial.

La repetición forma parte del entrenamiento mental. Repetimos toda la secuencia de entrenamiento muchas veces. Tal vez hagamos un retiro, como Longchenpa sugiere, de tres, once o veintiún días en cada entrenamiento. De este modo, nuestra experiencia de las prácticas medulares también crece, enriqueciéndose con la experiencia de las meditaciones-cuento y otros elementos de los siete entrenamientos.

Habiendo examinado con cierto detalle la primera práctica medular, volvamos al barco desvencijado para apreciar mejor cómo, con nuestro "yo" literalmente en el mar, nos enfrentamos por fin a nuestra mortalidad. Todo nuestro ser se despierta ante el drama más verdadero de nuestras vidas. Desesperados, recordamos nuestro hogar y a los seres queridos que nunca volveremos a ver. Nuestras habituales ilusiones de autosuficiencia, la rabiosa convicción que tenemos en la solidez de nuestra propia existencia, se hacen añicos. Estas ilusiones han alimentado todo nuestro viaje. Sin miedo a nuestro propio miedo, gritamos. Nuestro grito es un reconocimiento. Invocamos la inmensidad que hemos pasado por alto durante tanto tiempo. Este grito es un punto de inflexión, abre un nuevo horizonte que reorganiza toda nuestra experiencia del yo. Este es el verdadero drama, no las olas.[74] Aullamos ante la inutilidad de lo anterior, abiertos de par en par a lo nuevo.

Está claro que tocar la impermanencia afecta a todos los órganos del conocimiento y la sensibilidad. Las sencillas prácti-

---

74 Estas meditaciones están repletas de lo que Antonio Damasio denomina los "marcadores somáticos" de la experiencia religiosa. Damasio, *Somatic Marker Hypothesis*, 51.

cas que acabamos de describir afectan a las vitalidades cognitivas, emocionales y somáticas. La muerte es la culminación de nuestra caducidad. Ernst Becker pensaba que la negación de la muerte es crucial para vivir con éxito.[75] Para los budistas, la integración con nuestro sentido realista de la mortalidad es liberadora. El psicoterapeuta existencial Irvin D. Yalom, cuya perspectiva contemporánea profundiza nuestro reconocimiento de que la muerte es inevitable, articula un camino intermedio entre estos polos de negación y desesperación.

Yalom habla de dos formas de negar la muerte: la esperanza de un salvador definitivo y el sentimiento de ser especial. El salvador definitivo es un héroe externo, un superhombre. Lo de sentirse especial es una ideación interna: soy demasiado especial para morir. (¡Pero no soy el único que lo ha sentido alguna vez!) Ambas fortalecen la creencia de que hay un yo a los mandos que evitará los acantilados prohibitivos de esta realidad existencial. En la historia de Jigme Lingpa, al mirar de frente a nuestro propio terror, nos liberamos de él. En la psicoterapia existencial de Yalom, nos hacemos presentes a la mortalidad y aceptamos su realidad. Su extensa investigación concluye que esto nos puede liberar de la apatía o de patrones vitales insatisfactoriamente superficiales[76].

En nuestra historia, una vez que hemos caído por ese acantilado y hemos sido lanzados fuera de la barca, nos encontramos en un espacio mayor que cualquiera cuando hacíamos la vista gorda ante la mortalidad. En este espacio entra nuestro maestro en la forma icónica de Guru Rimpoché ("maestro precioso"), que no representa a un héroe externo, sino al océano de nuestra naturaleza interior. Cuando nos disolvemos en él, el miedo y el deseo se disuelven con él.

---

75 Becker, *Denial of Death*.

76 Sobre los beneficios psicológicos de asumir la impermanencia y la muerte, véase Yalom, *Existential Psychotherapy*, especialmente el capítulo 2.

Aunque el deseo se disuelva en la culminación del camino, es importante en el camino. Nos mantiene cada vez más alineados con nuestro propósito. Querer en la dirección del despertar es crucial. Como dijo Adzom Rimpoché, no todos los deseos son iguales. Sin embargo, no basta con tener un propósito apasionado. La seguridad y la confianza también son esenciales. La figura presa del pánico en el relato de Jigme Lingpa está comprometida al máximo. La vida está en juego. Pero no es sólo el pánico lo que nos impulsa a pedir ayuda. Esa llamada, esa plegaria, no es una transacción material, una petición de que se nos dé algo. Es en sí misma transformadora. Es la respuesta a nuestra propia llamada, que surge de un océano personal de angustia, dolor y amor. Desde las profundidades de nuestra desesperación, emergen a la superficie la confianza y el sentido de la relación. Pedir ayuda es abrirse a algo más grande que uno mismo. Requiere valor y fuerza. Tememos perder una autonomía que nos ha servido. Pero cuando una ola se rinde al mar, ¿se pierde a sí misma o se hace más grande? La rendición a esa fe augura una relación totalmente nueva con uno mismo y con el mundo que es relevante para la transformación personal. A menudo malinterpretada y confundida con superstición o credulidad, es mejor reconocerla como una integración plena en la que el horizonte del ser se expande.

Las tradiciones sagradas de muchos tipos están orientadas hacia alguien o algo superior a uno mismo. Las ONGs modernas, como Alcohólicos Anónimos y otros grupos que tratan de curar las adicciones, hacen del reconocimiento de un poder superior el centro de su enfoque. ¿Por qué es tan poderoso? El antropólogo inglés Gregory Bateson, que estudió el método de Alcohólicos Anónimos, llegó a la conclusión de que abrirse a un poder superior, reconocer algo más grande que nosotros mismos, algo que al mismo tiempo forma parte íntima de nosotros, reorganiza por completo nuestro paisaje interior. La soledad existencial encuentra alivio. La ecología del yo y de la responsabilidad cambia. Ya no soportamos todas las cargas de la vida.

Anhelamos algo más expansivo. Anhelamos con tanta fuerza que tenemos que gritar. ¿Será respondido el grito? Rumi dice que ese grito ya es una respuesta. En el anhelo ya hay una muestra de lo que buscamos. Y así, en este punto de la historia, imaginamos cómo nos haría sentir una rendición empoderada hacia el amor. No se puede forzar. No ocurre a voluntad. Es difícil incluso provocarlo. Sin embargo, al imaginarlo se crean las condiciones para ello. Los cambios que se producen cuando nos sentimos más a gusto o cuando salimos de los estados de confort habituales pueden ser momentos de autodisolución suprema. Los cuentos-mediación ofrecen un entorno controlado en el que enfrentarnos a nuestros miedos a un ritmo y nivel que podemos ajustar según necesitemos.

La meditación-cuento de Jigme Lingpa y su enseñanza culminante de observar la quietud y el movimiento en tu propia mente son bastante sencillas. La experiencia de cada uno con la historia será diferente. Lo más importante es evitar desechar esa experiencia, juzgarla como insignificante o pensar que no es lo que "se supone" que debe ser. No hay nada supuesto. Sólo hay indicaciones, intención y, sobre todo, lo que realmente ocurre.

No es prudente ni necesario sacar conclusiones sobre tu experiencia. No somos ordenadores en los que, cada vez que pulsas una tecla, aparece una forma idéntica. En la práctica, cada vez que tomas una imagen, una historia, un reto o miras tu propia mortalidad, reaccionas de nuevo. Mantente abierto, mantén la curiosidad y mira a ver qué pasa.

Las historias que nos contamos sobre nosotros mismos pueden ser molestas, inacabadas o algo peor, pero persisten. Nuestras voces interiores intentan enlazar los dispares acontecimientos de nuestras vidas. Pero una vez diseñado el relato que nuestra mente de nuestra vida y de lo que somos, crece a su alrededor un paisaje cada vez más inmóvil. Podemos quedarnos atascados en nuestras historias. Una parte de la práctica consiste en disolver las narrativas limitadoras para obtener un ámbito de experiencia más amplio e integrador.

Pero eso no es todo. Aunque a menudo nos quedamos atascados en nuestras historias, el uso intencionado de la escena meditativa puede aportar coherencia a nuestras complicadas vidas. Leí *El hombre rebelde* de Albert Camus en el instituto, y lo único que recuerdo hoy de él, que me impresionó enormemente en el momento de leerlo, fue su afirmación de que el impulso de escribir una novela –una larga historia– es el deseo de un sentido de unidad en nuestras vidas. Jigme Lingpa nos ofrece un camino narrativo para superar nuestras historias más pequeñas, nos da un gran relato en el que todo tiene su lugar.

Así que si una parte de ti se rebela en los entrenamientos, no pasa nada. Imponte. Resiste. Reconoce cómo te sientes en este momento. Y sigue con el proceso. A lo largo de meses, años o toda la vida, te llevarás algunas sorpresas. No todas te gustarán. Después de todo, una vez más, estas historias de enseñanza pretenden que renuncies a tu sentido habitual de quién y qué eres. Por supuesto, te resistirás a ello.

El psicoanalista Emmanuel Ghent, en su obra clásica en la que distingue la rendición de la sumisión, describe la rendición como un "anhelo de que nazca, o quizá renazca, el verdadero yo". Dicha entrega, que no debe confundirse con la sumisión, se alinea con el anhelo de "algo en el entorno que haga posible la entrega de nuestro falso yo"[77] y abra nuevas posibilidades de ser. En palabras del afamado psicoanalista Michael Eigen, el ser humano se siente atraído por buscar "una forma de experimentar

---

77 Ghent, "Masochism," 109.

que se emprende con todo el ser, con todo, «con el corazón, con el alma y con todas las fuerzas»". Este tipo de entrega confiada se remonta a nuestra experiencia de niños, cuando la fe, la entrega y la creatividad se entrecruzan en nosotros.[78] Estamos impregnados de espontaneidad, alegría y vitalidad plena.[79] En esos momentos somos un todo integrado. Esta sensibilidad se remonta a una conciencia preverbal que continúa por debajo del radar de nuestra mente más activa[80].

Las llamadas de auxilio, procedentes de nuestras profundidades, nos alejan de nuestro sentido ordinario de separación e independencia. A veces, nos sentimos exultantes ante la naturaleza, nos enamoramos o simplemente nos sentimos extravagantemente felices sin motivo. En esos momentos, la vitalidad plena de nuestro ser descubre que la historia de nuestra separación es falsa. Ocurre de forma natural. El potencial para despertar siempre ha formado parte de nosotros: la naturaleza búdica yace en nuestro interior como la mantequilla dentro de la leche, como una lámpara oculta por un jarrón, por utilizar dos de los famosos ejemplos de Nagarjuna sobre la presencia constante e íntima de nuestra naturaleza búdica. Nuestro rostro habitual no quiere encontrarse con nuestro rostro real, porque eso lo dejaría fuera de juego. Sin embargo, nuestro anhelo es tan fuerte que no podemos dar marcha atrás. Incluso una pizca de rendición a este anhelo empezará a romper el patrón.

La entrega te pone cara a cara con tu ser más expansivo. Es una liberación, que no debe confundirse con la pérdida de autonomía que caracteriza a la sumisión. La sumisión te coloca

---

78 Ghent, "Masochism," 214.

79 Ghent, "Masochism," 221.

80 Stern, *Interpersonal World of the Infant*, 54. Daniel Stern habla de lo que denomina "afectos de vitalidad", que describe como "una extensión del pensamiento holístico". Véase también Stern, *Forms of Vitality*, 10.

bajo el poder de otra persona. Rendirse no es resignarse. Resignarse significa admitir que no puedes salirte con la tuya; tu voluntad independiente se siente frustrada por algo externo a ella. La dulce rendición conecta con la verdad que hay en ti.[81]

Volvamos a nuestra historia, donde todo esto sucede en un momento. Algo nuevo surge a medida que el viejo barco, los patrones repetitivos que dirigen nuestra mente, se desprenden de nosotros. En un estado de máxima receptividad, tú, el practicante, que te has abierto a una dimensión diferente, recibes un resumen drástico del propio Gurú Rimpoché:

> *En medio de todos tus gritos y lamentos, tu amable gurú aparece en el cielo ante ti... Balanceándose en una suave danza, exclama: "Has creído que el saṃsāra es como una joya que cumple deseos, pero es doloroso por su propia naturaleza. Esto es lo que ocurre cuando nunca piensas en tu mortalidad. Tu percepción actual que se aferra a las cosas como reales y sólidas proviene de la creencia ignorante en la noción de un yo individual. El hombre y la mujer engañosamente seductores que encontraste son tu ignorancia innata y adquirida. El barco es el conjunto de tu cuerpo ilusorio mancillado, frágil como una burbuja de agua... Si morir fuera como tirar una piedra a un pozo, todo iría bien. Pero los actos que has acumulado te afectarán sin duda... ¿Qué vas a hacer?[82]*

En este momento de vida o muerte, los cálculos ordinarios son insuficientes. La indecisión nos desgarra. ¿Cómo encontramos ese horizonte más amplio? Por paradójico que parezca, lo encontramos reconociendo nuestra duda, arrepentimiento

---

81 Estas percepciones también se encuentran en los escritos de A. H. Almaas, el renombrado innovador del Enfoque del Diamante, y en las enseñanzas orales relacionadas con ellos, por ejemplo de los profesores veteranos y miembros de l sínodo del Enfoque del Diamante Deborah Ussery y Morton Letofsky.

82 Adaptado de Dahl, *Steps to the Great Perfection*, 31.

o miedo paralizante. Rodamos con la avalancha hasta que nos escupe al espacio.[83]

A esta entrega pueden seguir oleadas de curación. En un retiro que ofrecí sobre estos temas, formaba parte del grupo un profesional de éxito brillantemente racional, al mismo tiempo brusco y conmovedoramente abierto. Dedicamos dos días al primer entrenamiento sobre la impermanencia. Mientras reflexionaba sobre la experiencia de la meditación de la historia, los ojos de este participante se humedecieron y se les veía lacrimosos: habían aflorado sentimientos profundos al enfrentarse al desafío mortal de la historia, y su rostro, típicamente severo, estaba visiblemente ablandado y radiante. Algo se había transformado. "La obra es lo importante", dijo Hamlet, y jugar con la experiencia de meditación de la historia había sacado a relucir una capacidad que antes estaba simplemente oculta.

Darnos espacio para interpretar miedos que normalmente permanecen latentes es liberador. En nuestra historia-meditación, éste es el potente momento en el que, lleno de miedo, gritas "con una concentración unívoca". Y entonces, cuando no tienes ni idea de qué hacer, una luz blanquecina brota del corazón del gurú y toca profundamente el tuyo.

---

83 Esto sí ocurre. Vea la asombrosa historia real del alpinista y videógrafo Jimmy Chin en la extraordinaria película Meru. Fue arrastrado por una enorme avalancha de clase 3 en los Tetones, de las que arrastran autobuses y casas. Se precipitó por la ladera de una montaña entera, a unos 2.000 pies de altura, pensando: "Siempre me he preguntado cómo moriría", hasta que la caída finalmente se frenó y fue expulsado de la punta de la avalancha para sentarse sobre la nieve en la base de la montaña, completamente ileso. Numerosos fragmentos de la escena están disponibles en Internet, aunque la mejor forma de verlos es como parte de la película completa, una historia estimulante sobre aguantar y dejarse llevar. Véase Meru: *Believe in the Impossible*, película de Jimmy Chin y Elizabeth Chai Vasarhelyi, Music Box Films, 2015 (www.merufilm.com). Entre los clips se encuentra esta descripción de su experiencia: "Jimmy Chin: Trapped in an Avalanche", https:// www.youtube.com/watch?v=OF696aP0SUI.

Esta conexión con Gurú Rimpoché es un gurú-yoga refinado, una práctica central en el Tantra y el Dzogchen. Allí, como en esta meditación-cuento, te fundes con Gurú Rimpoché, con la realidad misma. Aunque vacío de toda sustancialidad, estás resplandecientemente presente[84]. Esta práctica destilada de la fase de creación ayuda a resolver las percepciones de separación en un estado de conocimiento expansivo y sin imágenes. Al liberarte instantáneamente del miedo, pasas a ayudar a otros seres temerosos a liberarse también.[85]

El gurú-yoga es la práctica central del Tantra y el Dzogchen, y la imaginación entrenada es fundamental para ello. Es íntimamente personal y también transpersonal. El gurú-yoga corona las prácticas fundacionales, y toda práctica tántrica centrada en una deidad es un gurú-yoga, una historia-ritual en la que uno se une con la mente despierta del maestro.

Esto es lo que ocurre cuando, como hemos visto, el viajero de Jigme Lingpa se disuelve en el gurú. El viejo ropaje del yo desaparece, aunque sólo sea por un momento. Pero en ese momento crucial, el viajero reconoce que todas las pruebas del viaje nunca estuvieron realmente separadas de la realidad celestial en

---

84 Aquí también se puede ver que Jigme Lingpa se inspira en el *Precioso Tesoro de Sistemas Filosóficos* de Longchenpa. "El paso inicial de meditar en la vacuidad es el principio dharmakāya. Meditar en la forma de la deidad en ese contexto es el principio saṃbhogakāya. Asegurar el beneficio para los seres visualizando rayos de luz que brillan y son reabsorbidos es el principio nirmāṇakāya." Véase también Barron, *Precious Treasury of Philosophical Systems*, 253 (*Grub mtha'*, 1036).

85 La diferencia entre estos dos tipos de conocimiento es similar a los memorables momentos de silencio en el *Vimalakīrti Sūtra*. Cuando Śāriputra es incapaz de responder a una pregunta, guarda silencio. Cuando Vimalakīrti declina hablar, deja a sus miles de invitados en un profundo silencio que produce sabiduría. El silencio de Śāriputra es el resultado de no saber. El silencio de Vimalakīrti es un momento estratégicamente elegido para dejar de lado el habla y comunicar un estado más allá de la charla, el pensamiento o el relato ordinarios. Mañjuśrī aplaude el silencio de Vimalakīrti, calificándolo de magnífica enseñanza sobre la sabiduría no dual.

la que uno se disuelve y de la que emerge de nuevo. Esta es una práctica destilada de la fase de culminación, la culminación del gurú-yoga y una entrada en la vasta extensión de la visión del Dzogchen[86]. El tantra esencial de Dzogchen, la *Reverberación del Sonido*, dice que no importa en qué tipo de comportamiento uno se involucre, "uno nunca abandona [la realidad,] la *dharmatā*".[87]

Después del drama, es un alivio dejarlo ir. Ya no hay historia, sólo conciencia pura y simple, un secreto a voces que ha estado ahí todo el tiempo. Pero sin formación, pasa desapercibido.

No todos los conocimientos son iguales. La narración meditativa pasa del no saber de la confusión al no saber de la parálisis aturdidora, para liberarse de ambos. Ahora soltamos todas las fijaciones. El pensamiento no tiene apoyo. Todos los estados sin pensamiento no son iguales. Estar perplejo no es lo mismo que estar vacío. En el primer caso, falta algo; en el segundo, simplemente estamos presentes, tan transparentes a las profundidades de nuestro océano que, tanto si nuestros pensamientos están activos como si están quietos, no reaccionamos. Cada vez más, todo son olas en nuestro océano.[88]

---

86 Esto también nos permite considerar de nuevo cómo es que las prácticas tántricas de creación y culminación han llegado a ser vistas como el mejor amigo de un practicante de Dzogchen (Khetsun Sangpo Rinpoche, conversación privada, 2009).

87 Smith, *Great Commentary of Vimalamitra*, 165.

88 En un pasaje que resuena profundamente con lo que puede ocurrir aquí, el maestro zen Henry Shukman describe una experiencia que tuvo como estudiante cuando, tras días de nada más que tormento en una estricta sesshin zen, "de repente ocurrió algo. El dolor de rodillas seguía ahí, el sonido del viento seguía ahí, pero no había nadie experimentándolo. Fue lo más extraño. No existía yo. El centro mismo de mi ser, el núcleo de mi vida, se desvaneció. Yo había desaparecido. ¿Adónde había ido? ¿Qué me había ocurrido? *Donde yo solía estar, sólo había una amplia apertura* [la cursiva es mía]. Todo sucedía igual que antes, nada había cambiado realmente y, sin embargo, todo había cambiado, porque no existía el yo al que todo le sucedía..... El alivio era indescriptible. Toda la

Este océano no es un instrumento de enriquecimiento, como en el primer cuento-meditación. No es algo que utilizamos para llegar a otro lugar. El océano del saṃsāra es una amenaza, el océano de la sabiduría es un lugar para descansar. La fluidez del "océano" como símbolo expresa el flujo y reflujo de nuestro ser completamente humano y clarividentemente despierto.

⟡

Las cinco prácticas medulares, una al final del primer entrenamiento y otra al final del segundo, y tres en el transcurso del tercer entrenamiento, aportan una orientación Dzogchen distintiva a estos entrenamientos.[89] Cada una es una oportunidad para facilitar la entrada en un estado libre de cargas al que puede llegar la mente de gracia (*dgongs pa*) de los budas. Una vez que encontramos estos prácticas medulares en los tres primeros entrenamientos, continuamos cultivándolos junto con los otros entrenamientos, y también como una secuencia de entrenamiento en sí misma. De este modo, con el tiempo influirán en nuestra experiencia a través de los restantes entrenamientos, como veremos en capítulos posteriores. En vista de ello, ofrecemos estas cinco prácticas medulares, de una en una, como oasis entre capítulos donde puedes hacer una pausa y explorarlos por ti mismo en los diferentes contextos de nuestro texto.

---

preocupación, toda la inquietud... y todo el tiempo no había habido nadie en casa". Shukman, *One Blade of Grass*, 151.

89 Dahl, *Steps to the Great Perfection*, 31, 36, 43, 45, 49.

II

SEGUNDO Y TERCER ENTRENAMIENTOS MENTALES: DISOLUCIÓN DEL FINGIMIENTO, REVELACIÓN DE LA REALIDAD

CADA UNO de los tres entrenamientos iniciales ofrece lo esencial del sūtra, el tantra y el Dzogchen. Cada uno de ellos invita a un nuevo diálogo entre nuestras voces humanas y despiertas. En todos los casos, una imaginación entrenada ayuda a catalizar el flujo entre ellos.

Las meditaciones-cuento de Jigme Lingpa entrenan la imaginación de tres maneras. Las prácticas medulares nos invitan a dejar de imaginar. Como es más fácil decirlo que hacerlo, a menudo acabamos imaginando que no estamos imaginando. Así que lo primero es reconocer que, a falta de permanecer en un estado de conciencia "sin nada" y sin objetos, siempre estamos imaginando. De todas las razones por las que necesitamos un maestro en el camino, ésta es una de las más importantes. Sólo escucharemos a alguien a quien respetemos, en quien confiemos y con quien nos sintamos cómodos, alguien que tenga nuestro interés claramente en mente, cuando nos diga: "Todavía estás imaginando. Aún no has visto lo real".

Mi maestro de toda la vida, Gueshe Ngawang Wangyal, originario del país de Kalmyk, en Rusia[90] , que estudió durante

---

90 Los kalmyks son budistas y la mayoría son gelugpa. Históricamente, el clero recibía su formación en la estepa, en monasterios kalmucos, o en el Tíbet. Los

veinticinco años en el gran monasterio tibetano de Drebung, me paró en seco más de una vez con declaraciones inesperadas. Una mañana, después de mi primera visita a su casa de retiros de Washington (Nueva Jersey), me indicó que no tenía permiso para estar allí. Yo estaba a las afueras de la ciudad, lejos de cualquier estación de autobuses; no había forma de salir a menos que pidiera a alguien que me llevara a una estación. Al principio de aquella visita, justo cuando él estaba señalando con mordacidad, una vez más, que yo no había recibido permiso para visitarle, el portazo de las puertas de un coche y voces despidiéndose dejaron claro que un coche de la propiedad estaba a punto de dirigirse a la ciudad. Lo vi desde la ventana. Él lo oyó desde su silla. No solicité ir. No me dijo que lo hiciera. Las paradojas existenciales eran su especialidad.

En otra visita, una tarde estaba preparando la mesa para la cena. Buscaba servilletas. Como era una recién llegada, no sabía dónde estaban. Sin embargo, debido a mi mente crítica parlanchina, consideraba que debía saberlo, así que me daba vergüenza preguntar. De repente, Bakshi apareció de la nada y atronó: "Deja de fingir". Yo era la única al alcance del oído. Me quedé paralizada. Apenas tuve la presencia de ánimo suficiente para no espetar: "¡Pero si sólo estoy buscando servilletas, señor!". Y entonces, sin duda impactada por la fuerza de su presencia, me libré del autojuicio robótico. Por una vez sentí curiosidad en lugar de preocupación. ¿Por qué había dicho eso? ¿Por qué ahora?

¿Estaba fingiendo? ¿Fingiendo qué? ¿Saber? ¿No saber? ¿Ser útil? No lo sabía. Me hice esta pregunta una y otra vez durante décadas. A lo largo de los años, reflexionando sobre muchos otros momentos igual de provocativos con Gueshe-la, sentí que

kalmyks son descendientes de mongoles, y en Rusia la mayoría vive en la República de Kalmykia, en la parte sudoriental europea de Rusia, entre los ríos Volga y Don, su frontera oriental es la región de Astracán y su frontera sudoriental el mar Caspio.

por fin lo entendía. Siempre estaba fingiendo. Con el tiempo, como practicante novata de Dzogchen, me di cuenta de que todo lo que no sea conocimiento real es artificioso, pretencioso y autosuficiente. Había encontrado la plataforma de lanzamiento para todos mis demás problemas. Pero estaba atascada.

Sin embargo, vi que este fingimiento involuntario sólo se resolvería en la medida en que equilibrara mi mente indómita y cultivara una imaginación entrenada que me llevara por mis rincones ciegos. Las meditaciones-cuento de los entrenamientos de Jigme Lingpa, como hemos visto, amplían el alcance de lo que podemos imaginarnos hacer en circunstancias inusuales o terribles. Como en muchas prácticas de la tradición tibetana, la imaginación tiene una función importante.

El segundo entrenamiento mental

El segundo entrenamiento enseña la diferencia entre la felicidad efímera y la duradera. Y Jigme Lingpa lo enmarca en una enseñanza sobre el karma y la liberación del karma. El tercer entrenamiento, del que hablaremos a continuación, se centra en cómo surge la compasión cuando reconocemos el sufrimiento al que se enfrentan los seres vivos. Las instrucciones clave de Jigme Lingpa en estos dos entrenamientos incluyen meditaciones de historias e instrucciones medulares. En la escena inicial del segundo entrenamiento vuelves a encontrarte en un territorio desconocido, sin saber cómo has llegado hasta allí ni dónde estás.

Esta vez se te acercan ocho jóvenes. No los conoces. Ellos también te invitan a un viaje, esta vez a una isla llena de joyas, advirtiéndote de que debes estar dispuesto a pasar por alto todas las dificultades que entrañe el viaje. Aceptas. Cuando por fin llegas a la isla, tu pelo está blanco y la vejez se ha apoderado de ti. Alborozado por los tesoros de la isla, los cargas y te diriges a casa. Pero a tres días de casa, unos bandidos te arrebatan el tesoro, te atan y te apuñalan, mientras se burlan: "¡Si tienes un gurú, suplica! Si conoces a algún Dios o Ḍākinī, ¡pide ayuda! Como mínimo medita sobre la muerte".[91]

Con enorme dolor te das cuenta de que has centrado toda tu atención en enriquecerte en esta vida, sólo para encontrarte en manos de estos asesinos. Mientras te lamentas, desgarrado y suplicante, Gurú Rimpoché aparece ante ti. De su cuerpo irradia luz que ahuyenta a los agresores. Esta luz se absorbe de nuevo en el Gurú, que sella la ocasión explicando su importancia. Tu obsesión por la felicidad efímera te ha llevado a esto, dice. Sus palabras te conmueven. Y ahora ves que es tu propia mente ordinaria la que te ha engañado. Los ocho hombres que no reconociste son tus ocho conciencias[92] que "te seducen lejos de la sabiduría de tu propia conciencia".[93]

Te invade un intenso pesar por haber desperdiciado tu preciosa vida, el verdadero tesoro. Desesperado y destrozado, aúllas lastimeramente. La luz brota del corazón del gurú y toca tu corazón mientras renaces instantáneamente en la tierra pura del gurú, un guía despierto. Y entonces, una vez que has completado esta imaginación, Jigme Lingpa ofrece la segunda práctica medular.

---

91 Dahl, *Steps to the Great Perfection*, 36.

92 En el budismo, específicamente en la tradición Yogācāra, se habla de las "ocho conciencias". Estas conciencias son una forma de explicar cómo la mente procesa la experiencia y la realidad. Las ocho conciencias son: conciencia visual, auditiva, olfativa, gustativa, táctil, mental (pensamientos, emociones y recuerdos), manas (conciencia del ego, influye en cómo se interpretan las percepciones y pensamientos en relación con el "yo") y Ālaya-vijñāna (conciencia almacenadora, que funciona como un almacén de todas las impresiones y experiencias pasadas, afectando a la forma en que se percibe y reaccionamos ante la realidad actual) [nota del editor].

93 Dahl, *Steps to the Great Perfection*, 36.

Asentándose con naturalidad, tu conciencia se restablece con facilidad.[94]

Tal descanso está libre de esfuerzo. Mente "asentada naturalmente" significa que no pretendes ser un agente que controla cómo van las cosas. Tampoco ocurre a través de ningún agente externo. De hecho, la categoría de "externo" parece desvanecerse. Hay poco o ningún rastro de fronteras dentro-fuera. Después de experimentar con esta instrucción, un practicante comentó: "Para mí, la facilidad llega al alejarme de la pretensión de alcanzar la experiencia y permitir que ella venga a mí." Y así, desde la perspectiva de esta segunda práctica medular, comprendemos algo más sobre la primera.

Relajarse, especialmente en esa primera práctica medular, alivia los contornos limitantes de la mente ordinaria, la sensación de que algo está "dentro" o "por ahí". Sólo hay asentamiento. De acuerdo con la primera práctica medular, tu estado de *kha yan* no embriagado es libre y abierto, como un globo que flota libremente, sin ataduras a nada. En otros lugares, Longchenpa utiliza este término para denotar un estado sin obstáculos, un estado sin inclinación en ninguna dirección, más allá de la órbita de las distinciones ordinarias de "esto es y esto no es".[95]

El estado abierto de esta primera práctica medular es como montar un caballo sin riendas o, como dicen los tibetanos, "un caballo con la boca vacía". Hay movimiento y quietud intermitentes; la única constante es la consciencia. Observas (*bya ra*) todo lo que surge, todo lo que se calma, y al mismo tiempo simplemente dejas ser.

---

94 Jigme Lingpa, *Stairway to Liberation*, 153.1; ver también Dahl, *Steps to the Great Perfection*, 36.

95 Longchen Rabjam, *Commentary on the "Precious Dharmadhātu Treasury"*, 194; Barron, *Treasure Trove*, 202–3.

Y puede que el movimiento y la quietud lleguen a liberarse por sí mismos. Existen afinidades entre esta libertad natural y la práctica exclusivamente dzogchen de amanecer y liberarse (*shar 'grol*). Sin embargo, la práctica medular de observar el movimiento y la quietud en un estado de apertura desenfrenada, como la denomina Jigme Lingpa, difiere del amanecer y la liberación reales, así como de la práctica clave dzogchen de la curación libre (*khregs chod*). En estos contextos dzogchen, uno no está pendiente del movimiento o la quietud, simplemente está presente en la naturaleza de la mente. Al mismo tiempo, esta primera práctica medular de observar con facilidad el movimiento y la quietud ayuda claramente a desarrollar la capacidad de estar simplemente con la propia naturaleza de la manera que el Dzogchen enfatiza.[96]

La fuerza relativa de "dejar ser" o "vigilar" variará. Las instrucciones en sí no determinan dónde aterrizarás. Dependiendo de tu entrenamiento y afinidades, la facilidad que acompaña a la observación variará y el grado de asentamiento también. A veces hay experiencias en las que tocamos algo más allá de lo habitual. Al fin y al cabo, dice Jigme Lingpa:

> *La consumación de las enseñanzas*
> *es cuando toda la gama de instrucciones*
> *—las doctrinas de sūtra y tantra—,*
> *se entienden integral y unívocamente al sentarse* [en meditación].[97]

---

96 Los "Versos Vajra sobre el Estado Natural" de Jigme Lingpa, en el sitio web de Lotsawa, son un texto útil para los practicantes que deseen comprender las características especiales de la práctica de corte en sí. Véase https://www.lotsawahouse.org/tibetan-masters/jigme-lingpa/vajra-verses-on-the-natural-state. Gracias a Gyurme Lodro Gyatso (Khenpo Yeshi) por esta sugerencia y por aclarar varios puntos de este párrafo.

97 Jigme Lingpa, *Stairway to Liberation*, 1302–4; ver también Dahl, *Steps to the Great Perfection*, 16.

De ahí, una vez más, la necesidad de entrar en contacto con un profesor cualificado que pueda ayudar al practicante a discernir las delicadas distinciones en su propia práctica.

A la luz de esto, apreciamos cómo la segunda práctica medular nos invita a restaurar la tranquilidad mental. Simplemente dejando que nuestra consciencia sea... así nos liberamos del tira y afloja de los pensamientos, igual que la sorprendente acusación de Geshe Wangyal de fingir me sacó de mi órbita habitual. Saboreamos un poco de libertad. La sencillez de la segunda práctica nos relaja aún más. Aquí no necesitamos concentración. Estamos descansando en completa facilidad, *ngal gso,* un término distintivamente dzogchen que también titula una de las trilogías más famosas de Longchenpa.[98] Seguimos pensando en términos de contradicciones como sí y no, aferrándonos con fuerza a la línea que las divide, pero con esta apertura cabalgamos como un rayo de sol hacia el sol.

A lo largo del camino, el dualismo se suaviza. Nuestro sentido de dentro-fuera es un dualismo básico que experimentamos. Cuando nos relajamos aunque sea un poco, como puede ocurrir en casi cualquier práctica, nos afecta. Con el asentamiento natural de la mente puede producirse también una relajación física y, por lo tanto, podemos interactuar con los demás con más fluidez, en parte porque podemos atenderles mejor una vez que nuestro cuerpo y nuestra mente están bien relajados.[99]

La intencionalidad, la concentración y el esfuerzo —marcas distintivas de la narrativa kármica— nos permiten hacernos permeables a las enseñanzas Dzogchen. En el propio Dzogchen no hay nada que hacer. No se puede hacer un cristal más transparente de lo que ya es.[102] En la *Majestad Creadora,* un importante tantra Dzogchen analizado por Longchenpa, leemos:

---

98 Véase la maravillosa traducción en tres volúmenes de Padmakara de la *Trilogía del descanso* de Longchenpa.

99 Bertelsen, Gateways of Empathy, 1–2.

> *Dado que la mente despierta (bodhicitta) es tu verdadera naturaleza...*
> *cuando intentas conseguir algo a través de la meditación,*
> *eso es mente ordinaria:*
> *estás abandonando la mente natural.*[100]

La espontaneidad fácil es un sello distintivo de la práctica Dzogchen. La máxima facilidad es descansar en el dharmadhātu, el ámbito fundamental de nuestra experiencia. Longchenpa compara el sentarse en este ámbito primordial con el sentarse cómodamente en nuestra propia cama.[101] Un estado con el que no estás tratando de jugar o arreglar.[102] Ser natural, por desgracia, no parece ser algo común mientras las riendas de las viejas pretensiones nos atenazan. Las sencillas instrucciones de Jigme Lingpa invitan a la facilidad, la apertura y el seuling.

TERCER ENTRENAMIENTO MENTAL:
BODHICITTA Y TRES PRÁCTICAS DE MÉDULA

Una característica única del entrenamiento mental de Longchenpa es que los siete son entrenamientos en bodhicitta, mente despierta. Garab Dorje escribe:

---

100 Longchen Rabjam, *Commentary on the "Precious Dharmadhātu Treasury"*, 113.11- 12; véase también Barron, *Treasure Trove*, 99. Para más reflexiones sobre el significado de la ausencia de esfuerzo y su relación con la espontaneidad en Dzogchen, véase Klein y Wangyal, *Unbounded Wholeness*, especialmente el capítulo 3.

101 Longchenpa utiliza esta analogía tres veces en su *Commentary on the "Precious Dharmadhātu Treasury"*, 61.7, 65.8 y 306, que se puede encontrar en Barron, *Treasure Trove*, 29, 34 y 345.

102 Longchen Rabjam, *Commentary on the "Precious Dharmadhātu Treasury"*, 278.6-5; Barron, *Treasure Trove*, 301.

> *El primer entrenamiento en bodhicitta apartará tu mente del saṃsāra, el segundo hará que te repugne el sufrimiento, el tercero despertará el prerrequisito de la fe, el cuarto te permitirá comprometerte con las instrucciones del gurú, el quinto te dará resolución en la meditación, el sexto evitará que te involucres en actividades negativas, y el séptimo hará que se desarrolle tu concentración meditativa.*[103]

¿Cómo son exactamente estos entrenamientos en bodhicitta? La palabra *bodhi* viene de la raíz sánscrita *budh*, "despertar". *Citta* significa mente. Al traducir *bodhi*, los tibetanos articularon dos elementos cruciales del despertar, la purificación de las negatividades (*byang*) y el fomento de las buenas cualidades (*chub*). El término *byang chub* se utiliza en toda la literatura tibetana para traducir el término sánscrito *bodhicitta*, que en español se traduce simplemente como "mente de la iluminación" o "mente despierta".

La gramática tibetana justifica la traducción de *bodhicitta* como "mente empeñada en la iluminación", de acuerdo con el desarrollo gradual de bodhicitta en la narrativa kármica.[104] La gramática tibetana también apoya la transliteración de *bodhicitta* más sencillamente como "una mente que está despierta", de acuerdo con la comprensión dzogchen. En resumen, las gramáticas tibetana y sánscrita justifican entender *bodhicitta* como

---

103 Dahl, *Steps to the Great Perfection*, 5.

104 El locus classicus para el método cuádruple de Śāntideva se encuentra en la *Guía de la Forma de Vida del Bodhisattva* (*Bodhisattvacaryāvatāra*, 8., 90) donde pasa de su discusión sobre la estabilización meditativa a introducir la mente del despertar como el nuevo foco de meditación (*byang chub sems ni bsgom par bya*), entendiendo esto como la fructificación de los entrenamientos previos del bodhisattva y, muy especialmente, de las instrucciones que están a punto de darse sobre la equiparación de uno mismo y los demás, reflexionando sobre los defectos del egoísmo y los beneficios de apreciar a los demás y, finalmente, cambiando el egoísmo por la preocupación sincera por la felicidad y la liberación del sufrimiento de los otros.

"una mente que aspira a la iluminación", de acuerdo con el progreso gradual en el camino, o como "una mente que está despierta", lo que significa que la sabiduría, o el potencial para ella, ya está presente y sólo necesita ser revelada[105], de acuerdo con las narrativas de la sabiduría.

La identificación de la bodhicitta con la propia naturaleza ya se describe en *La perfección de la sabiduría en dieciocho mil líneas*, un sūtra que probablemente circuló por primera vez en la India hace unos dos mil años. Allí Subhuti explica que "un bodhisattva se llama así porque *bodhi* ('despertar') es en sí mismo el propio estado de ser (*samva*)."[106] Identificar la sabiduría en la propia experiencia es la esencia de la narrativa de la sabiduría.

En las narrativas kármicas de las tradiciones budistas, y a lo largo de gran parte del Gran Camino indio o tradición Mahāyāna, la mente despierta (*bodhicitta*) es un objeto de aspiración e inspiración. Se cultiva a lo largo de las vidas. En el Dzogchen, la mente despierta es la realidad misma. Los practicantes parten de la perspectiva muy humana de la necesidad de que la bodhicitta actúe intencionadamente, y crecen hasta reconocerlo en su propia presencia. El cambio de la narrativa kármica a la narrativa de la sabiduría es un giro de una perspectiva humana ordinaria a una perspectiva despierta que siempre ha sido un secreto a voces a la espera de ser descubierto.

En nuestro camino hacia la sabiduría, abundan las trampas kármicas. En el tercer entrenamiento, Jigme Lingpa nos ofrece

---

105 Para Longchenpa esto no es fruto del entrenamiento –aunque el entrenamiento es necesario– sino de la propia naturaleza.

106 *The Perfection of Wisdom in Eighteen Thousand Lines* (Aṣṭādaśasāhasrikāprajñāpāramitā), trans. Gareth Sparham, https://read.84000.co/translation/ UT22084 -029-001.html (visto el 1 de julio de 2022). Para el versículo citado, véase la introducción, cap. 21, v. i.71. Es importante señalar que el despertar está en su naturaleza, aunque los bodhisattvas realizan una gran cantidad de práctica antes de ganarse ese título.

una visita guiada por los seis reinos del saṃsāra, mostrando sus sufrimientos particulares. De este modo enfatiza la conexión entre el reconocimiento del dolor y el desarrollo de la compasión.

Sus breves descripciones de los calurosos infiernos son vívidas e insoportables. Por último, el gurú aparece en tu espacio mental, simbolizado por el cielo que tienes delante. Te explica que tus propias acciones son la fuente de este dolor. Pero ése no es su punto principal. Más bien subraya que "si tienes el valor de asumir el dolor de los demás, tal vez puedas liberarte"[107]. Y relata la famosa historia de cómo el Buda Shakyamuni, en una vida muy lejana, desarrolló una compasión sin límites en uno de los infiernos calientes:

> *Shakyamuni nació como el forzudo Pakshita en el infierno, donde tuvo que tirar de un carro. Su compañero de entonces, Kamarupa, despertó la ira de los guardias al no hacer su parte del trabajo. Los guardias, enfurecidos, le golpearon en la cabeza con martillos de hierro. Al ver esto, Shakyamuni sintió una compasión ilimitada por su amigo. Pakshita pidió que le colocaran el arnés de su amigo alrededor de su propio cuello. Los guardias le golpearon hasta dejarle sin sentido por ello, y al instante siguiente se liberó.*[108]

Al oír esto, te esfuerzas aún más por despertar a la bondad suprema que es la bodhicitta. Como resultado, la luz brota del corazón del gurú, los dos os fundís e instantáneamente te conviertes en un guía despierto para los demás. Y por primera vez explícitamente en estas instrucciones, la luz emana de tu propio corazón, vaciando todos los reinos infernales.[109]

---

107 Dahl, *Steps to the Great Perfection*, 40.

108 Dahl, *Steps to the Great Perfection*, 40–41.

109 Para una interpretación contemporánea y muy útil de este material tradi-

Escapando de los calurosos infiernos y convertido de nuevo en un ser ordinario, te encuentras en un vasto desierto ardiente, deseando que fuera sólo un poco más fresco. Ese deseo te lleva instantáneamente a los fríos infiernos. Recordando una vez más por causa de Guru Rimpoché cómo las acciones conducen al sufrimiento, experimentas una intensa compasión por todos aquellos que, como tú, se han llevado a sí mismos a este estado. Aspiras a liberarlos, y al momento siguiente tú mismo estás despierto y libre.

Mirar a la cara de tu propia experiencia requiere hacerlo con amabilidad, así como sabiduría y creatividad. Significa enfrentarse a ella sin negarla, embellecerla, juzgarla o reescribirla. Sobre todo, sin entregar tu sentido de identidad a esa experiencia. Simplemente la sientes, agradable o desagradable. Si es demasiado, sitúala más lejos en el tiempo o en el espacio, o reduce su intensidad a la mitad, al 80% o más. No empieces con tu peor pesadilla ni con tu exultación más delirante. Sé prudente y haz lo posible por reunir el apoyo que necesitas y el espacio y el tiempo necesarios, así como amigos en la práctica.

En resumen, imagina selectivamente según tu capacidad. Detente si te resulta abrumador y busca orientación. El camino hacia la sabiduría requiere sabiduría. Y conocer las limitaciones forma parte de la sabiduría, así que sé amable contigo mismo. No se trata de un gesto egoísta; la amabilidad contigo mismo fomentará tu amabilidad con los demás.

La amabilidad con uno mismo tiene muchas caras. Mirar al cielo es amabilidad. Puedes verlo desde todas partes. O párate cerca de un árbol y disfruta del sonido del viento a través de sus hojas, o la vista o el canto de los pájaros saltando, sintiendo los cambios de luz. ¿Puedes separar tu vista del cielo que ves? ¿Su oído del trinos? En resumen, ¿puedes separar lo que sabes de lo

cional, véanse las discusiones sobre los reinos infernales en McLeod, *Wake Up*, 139-42.

que sabes? ¿Qué puede tener esto que ver con la facilidad con la que eres amable con los demás? ¿La facilidad con la que te desenvuelves en la vida? Investiga esto por ti mismo, y a la luz de ello, considera lo que algunos de los grandes textos y adeptos tienen que decir.

Una cosa que Longchenpa y los tantras Dzogchen dicen una y otra vez es que nada de lo que sientes está nunca fuera de tu propia experiencia o de tu propia naturaleza. Tú eres un verdadero hogar, tan cómodo y seguro como tu propia cama en tiempos de paz. Al igual que la naturaleza de cualquier ola es el agua, la naturaleza de las experiencias placenteras y dolorosas, o de la sabiduría y la ignorancia, es tu propia conciencia. ¿Pueden separarse estas experiencias de tu conciencia de ellas? Si no es así, ¿reconocerlo te facilita sentirte menos ajeno a tu experiencia y, por tanto, vivir de forma más plena, íntima y valiente con los problemas y las promesas de este mundo?

En última instancia, tanto el dolor como la felicidad surgen del dinamismo natural del propio conocimiento. Cuando dos olas se levantan en la misma masa de agua, ¿tiene sentido reconocer una y no la otra como agua?[110] Una vez que nos inclinamos hacia el conocimiento como tal, como hacemos en la tercera práctica medular, damos un gran paso para ver cómo todas las experiencias que surgen de nuestro campo de puro conocimiento son, de hecho, idénticas por naturaleza. Esto no significa que no las tratemos a nuestra mente de forma distinta unas y otras. Esto no significa que no las tratemos de forma diferente: puede que surfeemos una ola y no otra, que elijamos un desierto entre otros, pero, a diferencia de lo que ocurre con la mente que elige, no las vemos como fundamentalmente diferentes. Es un reto profundamente interesante.

---

110 Barron, *Treasure Trove*, 312; Longchen Rabjam, *Commentary on the "Precious Dharmadhātu Treasury",* 280.1-1.

Para Longchenpa, el tercer entrenamiento es una oportunidad para centrarse en la falta de fiabilidad del saṃsāra con el fin de motivarse a sí mismo hacia la perfección de tal manera que la compasión por todos los tipos de seres vivos se manifieste en ti. Jigme Lingpa hace del tercer entrenamiento una oportunidad para visitar todos los reinos del saṃsāra y sus variados sufrimientos. En nuestro recorrido por los infiernos, hemos visto y experimentado el dolor terrible de los infiernos fríos y calientes, y los hemos comprendido como el resultado de las acciones realizadas por las personas que allí sufren. Hemos tenido muy presente la perspectiva kármica. Se nos ordenó meditar sobre esto "hasta que os sintáis extremadamente abatidos y descorazonados".[111]

Tal es la perspectiva kármica. Y es poderosa. Sin embargo, no descansas en tu abatimiento. Una vez más, en el punto álgido del drama, el gurú aparece allí mismo, en el reino infernal, y te resume las cosas:

> *Niño, comprende que tu sufrimiento es karma y alégrate de que se esté agotando. Con un sentimiento de intensa compasión, dedícate aún más a aliviar el sufrimiento de los demás".*[112]

En el momento en que te comprometes a ello, la compasión florece y tu propio sufrimiento se agota. Tu carga kármica desaparece. La compasión que sentías ante el trauma kármico se une ahora a la sabiduría y te conviertes instantáneamente en un guía capaz de guiar a los demás Y ahora, como para sellar este mismo ajuste de cuentas, llega la tercera práctica medular:

---

111 Jigme Lingpa, *Stairway to Liberation*, 162.6; ver también Dahl, *Steps to the Great Perfection*, 43.

112 Jigme Lingpa, *Stairway to Liberation*, 162.2–3; Dahl, *Steps to the Great Perfection*, 42

Mirando a la cara de cualquier felicidad o dolor
que amanezca
tu conciencia se calma en su estado natural.[113]

No es casualidad que Jigme Lingpa sitúe esta médula justo en medio de la exploración de los peores sufrimientos conocidos por el saṃsāra, justo cuando nos estamos entrenando para reconocer nuestro propio dolor y el de los demás mientras permanecemos libres de esperanza o miedo. Este entrenamiento refuerza el éxito de Longchenpa resumiendo nuestra situación humana en su *Precioso Dharmadhātu Hacienda*:

El dolor, la felicidad, son pura presencia amaneciendo.
Agarrarlos o desecharlos te ata al mundo.[114]

El tercer entrenamiento y esta tercera médula dramatizan la interfaz entre las narrativas kármicas y de sabiduría. El río kármico se ha disuelto en el océano de la sabiduría, el propio estado natural de la mente. Habiéndote dado a probar la calma en las profundidades del saṃsāra, Jigme Lingpa continúa el recorrido para que observes los frutos kármicos de la tacañería, el sufrimiento interrumpido del hambre y la sed. Esta es la suerte de los *pretas*, o fantasmas hambrientos. Profundamente conmovido, gritas de angustia y, siguiendo de nuevo el consejo de Guru Rimpoché, te declaras dispuesto a asumir todo su dolor. Como resultado, de tu corazón brotan rayos de luz que los curan por completo. E inmediatamente después, la cuarta práctica medular:

---

113 Jigme Lingpa, *Stairway to Liberation*, 162.6; Dahl, *Steps to the Great Perfection*, 31.

114 Longchen Rabjam, *Commentary on the "Precious Dharmadhātu Treasury"*, 279!1– 280.2; Barron, *Treasure Trove*, 312.

Examina, el hacedor del movimiento y la quietud.[115]

El hacedor que inicia el movimiento o la quietud es el corazón del asunto, no el movimiento o la quietud. Esto es sencillo pero desconcertante. Un campo de presencia más amplio puede ser la única manera de avanzar. ¿Son el movimiento y la quietud simplemente olas diferentes en las aguas originarias de tu hacer, o de tu saber? ¿Y dónde o qué es exactamente ese campo acuoso? No queda más remedio que mirar más de cerca. ¿Es el espejo el origen de sus reflejos? ¿Los crea? ¿Vienen de alguna parte o surgen de la nada? Una y otra vez, miramos. Esta práctica está asociada a la "búsqueda del defecto de la mente" (*sems kyi mtshang brtsal ba*), un tropo bien conocido en contextos Dzogchen. Esta búsqueda tiene como resultado "demoler la desvencijada choza de la mente" (*sems kyi khang bus debs*).[116] Potencialmente, estás socavando las estructuras mentales que se interponen en el camino del reconocimiento de la naturaleza real de tu mente. Ese es el objetivo de esta práctica. Aún no estás observando la naturaleza de la mente, te estás moviendo en esa dirección. Puede que incluso aterrices allí, o cerca. Ya no observas los pensamientos de forma analítica. Te dejas llevar. Estás saliendo de tu propio camino. El resto depende del karma

---

115 Jigme Lingpa, *Stairway to Liberation*, 165.5; véase también Dahl, *Steps to the Great Perfection*, 45. Gyurme Lodro Gyatso (Khenpo Yeshi) tradujo aquí *mkhan po* como "fuente" u "originador". Teniendo esto en cuenta, podríamos leer esta línea como "el hacedor que inicia el movimiento y la quietud" (*mkhan po* es comúnmente agentivo, y Lama Tenzin lo leyó simplemente como "hacedor"). Cortland Dahl lo interpreta como "Examina qué es lo que se mueve y qué es lo que está quieto". Todas estas interpretaciones son útiles en la práctica, y todas coinciden en que la atención no se centra en el movimiento y la quietud, como ocurría en la primera médula.

116 Gracias a Gyurme Lodro Gyatso (Khenpo Yeshi) por su debate fundamental sobre los puntos clave de este párrafo, junio de 2022. Recibió el nombre Dharma de Gyurme Lodro Gyatso de Adzom Paylo Rinpoche (que a su vez tiene el nombre de Gyurme Thupten Gyatso).

y de la conexión. Una vez más, la consulta con tu maestro es esencial.

El maestro japonés Dōgen (1200-1253), patriarca del Soto Zen, observó gozoso que tras despertar sintió el fluir de las montañas y la quietud del río. Longchenpa describe un gran océano del ser en el que las montañas y los ríos comparten la misma naturaleza fluida. ¿Por qué no? Las montañas pueden estallar de dinamismo y los ríos pueden permanecer en la quietud. Pero lo importante no son las montañas ni el río. Se trata de aprender sobre nuestros propios procesos misteriosos de percepción.

El gran poeta tibetano del siglo XX Gendun Chopel (1903-52), nacido en una familia Ñingma y reconocido como tulku Ñingma, que se convirtió en uno de los maestros recientes más ilustres de las tradiciones textuales Geluk, escribió:

> *Sin perseguir percepciones,*
> *cuando mires directamente al perceptor mismo*
> *verás tu propio rostro inexpresable;*
> *el camino a la Budeidad no está lejos.*[117]

Aquí tenemos un indicio de adónde nos puede llevar la observación del movimiento y la quietud en las prácticas medulares. No hay necesidad de perseguir percepciones. Tu nuevo reconocimiento aporta facilidad, permitiendo un estado de conciencia más fluido.

Hay dolor y placer. Hay movimiento y quietud. Algo sucede o no sucede. En este verso de la autobiografía de Jigme Lingpa, obtenemos una idea especialmente impactante de adónde pueden conducir sus prácticas de médula:

---

117 Lopez, *In the Forest*, 29.

Muchacho, la mente que mira a la mente
no es la conciencia de la esencia del conocimiento.
Muchacho, que ese conocer sea
sin artificios y sin divagar, simplemente ser.

Muchacho, en estados mentales que molestan
                    [por cualquier cosa,
los puntos clave de la meditación están incompletos,
así que, muchacho, simplemente siéntate en la frescura
y que nada te moleste, simplemente deja ser.

Muchacho, decir que la quietud es la medida
                    [de la meditación
equivoca a la calma y a la unidad de la visión clara,
así que, dentro de estados de quietud o movimiento,
                    [borrando o colocando,
sé libre de enfoque, entrégate a la sabiduría pura.

Muchacho, esto predice ver tu rostro,
la incesante mente de gracia de Samantabhadra,
así que, en frescas profundidades libre de esperanza o miedo,
déjate estar en lo grandioso, no establecido,
                    [no encontrado.[118]

Estas palabras rebosan una confianza que puede ser contagiosa. Y sin embargo, a falta de un despertar pleno, surgen la esperanza, el miedo y la duda. Grandes o pequeñas, mis contradicciones internas se disputan el espacio a diario. ¿Comer lo que me gusta o pensar en la salud? ¿Ser educado o cantar la canción de mi corazón? Los numerosos puntos de elección a lo largo

---

118 Este verso sin título de Jigme Lingpa se cita en Tulku Thondup, *Masters of Meditation*, 125; aparece en el *rnam thar* (biografía espiritual) de Jigme Lingpa, en las *Obras Completas*, vol. 9, 87.6ss, https://library.bdrc.io/search?q=%22%-27jigs%20 med%20gling%20pa%20rnam%20thar%22~1&lg=bo-x-ewts&-t=Etext. Gracias a Martijn van Beek por compartir sus reflexiones sobre este pasaje y descargar el tibetano.

de la trayectoria de nuestras vidas amenazan con dividirnos de nosotros mismos. Reconocer que todas las disyuntivas son olas en nuestro océano, nuestra sensación habitual de separación y alienación, puede resolverse lentamente. Una visión que incluya y sea más amplia que todos los factores en conflicto empieza a parecer más posible. Incluso cuando elegimos una dirección en lugar de otra, como en algún momento tendremos que hacer, seguimos estando presentes en el campo más amplio en el que todo sucede. En un sentido real, nada cambia. Como todo el mundo, elegimos hacer esto y no aquello. Al mismo tiempo, como solía decir el maestro dzogchen Namkhai Norbu, nuestra vida puede volverse más ligera.

Y ahora el recorrido de Jigme Lingpa por el saṃsāra continúa en el reino animal, revelando el sufrimiento de sus habitantes peludos, con branquias o plumasm. Al ver esto, vuelves a sentir una compasión tan tremenda que te hinchas de valor para ofrecer tu felicidad y asumir su sufrimiento. Al instante, tu miedo se desvanece y despiertas, emanando luz a todas las especies, haciendo que se conviertan en *rigzin*, portadores del despertar.

¿Puedes realmente hacer desaparecer el miedo enfrentándote a los terrores que te rodean? Esta es la premisa. Se trata de un proceso, no de una cura de un solo paso. Implica mucho compromiso cara a cara con lo que los modernos llamarían el "yo psicológico", lo que los budistas denominan nuestros rastros kármicos y que Gueshe Wangyal reformuló brillantemente como nuestra propia pretensión imparable. Y ahora sigue la quinta práctica medular:

> *Por último, corta los hilos que tejen el pensamiento. Deja que tu atención y tu conciencia se liberen en una apertura expansiva.*[119] *Esto destila aquello hacia lo que te has estado moviendo todo el tiempo.*

---

119 Dahl, *Steps to the Great Perfection*, 49; Jigme Lingpa. *Stairway to Libera-*

En la primera práctica de médula exploraste la apertura desenfrenada y el entrelazamiento de quietud y movimiento en tu experiencia. En la segunda, simplemente tu conciencia estaba tranquila. Informado por esto, en la tercera práctica medular observaste cualquier felicidad o dolor que surgiera, y dejaste que la consciencia se asentara en su propio terreno. El término tibetano que Jigme Lingpa utiliza aquí para referirse a este asentamiento, *rnal du dbab*, también podría significar "asentarse en la realidad" y es el nombre que se da a una de las prácticas para acercarse a la famosa práctica Dzogchen de "atravesar" (*khregs chod*). La afinidad con el Dzogchen está ahí; siempre queda que los practicantes descubran su propio rostro real. Cualquier experiencia que no sea el despertar a esta realidad es imaginaria.

En la cuarta práctica medular, descubres lo que es indagar directamente en lo que pueda haber detrás de la quietud y el movimiento, socavando el tugurio de una casa que has estado ocupando todo este tiempo. Ni los textos ni las tradiciones orales describen completamente lo que podemos descubrir por nosotros mismos, y estos descubrimientos se encuentran entre los cambios más mágicos y vivificantes de la práctica.

Los elementos de las cuatro prácticas anteriores están presentes en la quinta. La capacidad de soltar el soporte del pensamiento y encontrar la facilidad expansiva en la primera práctica medular fomenta que la quinta corte los hilos que mantienen unido el tejido de la mente ordinaria.

La instrucción de la primera médula de dejar que tu mente sea fácil (*glod*, pronunciado *hlö*) también está presente en la quinta práctica: la atención y la consciencia juntas se relajan en una apertura sin límites. A diferencia de la primera práctica medular, la atención plena en la quinta ya no tiene un objeto.

---

tion, 171.5. Al igual que Dahl, y basándome en conversaciones con dos eruditos tibetanos, considero que *rtogs*, que significa "darse cuenta", es un error ortográfico de *rtog*, que significa "pensamiento".

Además, esta quinta práctica medular empareja tu consciencia sin objeto con una consciencia más global y cuidadosa (*shes bzhin*) junto con una apertura desmedida *(kha yan)*.

¿Qué haces, o qué no haces, cuando te sientas con esta práctica medular? Ya estás familiarizado con la atención plena, y cada vez lo estás más con la apertura infinita. Eres desenfrenado en el sentido de estar libre de cualquier objeto. Ahora, sin embargo, tu atención y tu consciencia no tienen foco. Simplemente son. E incluso si no hay nada en lo que poner el dedo, ¿lo describirías como nada en absoluto? El conocimiento está ahí, ¿verdad? El campo de tu experiencia, aunque esté libre de cargas, no es nada. Al mismo tiempo, no es exactamente nada. Como dice Longchenpa:

> *Esencia vacía, naturaleza incesante.*
> *No hay nada y, sin embargo, todo surge.*[120]

Buscas sentir la conciencia en sí misma, no la mente-objeto. De nuevo, ¿qué haces o dejas de hacer? Cualquier gesto que descubras será útil en prácticamente todas las prácticas futuras y predice mucho de lo que procura el propio Dzogchen. Estos ríos fluyen hacia ese gran océano.

Ésta es la última de las prácticas medulares. Todas ellas siguen siendo útiles a lo largo de estos entrenamientos y, de hecho, constituyen un entrenamiento en sí mismas. Practicarlas también enriquece prácticamente todos los demás entrenamientos tántricos y Dzogchen.

En términos del movimiento de Jigme Lingpa a través de los siete entrenamientos, todavía estamos en el tercer entrenamiento sobre la compasión, y la forma en que sostienes tu atención allí

---

120 Longchen Rabjam, *Commentary on the "Precious Dharmadhātu Treasury"*, 1.3; Dahl, *Steps to the Great Perfection*, 49.

ya puede estar impactada por estas prácticas medulares. Jigme Lingpa no vuelve a mencionarlas. Sin embargo, volveremos a ellas, ya que gran parte del camino en su conjunto se desarrolla a partir de las disposiciones mentales básicas que nos ayudan a familiarizarnos con la práctica.

El recorrido del tercer entrenamiento por saṃsāra continúa para que puedas reconocer el sufrimiento inevitable en los reinos humano y divino. Gurú Rimpoché no vuelve a aparecer; quizá a estas alturas ya se entiende que es una presencia constante. Jigme Lingpa se limita a exhortar a los practicantes a tener cuidado con las pruebas de la existencia ordinaria y la determinación de disolverlas con compasión. ¿Qué se desprende de esto?

Aunque sólo estires el brazo, dice Jigme Lingpa, asegúrate de que sea una actividad sana.[121] Es una instrucción muy práctica. ¿Alcanzar una servilleta? ¿Abrir la puerta del coche? ¿Y si imaginas o finges intencionadamente –en el mejor sentido de ambas palabras– que, sólo con tu intención, estos movimientos están creando auspicios y felicidad para ti y para todos?

¿Escalarías una montaña si no hubieras imaginado ya cómo será cuando llegues a la cima? Del mismo modo, mucho antes de llegar, intuimos o imaginamos que la sabiduría de Dzogchen ofrece una visión más verdadera que la que vemos ahora mismo. La intuición alimenta la imaginación. Tu capacidad de imaginar mientras lees y de practicar meditaciones-cuento da vida al camino. Así que hacemos bien en distinguir nuestra imaginación entrenada e intencionada de otros tipos de fantasía que sólo nos alejan de nuestra presencia. Lo que imaginamos intencionadamente puede ser transformador desde el punto de vista de la experiencia. Esta es la premisa de un amplio espectro de prácticas sūtra y tántricas (y, en los tiempos modernos, del

---

121 Dahl, *Steps to the Great Perfection*, 55.

entrenamiento en todo, desde los deportes hasta la autoafirmación). La imaginación es un subconjunto importante del pensamiento. Está incluida en el largo arco de la "conceptualidad", tal y como lo entienden las teorías budistas de la mente. "Mente conceptual" lo es todo, desde la dura manivela analítica hasta la imaginación más sutil posible. Por delicada y vivificante que sea, la imaginación, como toda conceptualidad, se queda corta ante la experiencia directa.[122]

Este espectro de compromiso conceptual se detalla clásicamente en las obras indias del siglo VI de Dignāga y Dharmakīrti, y en muchas elaboraciones tibetanas posteriores de las mismas, incluidas las famosas presentaciones tibetanas de los principios y la conciencia mental[123], que son fundamentales para la formación tibetana en las narrativas causales o kármicas del budismo.

La literatura budista clásica dice que el pensamiento siempre está equivocado. Incluso cuando el pensamiento se refiere a algo externamente verificable –una montaña, una ardilla– confunde su imagen de la ardilla con un animal real, la alegría imaginada con la alegría real. Esto es también lo que hace que imaginar sea tan poderoso. Una de las razones por las que nos encanta soñar despiertos, imaginar lo que nos complace, es porque esa ideación parece traérnoslo directamente. Este error es intrínseco al pensamiento y a toda imaginación. Pero no toda imaginación

---

122 El pensamiento se contrapone a la percepción directa en Klein, *Knowledge and Liberation*, caps. 1 y 2. Los capítulos 4 y 5 tratan del funcionamiento del pensamiento a través de un proceso de eliminación de todo lo que no es su objeto focal (*apoha, gzhan gsel*). Texto disponible en el sitio academia.edu de Anne Carolyn Klein. Para una visión general de las etapas clásicas del camino, véase Levinson, "Metaphors of Liberation".

123 Para un excelente resumen de los principios básicos del pensamiento conceptual (rtog pa, kalpanā), véase Napper, *Mind in Tibetan Buddhism*, especialmente la discusión de la conciencia conceptual bajo la categoría de cognoscente inferencial en su introducción, 20 y ss.

se confunde de la misma manera. Confusión significa imaginar algo que no existe, como agua en un desierto, o negar algo que sí existe, como causa y efecto. En ambos casos, estamos imaginando involuntariamente algo que no es. En estos entrenamientos vemos cómo una imaginación entrenada que se alinea con lo que existe, o puede existir, ayuda a contrarrestar errores y a traer a la experiencia lo que ya hemos aceptado cognitivamente, como el hecho de la impermanencia. Es una habilidad de la que rara vez se habla y de la que definitivamente se presume que es la base de gran parte del estilo tibetano, incluidas las meditaciones-cuento que Jigme Lingpa nos ofrece aquí.

La imaginación está en el corazón de nuestra capacidad para seguir siendo conscientes de nuestras posibilidades humanas incluso cuando parecen más amenazadas. Pensemos en lo que llamamos "pensar". ¿Qué haces realmente cuando piensas? ¿O cuando te preocupas, esperas o recuerdas? ¿Hasta qué punto despiertan tu imaginación y repercuten en tu experiencia inmediata y en tus opciones de futuro?

La imaginación narrada y las prácticas medulares en los tres primeros de los siete entrenamientos enriquecen la bodhicitta. En palabras de Adzom Rimpoché, "la bodhicitta desestabiliza la base misma de nuestro aferramiento al 'yo'" y, en el proceso, amplía nuestra capacidad para todas las cosas buenas.

III

BODHICITTA:
IMAGINACIÓN E INSTRUCCIONES DE MÉDULA

AUNQUE imaginar intencionadamente disuelve la confusión, tal disolución no es necesariamente fácil o incluso apreciada. Por un lado, sentimos que nuestra percepción es correcta. Vemos algo ahí fuera. Parece estar allí y no aquí. Pero, ¿lo está? No es una cuestión sencilla. O tal vez sea tan sencillo que nuestras complicadas mentes lo ocultan.

Cuando nos sentimos atraídos por alguien o algo, ¿de dónde emana esa atracción? Para la mayoría de nosotros, la mayor parte del tiempo, la belleza, la utilidad u otra cualidad agradable parece estar objetivamente presente ahí. No parece que esté en el ojo del que mira. Esa "exterioridad" forma parte de nuestra percepción de la cosa en sí. De hecho, queremos que esté ahí fuera para poder disfrutarla. Esa "exterioridad" es buena parte de lo que nos emociona. Queremos llegar a ella y traerla de *allí* para *acá*. Nuestro insistente deseo de algo se basa en la sensación de estar separados de ello.

Una imaginación demasiado activa puede exagerar cualquier error —soy la peor persona del mundo, soy el más especial–, mientras que imaginar intencionadamente ayuda a aflojar esas elucubraciones. Así es como damos nuestro giro personal hacia la sabiduría. La sabiduría está libre de imágenes, lo que le da la libertad de imaginar cualquier cosa.

La imaginación tántrica es creatividad desplegada. Ayuda a los practicantes a salvar cualquier distancia aparente entre la experiencia ordinaria y la naturaleza real de la mente.[124] La imaginación se mueve hasta la cúspide de esa naturaleza antes de disolverse en su propio espacio de sabiduría, sin ser perturbada por las imágenes. Esto puede ocurrir en cualquier práctica de yoga del gurú, o como fruto de las prácticas de Jigme Lingpa.[125]

La solidez y la separación parecen reales y fiables. Las consideramos algo natural, no imaginario. No nos planteamos quién o qué los ha originado, simplemente están ahí. Esto es lo que la filosofía budista denomina ignorancia innata. Por suerte, innata no significa inevitable. Nuestra ignorancia es un error del que la mente puede liberarse. Y el Dzogchen siempre nos recuerda que nuestros errores humanos nunca pueden manchar ni siquiera tocar nuestra verdadera naturaleza, también llamada naturaleza búdica.

Gran parte de la práctica consiste en aprender a ver con sencillez. La visión simple es la visión clara de lo que es, sin conceptos ni etiquetas. Lo visto es sólo parte de nuestra experiencia. En el *Bāhiya Suma, de la* antigua tradición india Pali, Buda aconseja a un estudiante:

> *En referencia a lo visto, sólo habrá lo visto. En referencia a lo oído, sólo lo oído. En referencia a lo sentido, sólo lo sentido. En referencia a lo cognitivo, sólo lo cognitivo. Así es como debes entrenarte.*[126]

---

124 Esta naturaleza también se denomina sabiduría primordial (*ye shes, jñāna*), el modo en que son las cosas (*gnas tshul*), el espacio último y básico de los fenómenos (*chos dbyings, dharmadhātu*), conciencia abierta (*rig pa, vidyā*), mente despierta (*byang chub kyi sems, bodhicitta*) y unión de pureza primordial y presencia espontánea (*ka dag lhun grub bzung 'jug*).

125 Jigme Lingpa, *Stairway to Liberation*, 147.6-148.1; Dahl, *Steps to the Great Perfection*, 49.

126 Thānissaro Bhikkhu, trans., *Bāhiya Sutta*, https://www.dhammatalks.org/

Deja de fingir. Quédate con lo que es. Deshazte de la imaginación confusa. Siente el poder de la atención plena y la perspicacia. Céntrate en el presente, llega a lo real.[127] Sin embargo, toda imaginación, confusa o no, forma parte de la realidad:

> *La mente despierta, fuente de todo lo que es, lo crea todo;*
> *como quiera que las cosas aparezcan, son mi esencia;*
> *surjan como surjan, son mis manifestaciones mágicas*[128].

Mientras lees esto, estás imaginando algo. La imaginación está siempre lista, es flexible y creativa. Imaginar que puedes tener éxito. Imaginar que no puedes. La lista es interminable. Usar la imaginación para magnificar la confusión y poder identificarla. Imaginar cómo se siente en el cuerpo la liberación de la ira. Imaginar que te mueves a lo largo del día con amor ilimitado, y cómo sería eso para ti.

La imaginación humana es un recurso incansablemente generoso. Aunque la imaginación puede ser un obstáculo, también es un don. Puede ser la clave de lo que nos ata, y también, como en estos entrenamientos, un catalizador vital para liberarnos de esas ataduras. Para el Dzogchen, la imaginación, expresión de la

---

suttas/ KN/Ud/ud1_10.html (visto el 5 de julio de 2022).

127 La imaginación también se desaconseja en las iteraciones modernas populares de Theravāda, como la meditación de introspección de S. N. Goenka; uno se centra en la experiencia desnuda en el momento presente. El objetivo final del nibbāna en Theravāda es el cese de todas las superposiciones cognitivas y sensoriales. Sin embargo, estudios más recientes cuestionan esta descripción de Theravāda y sostienen que incluye el compromiso visual y sensorial. Véase Crosby, *Theravada Buddhism*.

128 *All-Creating Majesty*, en Longchen Rabjam, *Commentary on the "Precious Dharma-dhātu Treasury,"* 75!6 (traducción mía); véase también Barron, *Treasure Trove*, 47. Este venerado texto es una fuente clave para las enseñanzas de la colección de la mente Dzogchen (*sems sde*). Véase también *Neumaier-Dargyay, Sovereign All-Creating Mind*.

naturaleza mental, comparte con la realidad una imparable creatividad. ¿Quieres meditar, relajarte o ser más amable? Tu imaginación puede ayudarte. Es indispensable. Todos los caminos hacia la libertad la requieren y la mayoría de los retos de la vida la exigen. La imaginación participa en el aprendizaje cognitivo, sensorial y somático corporal. Pensar e imaginar se entrelazan en el camino, como muestra Jigme Lingpa.[129] La confusión errónea del pensamiento entre objeto e imagen nos beneficia en la poesía y el ritual.[130] Gracias a esa capacidad, los entornos aspiracionales que imaginamos en los cuentos-mediación –por ejemplo, imaginarnos emanar como un ser despierto– forman parte íntima de nosotros. Las imágenes importan.

De hecho, Longchenpa concede mucho espacio a las metáforas imaginativas del sol, el cielo y el océano, dedicándoles un tercer capítulo de su *Tesoro del Precioso Dharmadhātu*. Las imágenes, más concretas que una descripción abstracta, entran fácilmente en los espacios de nuestra mente.

Una cosa está clara. Todos queremos, y por tanto imaginamos, una estabilidad imposible. No queremos sentir que la impermanencia se cierne sobre nosotros. Por mucho que aspiremos al camino, también nos gusta nuestro *status quo*. Erróneo o no, lo encontramos irresistible. La imaginación confusa peca de exageración (*sgro 'dogs*), imaginando lo que no existe, o de subestimación (*skur 'debs*), negando lo que existe.[131] Al igual

---

129 Vemos esto escrito en grande en su ciclo *Esencia del corazón de la vasta extensión* (*Klong chen snying thig rtsa pod*), y comentado por Patrul Rinpoche, Palabras de mi maestro perfecto, y Adzom Drukpa, lámpara que ilumina el camino (trans. Anne C. Klein y Elizabeth Napper, de próxima aparición en Wisdom Publications, 2024, serie House of Adzom).

130 La investigación neurológica sobre el efecto de las prácticas de meditación visual es relativamente escasa. Véase Kozhevnikov et al., "Enhancement of Visuospatial Processing".

131 Neurocientíficos como David Eagleman sugieren ahora que la realidad no es algo observado pasivamente por el cerebro, sino que éste construye

que el ejercicio involucra a distintos grupos musculares, la liberación de la confusión requiere entrenamiento. Poco a poco, somos capaces de relajar un amplio espectro de hábitos trillados que gobiernan nuestra mente, nuestros gestos e incluso el juego de nuestros sentidos. La imaginación permanece en juego hasta que, a través de la intimidad intrépida con el conocimiento puro y desnudo, facilita su propia disolución.

Nuestra confusión comienza con la experiencia sensorial. Las cosas parecen muy estables y las consideramos como tales. Mientras las cosas vayan razonablemente bien, nada nos lleva a revisar esta percepción o a ponerla en cuestión. Queremos estabilidad. Pero no hay más estabilidad que la que imaginamos. En cierto nivel lo sabemos, pero miramos hacia otro lado.

Para superar nuestra inevitable resistencia a corregir este error, los profesionales reflexionan sobre la impermanencia y la causalidad. Nos damos cuenta de que todo lo que nos rodea es impermanente. Meditamos sobre el horror de cómo las cosas se desmoronan. Y, por último, miramos dentro de nuestra propia mente, apreciando su naturaleza incesante, lo que significa que puede conocerse y que conocerla marcará la diferencia.

El budismo enseña lo que también enseña la vida. Incluso sin meditación, a medida que envejecemos nuestra impermanencia se hace más evidente. Aun así, ¡nos resistimos! Jigme Lingpa escribe:

> *Cerca de la muerte, pero ansiando un hogar, ropa y riqueza; mi juventud se ha ido, pero no me he alejado de este mundo... Lama, libérame de esta ignorancia.*[132]

No todo el mundo quiere oír hablar de la impermanencia. Creemos que nos jugamos demasiado. No nos damos cuenta de lo que nos jugamos al no prestarle atención.

---

activamente la realidad que percibe.

132 Klein, *Heart Essence*, 65.

Tantra

El Tantra es una forma de transformación ritualmente coreografiada y, hasta que llega la realización real, la imaginación intencional es su fuerza vital.[133] Esta imaginación intencional no es la imaginación libre del arte moderno. Es un proceso del ser pleno que integra la escucha, las emociones, los gestos físicos y la presencia corporal.

¿Es posible alcanzar algo que aún no hemos imaginado? Gurú Rimpoché, al llamar la atención sobre las trampas del saṃsāra y demostrar el flujo y el resplandor del despertar, nos está pidiendo que imaginemos vívidamente una situación o experiencia muy diferente de nuestra gama habitual. ¿Qué es la oración sino una oportunidad para imaginar, y luego sentir, que algo más es posible? No es una garantía, es una posibilidad.

La imaginación a la que invitan las instrucciones de la práctica no es idiosincrásica ni aleatoria como la ensoñación, pero es aún más personal y potencialmente impactante. La apariencia de Gurú Rimpoché, por ejemplo, se describe con precisión; su iconografía básica se ha establecido durante siglos, pero la experiencia y la imagen real de cada persona son diferentes.

En los relatos de Jigme Lingpa, el lama luminoso que danza en el espacio ante ti en el aplastante punto más bajo de tus viajes por mar marca el cambio hacia la imaginación tántrica. Aquí, como en las formas más extensas de gurú-yoga, aparece un ser despierto que ofrece amor y guía incondicionales, alguien a quien te sientes cercano de un modo muy personal y una expresión de tu propia naturaleza, que estás en proceso de descubrir. Éste es el gurú definitivo y, en la comprensión dzogchen, es una plenitud opuesta a la soledad, sin importar dónde te encuentres.

El lama luminoso en forma de Gurú Rimpoché es también, en esencia, tu propio maestro, alguien a quien conoces bien,

---

133 Klein, "Imagining the Real," 500-513.

que también te conoce a ti y que se ha ganado tu confianza. Alguien, en definitiva, con quien te sientes conectado de un modo muy personal. La sensación de intimidad y confort puede ser muy profunda. En la cultura tibetana, basta con decir "maestro" o "mi lama" para que todo el mundo comprenda la profundidad del sentimiento asociado. Los textos de la práctica tradicional tienden a hacer hincapié en la apariencia de Gurú Rimpoché y, para los practicantes modernos, estas descripciones suelen centrarse en la habilidad técnica de imaginar. Pero aunque la figura del gurú aparezca claramente, no es como ver una imagen de vídeo o alguna "cosa" en el entorno. Es más bien como una visualización desde el santuario interior de tu corazón. Y así, de hecho, es como un practicante de Dzogchen realmente consumado experimenta el mundo entero.

Al mismo tiempo, como cualquier relación, la relación con tu maestro y con la realidad de tu propia naturaleza tiene dimensiones kármicas y emocionales. Los patrones emocionales que arrastramos en la vida y en nuestras relaciones no desaparecen en nuestra relación con la sabiduría. Si tendemos a ser desconfiados en general, es probable que la desconfianza se manifieste en la relación con el maestro, así como en las prácticas rituales del gurú yoga. Podemos temer sentirnos abrumados, excluidos, manipulados. Estas respuestas son una buena información. Nos ayudan a descubrir más profundamente cómo somos en este momento. En medio de este predicamento tan humano, practicamos.

Recordar el rostro del gurú tiene un significado tanto fisiológico como emocional. Un gran porcentaje del cerebro humano está destinado a observar rostros, y la capacidad no sólo de observar sino de imitar un rostro humano está presente en los bebés en las primeras horas de vida. En nuestras primeras experiencias de recibir cuidados en este cuerpo, reconocimos y respondimos al rostro de nuestro cuidador.[134] También, desde las primeras

---

134 Stern, *Interpersonal World*, 40, señala que antes de los dos meses de edad

horas de vida, fuimos capaces de imitar las expresiones faciales que veíamos.[135] El gurú-yoga se basa en esta experiencia humana formativa para ayudarnos a conectar con el rostro de la realidad.

La oración también forma parte del gurú-yoga. Al igual que en las tradiciones monoteístas, la oración sentida con el corazón fomenta un sentido de relación personal con aquel a quien rezamos, ya sea Cristo, Yaweh, Mahoma, Gurú Rimpoché o la realidad misma. Todos son a la vez humanamente disponibles y trascendentes. En las vertientes más místicas del monoteísmo –el Evangelio de Juan, la Cábala, Rumi o el sufismo–, la división entre lo humano y lo divino se diluye. Las enseñanzas tántricas tibetanas, en principio, disuelven por completo esta línea. En la práctica tántrica o dzogchen, la cruzamos continuamente.

Nuestros procesos humanos y despiertos entran en juego simultáneamente, a medida que nuestro cuerpo de carne y hueso se convierte, según nuestra propia experiencia, en un cuerpo de luz, igual que el icónico ser despierto que antes parecía tan diferente de nosotros. Esta imaginación tiene una cualidad cinestésica distintiva. Se trata de una imaginación encarnada, ejercitada a través de esta misma práctica.[136]

---

los bebés muestran interés por la voz humana, prefiriéndola a otros sonidos de tono y volumen similares, y que prefieren mirar a las caras antes que a otros patrones visuales. En este contexto, analiza la investigación sobre la imitación.

135 Esto se ha mencionado ampliamente. Véase, por ejemplo, "Secret Life of Babies", https://www.youtube.com/watch?v=ersyQKAIMPI (visto el 28 de junio de 2021).

136 La neurociencia ha descubierto que las imágenes mentales provocan una activación cerebral en las áreas relacionadas con la destreza visual y espacial. Las pruebas recogidas hasta la fecha no apoyan la capacidad del cerebro para mantener una imagen compleja durante más de unos segundos, aunque esta capacidad se atribuye con credibilidad a muchos practicantes ejemplares de todas las tradiciones budistas. En cualquier caso, la imagen sostenida no es el objetivo de la meditación de Jigme Lingpa. Véase Kozhevnikov, "Enhancement of Visuospatial Processing", 645-53.

Cada parte de esta práctica prospera mejor cuando la atención está relajada y clara. Ser un poco juguetón también ayuda. En las meditaciones-cuento, incluso ante la muerte y la impermanencia, tenemos espacio para algo más que el miedo o la desesperación; la imaginación no está limitada.

Dar rienda suelta a la imaginación luminosa –el cuerpo ya no es de carne y hueso, sino lúcido– entrena nuestra conciencia cinestésica, y utilizar la imaginación cinestésica para enviar luz a través del cuerpo es un elemento clave de la práctica tántrica. No se puede separar la imaginación de la sensibilidad energética, del sentido del contacto con lo que se imagina. Los flujos de luz tienen un color que se ve con el ojo de la mente o se siente somáticamente, o ambas cosas. La cuestión es que nuestras dimensiones sensoriales están tan conectadas entre sí que, a veces, la experiencia ya no se limita a una única dimensión sensorial. Por ejemplo, se puede experimentar un intercambio de funciones sensoriales, viendo el sonido o escuchando el color. O un atributo vital, como la intensidad, puede experimentarse visualmente, visceralmente, auditivamente, táctilmente y también a través del olfato; puede sentirse por uno o más sentidos de forma secuencial o simultánea.

Esta experiencia sensorial se remonta a la forma en que experimentábamos el mundo cuando éramos bebés. Nuestro entorno no estaba dividido en objetos individuales separados de nosotros. Lo percibíamos como un flujo continuo de lo que Daniel Stern denomina "vitalidades e intensidades" disponibles para cualquiera de los cinco sentidos.[137] Parece haber una similitud experiencial entre esto y las muchas maneras en que Longchenpa describe los llamados objetos de los sentidos como no separados unos de otros, o de nosotros mismos, al mostrarse.

La experiencia sentida está siempre en el presente. La imaginación entrenada nos mantiene vivos. Sentir el bucle de retro-

---

137 Stern, *Interpersonal World*, 154; sobre las vitalidades, véanse especialmente las páginas 53-54, y sobre las intensidades, las 51 y 56.

alimentación entre lo que imagino intencionadamente, como la luz que fluye de mi corazón, y mis sentimientos reales hacia las personas con las que me encuentro mientras camino por mi barrio, puede ser una pequeña sorpresa. Mi sensación de separación se está suavizando.

Cuando surgen nuevas experiencias de este tipo, en la práctica formal o por otros medios, es importante darles un poco de espacio, simplemente para descansar en ese descubrimiento. Todo tu organismo siente el impacto, por sutil que sea. Después de un rato, vuelve a mirar los orígenes de tu conocimiento. De este modo, puedes experimentar con una o más de las prácticas de Jigme Lingpa en una sola sesión. Esto es mejor hacerlo después de haber tenido una buena experiencia, durante semanas, meses y más, con cada una de las prácticas medulares individualmente. Aprecia cualquier percepción o experiencia que pueda surgir sin apego.

LO QUE NO ES LA IMAGINACIÓN

La sensación de totalidad no es una idea. Es una "sensación sentida", por utilizar el término de Eugene Gendlin, y una "experiencia vivida", por utilizar un término común en el campo emergente de la microfenomenología[138].

En las filosofías budistas de la mente, la mente es un conocedor que puede ser conceptual o no conceptual, cognitivo o sensorial. La mente conceptual siempre implica imágenes, por abstractas que sean.

Cuando de niños aprendemos nombres como "gato", "coche", "camisa", etc., el nombre que aprendemos no se adhiere

---

138 Véase, por ejemplo, el análisis de las siete perspectivas de la mente en Barron, *Treasure Trove*, 311-15. No estoy diciendo que Longchenpa y Stern describen experiencias idénticas, sino que existe un parecido familiar que es significativo.

sólo al caso concreto del encantador gatito de cuatro patas que tu madre te dice que es un gato. El nombre se sincroniza también con una imagen en tu mente que, en un instante, excluye del pensamiento todo lo que no es un gato. Esto es lo que te permite reconocer como gatos a los felinos pequeños y grandes o a los peludos, de un solo color o policromáticos.

Comparadas con la experiencia directa, esas imágenes son bastante genéricas, imprecisas y abstractas. Basta una parte de un cuerpo peludo, un solo bigote o simplemente las letras de "gato" para excluir todas las imágenes que no sean de gato.[139] Estas imágenes —meros destellos de color y forma con intensidad o vitalidad variables— no representan tanto algo como eliminan todo lo que no está incluido bajo la rúbrica de "gato". Pero sí te conectan con aquello en lo que estás pensando. Por eso, reflexionar sobre la impermanencia y luego imaginarla puede facilitar un conocimiento directo y pleno de la impermanencia que es emocional y somáticamente impactante.

¿Qué es la imaginación? Ante todo tiene que ver con nuestra relación con las imágenes que surgen en nuestra mente y los significados que conllevan. Trae a tu madre a tu mente. En un momento, hay una imagen que te conecta. Pero si pudieras pintar o tomar una instantánea de esa imagen, no sería necesariamente algo que otra persona reconocería como tu madre. Es una imagen única para ti y tu relación con ella. Puede que lo único que te venga a la mente sea el fruncimiento de los labios o el peinado, o una especie de sensación indefinible que, a pesar de todo, en tu mente coincide exactamente con tu madre. Difícil de describir, este *leitmotiv* visual distingue a tu madre de cualquier otra persona. Sean cuales sean sus propiedades de representación, estas imágenes no se sienten de forma abstracta. Los recuerdos de tu madre están ligados a redes de sensaciones corporales y presencia emocional.[140]

139 Véase Klein, *Knowledge and Liberation*, capítulos. 2 y 3.

140 Véase, por ejemplo, la discusión sobre la "imagen mental" (a veces traduci-

Puede que ahora mismo estés sentado en una habitación que conoce bien ¿Y si cierras los ojos y te acuerdas de algo que sabes que está en la habitación? Esto sólo te llevará un momento, y puedes dejarlo reposar otro momento. A continuación, abre los ojos y mira esa misma cosa. ¿Son idénticas? ¿Qué diferencias notas?

Por ejemplo, ¿hay detalles aparentes a tus ojos que no te venían a la mente cuando te imaginabas la cosa? ¿Hay más especificidad en el color, la forma y los detalles? Éstas son las diferencias entre pensar y percibir directamente. Así es como los grandes lógicos indios Dignaga y Dharmakirti describen las diferencias clave entre el pensamiento y la experiencia directa.[141] Ahora las conoces directamente.

Todos los caminos conducen a la experiencia directa. El pensamiento es siempre sólo el principio. El difunto Daniel Stern, que no parece haber tenido ninguna relación con las tradiciones budistas, llegó a la conclusión, a través de su propia investigación, de que la experiencia vivida nos altera de un modo que el pensamiento por sí solo no puede:

> *El cambio se basa en la experiencia vivida... comprender, explicar o narrar verbalmente algo no es suficiente para provocar el cambio. Tiene que haber una experiencia real. Un acontecimiento debe ser vivido, con sentimientos y acciones que tengan lugar en tiempo real, en el mundo real... en un momento de presencia.*[147]

---

da como "imagen genérica", *don spyi*) en Klein, *Knowledge and Liberation*; y la yuxtaposición que hace Dendar Hlarampa de fenómenos (como las imágenes mentales) que sólo tienen características generales con objetos sensoriales que tienen características específicas, en Klein, *Knowing, Naming, and Negation*, 42-87.

141 Para una discusión Geluk tibetana clásica sobre este tema, véase, por ejemplo, Klein, *Knowledge and Liberation*, caps. 2 y 3; también, la discusión de Dendar Hlarampa sobre objetos de pensamiento y percepción directa generales y específicamente caracterizados en Klein, *Knowing, Naming, and Negation*.

¿En qué se diferencia tu imaginación entrenada de una mente errante? En primer lugar, es intencionada y enseñable. Puede ampliar el abanico de experiencias cognitivas y sentidas. Esta expansión, a su vez, nos ayuda a liberarnos de la esclavitud a los hábitos de reactividad codificados en nuestra forma de pensar, cuya constante reiteración es nuestro verdadero saṃsāra.

Entrenar la imaginación puede generar resistencia. Por ejemplo, puedes resistirte a la importancia de la impermanencia o sentir que no estás abierto a la sensación de conexión que subyace en el gurú-yoga. Nuestro reto consiste en ser conscientes de la resistencia sin sofocarla con pura fuerza de voluntad ni dejarnos llevar por ella.

La percepción directa está llena de frescura. No generaliza ni presume. Cuando vemos a nuestra madre o a un amigo con nuestros propios ojos, cuando oímos sus voces o tocamos sus manos, percibimos infinitamente más detalles que los que nos aportará el pensamiento.[142]

Por ejemplo, el mundo parece estar claramente dividido entre el yo y el otro, aquí y allá. ¿Es así en realidad? Si pones tu atención en tu respiración o en una flor que florece delante de ti, ¿puedes separar tu atención o sensación de tu respiración o de la flor que ves, tocas u olfateas? Si ninguno de ellos está fuera de tu conocimiento, ¿puedes decir que tú y ellos estáis realmente separados?[143]

El hecho de que nuestra mente participe o apoye lo que parece estar fuera de nosotros significa que ya existe una intimidad inad-

---

142 Sin embargo, los filósofos budistas de la Vía Media, en concreto la escuela Prāsaṅgika, sostienen que lo que vemos con la percepción directa tampoco es plenamente representacional, porque las cosas parecen erróneamente más sustanciales de lo que son.

143 Esta inseparabilidad se describe con especial riqueza en las escuelas de filosofía budista Sólo Mente y Camino Medio. Se llega a sentir profundamente a través de muchas prácticas.

vertida con todo lo que tocan nuestros sentidos. Esta intimidad es un descubrimiento esencial. Como dijo Toni Morrison: "La capacidad de asombro siempre produce asombro"[144]. La conciencia –cierto grado de capacidad de asombro–, siempre está ahí. ¿Se puede observar algo, y mucho menos la propia mente, si no es a través de la lente de la conciencia? Los científicos se han referido a esto como el "problema de la conciencia". Para el Dzogchen, este supuesto problema es en realidad una profunda percepción de cómo son las cosas. Tu conocimiento es, de hecho, inseparable de cualquier otro aspecto de tu experiencia: es la base de toda tu experiencia, igual que un espejo es la base de todos sus reflejos. Mires donde mires, veas lo que veas o toques lo que toques, lo experimentas a través de tu conocimiento. El Dzogchen, como hemos visto, va más allá y afirma que todo conocimiento se apoya en la sabiduría. Por lo tanto, la sabiduría está en todas partes.

Los secretos nos animan porque nos hacen maravillarnos. El asombro surge de forma espontánea y sin esfuerzo. Es la prueba viviente de que nuestras mentes no están atascadas, sino que son curiosas. El asombro es un estado natural, no cultivado, y se une a otros estados vivificantes como la dicha, la serenidad y la receptividad compasiva.[145] Practicamos para acceder a ellos, pero ninguno puede alcanzarse en su plenitud mediante el cálculo o el esfuerzo.[146] El asombro, la esencia de cómo somos, es la antítesis del cálculo y la mente despierta o bodhicitta definitiva. Longchenpa escribe:

---

144 Toni Morrison, "The Reader as Artist," Oprah.com, https://www.oprah.com/omagazine/toni-morrison-on-reading/all (visto el 28 de junio de 2021).

145 Todos ellos están asociados con el sentimiento igualmente crucial de la confianza, una especie de confianza sublime relacionada con lo que Longchenpa llama "las tres confidencias". Barron, *Precious Treasury of Philosophical Systems*, 362 (*Grub mtha'*, 1218.1).

146 Parte de este párrafo está editado de mi artículo "Sentimientos atados y liberados".

*La sabiduría propia es
la esencia misma de la mente despierta.
Sigue con ello y aparecerá.
Así que no busques en otra parte, busca ahí.*[147]

Esta sabiduría está en cada parte de nuestra experiencia. No hay nada que hacer ni dónde buscarla, excepto en nuestro propio conocimiento. O incluso en nuestro no saber. Porque está más allá de lo verdadero y lo falso, de lo correcto y lo incorrecto. Esto, como mucho de lo que es esencial en los relatos de sabiduría, no puede ser apreciado plenamente por nuestra mente ordinaria. Reconocer la resistencia que sentimos nos enseña mucho sobre lo que nuestra mente ordinaria considera esencial para su propia comodidad. Al mismo tiempo, la sabiduría esencial no renuncia a la ética básica, la compasión o el sentido común. Por eso los siete entrenamientos, así como las prácticas fundacionales tradicionales, o *ngön- dro*, son tan importantes como vía de acercamiento al Dzogchen.

Por ejemplo, ¿qué se siente realmente, en la primera práctica medular, al soltar todo lo que experimentamos como soporte del pensamiento? Un practicante describió este apoyo como una sensación de "algo a lo que agarrarse, mientras que antes sólo era una sensación de ver sin etiquetar. Una vez que me aferré, había una sensación de dualismo, y luego un nombre y luego un juicio. Antes de eso, sólo estaba con mi sensación, sin conectarla a ninguna idea ni siquiera a un objeto". Esta sucinta historia destila tres aspectos comunes a gran parte de nuestra experiencia ordinaria: dualismo, denominación y juicio.

Otro profesional comentó: "Me sentí muy fresca. Y cuando me di cuenta de que no importaba si había quietud o movi-

---

147 Longchen Rabjam, *Commentary on the "Precious Dharmadhātu Treasury,"* 117.4–5; Barron, *Treasure Trove*, 104–5.

miento, que no había errores fuera como fuera, me sentí muy libre"[148]. De hecho, un elemento de sorpresa o frescura suele acompañar a estas percepciones. No hay que fingir cuando nos encontramos en un estado de asombro, frescura o sensación de libertad. La pretensión es inclinarse hacia lo que en realidad no está ahí y no soporta que lo escudriñemos como si lo estuviera. Todo es espuma en el océano de tu experiencia. Tal es la perspectiva de la sabiduría primordial, esencia de la mente despierta.

Esto es una muestra de lo que pueden ser los siete entrenamientos y las cinco prácticas medulares. Sólo tenemos que sentarnos y tomar nota de cómo es para nosotros. Incluso cuando no podemos decir realmente cómo o dónde o qué es, toparse con lo inexpresable es también un aprendizaje. Como dice Longchenpa:

> Lo que nace mágicamente de una arena nonata
> es imposible de determinar o desbaratar.
>
> No se puede señalar como "esto", ¡no hay rastro de nada!
> Panorámico y celeste por naturaleza, no ha nacido.
> Simplemente está ahí, sin antes ni después, sin principio ni fin.[149]

Ser consciente de que la conciencia siempre está ahí produce una intimidad confiada que va mucho más allá del pensamiento ordinario.[150] La imaginación proporciona un rico espacio liminal –ni totalmente pensado ni, sin embargo, desnudo, experiencia directa– en el que se desarrolla el drama de la práctica.

---

148 Se trata de observaciones anónimas extraídas de conversaciones entre un círculo de practicantes de varias formaciones en diferentes entornos de retiro.

149 Barron, *Precious Treasury of the Basic Space of Phenomena*, 12–13 (escritura tibetana, 12).

150 Para una perspectiva interesante al respecto, véase Dachille, "Body Mandala Debate", especialmente el cap. 8.

En 1984 vivía en el Centro para el Estudio de las Relaciones Mundiales de Harvard cuando Sam Gill vino a dar una conferencia. Entre otras cosas, describió un ritual nativo americano para cazar osos. En este ritual, que se realiza antes de la caza, el cazador imagina que se encuentra con un oso, se dirige a él con respeto y le explica con pesar y humildad la necesidad de llevarse su cuerpo. El oso, a su vez, responde amablemente. Las dos partes llegan a una especie de acuerdo contractual y la matanza se convierte en una muestra de la generosidad del oso, así como de la respetuosa gratitud de la gente, transformando el paradigma ordinario cazador-presa. El profesor Gill propuso que este ritual era una forma de vivir un ideal, la forma en que una cosa debería ser. Al expresar respeto y agradecimiento por el oso, la comunidad no negaba el coste de sus acciones para otro ser. Es muy probable que llevaran a cabo la caza con un mínimo de crueldad para vivir lo más cerca posible de los ideales rituales. Es muy probable que esto se tradujera en una administración más cuidadosa de la ofrenda de carne del oso y, por tanto, en una reducción del número de osos cazados a largo plazo.[151]

Y aunque podríamos decir cínicamente que el oso murió de todos modos, también podemos apreciar que el respeto ritual era genuino; la matanza gratuita por deporte nunca formó parte de las culturas nativas. Los osos se incluían en el círculo relacional de la propia tribu; no eran una mercancía a objetivar. Los recordatorios rituales de una relación más profunda, humana y divina, estaban siempre a mano.

El ritual tibetano, que muy probablemente tiene algunas raíces chamánicas en común con algunas representaciones de los nativos americanos, es también una forma de unir la imaginación con protocolos rituales que nos conducen a un estado más profundo de plenitud. Estos rituales, en los que intervienen la música, el canto y, en ocasiones, la danza, tienen una riqueza

---

151 Gill, *Native American Religions*, 134 y ss. Es también interesante del Profesor Gill *Dancing Culture Religion*.

afectiva y un impacto ausentes en el pensamiento por sí solo y están modelados de forma más explícita en los antiguos rituales indios de hospitalidad hacia los humanos y los dioses.

La palabra tibetana que traduzco aquí como "imaginar" (*dmigs byed*) significa literalmente "tomar como objeto". A menudo se traduce como "visualizar", como en "visualizar una deidad". Pero este término tiende a poner a la gente improductivamente nerviosa por los detalles de lo que "ven" o no en el ojo de la mente y a perderse pensando en ello.

Imaginar que Gurú Rimpoché está de pie frente a ti es un momento creativo en el que alineas tus propios gestos únicos con la intención ritual y las tradiciones artísticas. El compromiso ritual es al mismo tiempo parte de una disciplina más amplia y una ocasión para que surja tu propia experiencia distintiva.

Las prácticas budistas y tibetanas ofrecen innumerables variaciones sobre cómo imaginar la luz en conexión con el cuerpo.[152] Estas prácticas se convierten en un compromiso con todo el cuerpo. Nuestra sensibilidad cinestésica registra su efecto combinado en el cuerpo. La repetición diaria aporta una amplia gama de sensaciones y percepciones, así como nuevos descubrimientos. Longchenpa señala que no somos conscientes de que "la excelente sabiduría primordial habita en el cuerpo".[153] De hecho, la sabiduría impregna todo el cuerpo[154] y es la naturaleza final de todo; el acceso más fácil a ella es a través del corazón:

La suprema sabiduría primordial está ahí por sí misma en la preciosa mansión ilimitada del centro de tu corazón.[155]

152 Kapstein, *Presence of Light*, especialmente el prefacio y el cap. 10.

153 Barron, *Precious Treasury of Philosophical Systems*, "Vajra Heart-Essence" capítulo, 344 (*Grub mtha'*, 1188.4).

154 Barron, *Precious Treasury of Philosophical Systems*, 345 (*Grub mtha'*, 1189.4–5).

155 Véase Barron, *Precious Treasury of Philosophical Systems*, 341 (*Grub mtha'*,

Por eso los gestos imaginarios del gurú-yoga y de la práctica tántrica en su conjunto prestan especial atención al corazón. Todo evoluciona y se disuelve allí. Dependiendo de la práctica, uno o infinitos buddhas se disuelven en ti, o tú, como luminosidad de un determinado color, te disuelves en un buddha o envías luz a un campo de muchos buddhas, que gentilmente te la devuelven, o bendices a infinitos seres sufrientes hacia su propia luz del despertar. Finalmente, el todo luminoso se funde en tu propio centro del corazón y en el espacio, y luego se eleva de nuevo.

A veces, como en el séptimo entrenamiento, todo el interior del cuerpo se ilumina al llevar la conciencia cinestésica a los centros energéticos (*chakras*) y a los canales por los que fluyen las energías. Si se vive con ese tipo de sensibilidad energética, es fácil sentir que la luz brilla desde el corazón o la coronilla, o que llena el universo. En todas estas variantes, la luz de tu conciencia brilla en todas partes. ¿Dónde encontraría la alienación un punto de apoyo? Y aunque al principio esto pueda sonar exótico, al final

---

1183.1). Longchenpa continúa: "En el centro del corazón –el palacio de la verdadera naturaleza de los fenómenos– la esencia de la conciencia atemporal, que ocurre naturalmente y es totalmente lúcida, está firmemente presente" (345; *Grub mtha'*, 1189.4). Aquí Longchenpa parece tender un puente entre el paradigma de las prácticas del viento del canal, que entiende que la sabiduría reside en el canal central, y la fisiología única del Dzogchen, sobre cuya base Longchenpa describe la sabiduría como algo que está en todas partes del cuerpo. Adzom Rinpoche se refiere poéticamente a la inundación corporal en su obra *Convertirse en Gurú Rimpoché*, de su ciclo *Esencia del Corazón Luminoso*, en la que el practicante, al convertirse en Gurú Rimpoché, aparece como una "ciudad que es un montón de vajras", lo que significa que el cuerpo está simplemente lleno de budas similares a vajras. Estas perspectivas no se contradicen tanto entre sí como que expresan puntos de vista válidos de diferentes partes de la tradición. Cuando se habla de las prácticas del viento-canal (*rtsa rlung*), existen parámetros muy específicos, al igual que cuando se habla del Abhidharma o del Madhya-maka, que nunca mencionan, por ejemplo, el conjunto puro infinito (*dag pa rab 'byams*), que se enseña en los tantras Mahayoga. Gracias a Gyurme Lodro Gyatso (Khenpo Yeshi) por estos últimos ejemplos.

arroja luz sobre cómo la experiencia humana cotidiana también es milagrosa en formas que aún no hemos notado.

Sentir que el sol calienta tu piel significa sentir directamente un calor que emana de un orbe situado a 92 millones de kilómetros. Todo lo que tocan tus sentidos, lo tocan íntimamente. La sabiduría también es tan vasta como íntima. Tu conciencia lo toca todo en tu experiencia. Reconocer esto libera la plenitud que destaca en la orientación gnóstica de Longchenpa, una gran totalidad de la que nada está excluido.

Disolverse en la luz y, como la luz, fundirse en el espacio infinito, como ocurre en tantas prácticas, es practicar la totalidad. Incluso cuando todas las imágenes se desvanecen, hay conciencia. La conciencia pura, desnuda, sin interrupciones, el santuario profundo y creativo (*sbubs*) de toda conciencia.

El pensamiento ordinario categoriza y hace distinciones. La sabiduría existe en todas partes. Los practicantes de dzogchen buscan la inclusividad radical de su propia naturaleza. Romper con las ideas irreales de permanencia, desenredar los tentadores lazos que nos constriñen, abrir el corazón a los seis reinos: todos estos elementos de los tres primeros entrenamientos conducen a una vasta plenitud. Longchenpa cita a menudo antiguos tantras, como el de los *Seis Reinos*, que dan voz en primera persona a esta realidad:

> *Me manifiesto como indiviso e indivisible*
> *puesto que mis objetos, acciones y conducta*
> *no pueden diferenciarse de mí...*
>
> *No soy un objeto.*
> *Estoy libre de cualquier concepto o sesgo subyacente.*[156]

---

156 Barron, *Treasure Trove*, 39; Longchen Rabjam, *Commentary on the "Precious Dharmadhātu Treasury"* 68 y ss.

La base sapiencial de todo[157] no está separada de lo que la conoce. Aunque no pueda imaginarse como es en realidad, la imaginación nos conecta con ella.

Al igual que el agua es la naturaleza de todas las olas, la tierra de la sabiduría, el dharmadhātu[158] que todo lo llena, es la fuente creativa de todas las imágenes y también su naturaleza real. Nada queda excluido del horizonte de nuestra propia totalidad ilimitada (*thig le nyag cig*). No somos poseedores de sabiduría, somos sabiduría. Sólo la sabiduría lo sabe.

Cuanto más profundas son las enseñanzas, mayor es la resistencia. Puede ser una señal de que el mensaje está calando. Nos resistimos porque reconocemos que las enseñanzas de la sabiduría son un disparo al corazón de nuestra forma habitual de entender el cuerpo, el yo, la vida y el amor. Queremos defendernos de ello con todas nuestras fuerzas.

Una edificante escena de resistencia ha salido a la luz en una escritura del Gran Camino no traducida anteriormente que comienza con Buda pidiendo a Mañjuśrī que enseñe sobre la fuente serena y el ámbito de todo, el dharmadhātu.[159] Mientras que el *Sūtra del Corazón* provocó famosas objeciones con su letanía de cosas que no existen y su insistencia en que todos los fenómenos son vacío, Mañjuśri enseñó que el dharmadhātu existe en todo. Cuando Buda le pidió por primera vez que di-

---

157 Las discusiones dzogchen sobre este terreno (*gzhi*) son relevantes pero están fuera del alcance de lo que aquí se trata.

158 En la visión del Dzogchen, el dharmadhātu, que es la fuente y el espacio de todo, es inseparable de la sabiduría primordial. Esta comprensión es central en la evocación poética de Dzogchen de Longchenpa en su *Comentario al Precioso Tesoro del Dharmadhātu*.

159 Gracias al Comité de Traducción de Dharmachakra por su traducción, bajo el patrocinio de 84.000: *Translating the Words of the Buddha*, de *The Teaching on the Indivisible Nature of the Realm of Phenomena*, https://read.84000. co/translation/toh52.html (consultado el 5 de julio de 2022).

sertara sobre este dharmadhātu presente en todas partes, Mañjuśri, la coalescencia de la sabiduría de todos los budas pasados, presentes y futuros, se mostró reticente:

> *Pero, Bendito... puesto que todos los fenómenos son la naturaleza del dharmadhātu... [esto] no es posible que sea un tema de discurso o estudio... ¿cómo podría comenzar mi enseñanza con esto?*[160]

El Bienaventurado pareció estar de acuerdo: "Mañjuśrī, si los que padecen de orgullo excesivo oyen esa enseñanza, les asustará". Mañjuśrī retoma sin problemas este hilo, señalando que "aunque los que se vuelven temerosos tienen igualmente la naturaleza del *dharmadhātu, el dharmadhātu no se asusta.*"[161]

Buda y Mañjuśrī parecen decir que lo que este último pretende es alcanzar la parte de la mente de sus oyentes que no se asusta, para que puedan ver por sí mismos su naturaleza dharmadhātu. ¿Cómo les ayudará, y nos ayudará, a superar esa resistencia? Porque si el dharmadhātu inextinguible, que es también nuestra naturaleza de buda, ya forma parte de todo y, lo que es aún más radical, ya está, por tanto, en nosotros, ¿para qué molestarse en practicar? Además, Mañjuśri dice a sus oyentes que incluso las afecciones tienen la naturaleza del dharmadhātu.[162] En ese caso, ¿por qué restringir los afectos? Una vez más, parece que Mañjuśri está desechando el corazón mismo del Dharma.

---

160 Ligeramente adaptado del Comité de Traducción de Dharmachakra, *La Enseñanza sobre la Naturaleza Indivisible del Reino de los Fenómenos*, 1.5.

161 La observación de Mañjuśrī concuerda con la observación frecuente del Dzogchen de que la base general primordial que es anterior a la budeidad o a la mente ordinaria; no tiene ni ignorancia ni aflicción, y que la mente ordinaria tiene ambas. Este es uno de los muchos momentos del sūtra que parece sincronizar bien con los puntos de vista Dzogchen.

162 Esta afirmación crucial es significativamente análoga a la observación de Longchenpa de que la forma de ser de todos los estados mentales es la sabiduría.

Tal es la inclusividad radical del dharmadhātu en el sūtra conocido como *Enseñanza sobre la Naturaleza Indivisible del Reino de los Fenómenos*. Al escuchar esta enseñanza, se nos dice, un centenar de monjes se liberaron.

Otros no se sintieron liberados. De hecho, se sintieron ofendidos. ¿Por qué luchar por algo si la meta ya está aquí? Es una pregunta profunda. Pero también es una protesta. Los monjes que se sintieron ofendidos se marcharon. Para ellos, la práctica consiste en cultivar algo que no tenemos. No podían oír que también se trataba de reconocer algo que sí tienen, como tampoco yo podía creer que la naturaleza de Buda era una historia que tenía algo que ver conmigo. Después de todo, el *Sūtra del Corazón* se cierra con el famoso mantra GATE, GATE, PARAGATE, PARASAMGATE, BODHI SVAHA. *Gate* significa "ir", y *para* significa "más allá". El mantra podría traducirse como «ir, ir, ir más allá, ir mucho más allá, despierto.»[163] ¿Cómo no va a ser el camino un viaje a otro lugar o experiencia?[164]

Pero Mañjuśrī no ha terminado. Continúa conversando con Śāradvatīputra, que va directo al grano: «Mañjuśrī, ¿no hay, entonces ninguna mente que esté liberada en absoluto?". Mañjuśrī responde:

> *Venerable Śāradvatīputra, si hubiera una mente que observar dentro, fuera o en medio, entonces también podría haber*

163 Según Adzom Paylo Rinpoche, este mantra se refiere a los cinco senderos de los sūtra, siendo el quinto el despertar completo, sin más camino que recorrer (comentario oral sobre el *Sūtra del Corazón*, Centro Zen Upaya, Santa Fe, Nuevo México, 1999/2000).

164 En sánscrito, todos los verbos de "ir" tienen una analogía con "conocer". Ir en busca de refugio es conocer el refugio. De ahí que se pueda traducir este mantra como "*Conocido, conocido, plenamente conocido, plena y completamente conocido. Despierto*". Que yo sepa, nadie lo traduce así, ni he oído a ningún erudito de etnia tibetana glosarlo de este modo (aunque aún no he preguntado a nadie si aceptaría tal glosa).

una mente liberada. Sin embargo, venerable Śāradvatīputra, no hay mente que observar dentro, fuera o en medio, y por tanto no hay esclavitud ni liberación alguna.[165]

Sin embargo, doscientos monjes están hartos de esta enseñanza. No la entienden, no les interesa y no creen en ella. Como resultado, "desaprobados y desconcertados, abandonan la reunión". Sin embargo, entendieron algo. Definitivamente reconocen que la espada de la sabiduría de Mañjuśrī pretende destruir el sentido de sí mismos y el propósito que ellos encuentran precioso. Todavía no ven que está levantando la cortina que oculta lo que es realmente precioso.

¿Para qué entrenar si no hay liberación? Pero Mañjuśrī nunca dijo que no hay liberación. Dijo que no hay mente que liberar, al igual que en el análisis Madhyamaka desarrollado por Nāgārjuna y Candrakīrti, y este es un tema que también tratará el Dzogchen.

Mañjuśrī va ahora al encuentro de los manifestantes, disfrazado bajo la forma de un monje ordinario. Entabla una conversación con ellos, les pregunta cómo se sintieron al leer la enseñanza y vuelve gradualmente a la cuestión de la mente liberada. Les pregunta si la mente tiene color o forma. No. ¿Algún tipo de forma o apariencia? No. ¿Mora dentro o fuera? No, responden todos. ¿Puede liberarse una mente sin forma ni apariencia alguna, que no habita dentro ni fuera, etc.? No, responden. Mañjuśrī puede ahora llevar a casa su punto:

> *Es la mente observadora la que sale, hace un voto y se convierte en monje.*

---

165 Comité de Traducción del Dharmachakra, 84000, *Enseñanza sobre la naturaleza indivisible del reino de los fenómenos*, Toh 52, https://read.84000.co/translation/UT22084- 040-003.html, v.13.16 (2022).

Sin embargo, la mente que practica el camino no tiene existencia intrínseca, no es real y no ocurre. Y lo que no existe, lo que es irreal y lo que no ocurre, no conoce el surgimiento, la desintegración ni la permanencia. Lo que ni surge, ni se desintegra, ni permanece, no puede ser atado ni liberado. No conoce el aprendizaje ni la realización. Venerables, fue con esto en mente que el joven Mañjuśrī dijo: "Dentro de la naturaleza del reino de los fenómenos [dharmadhātu] no hay ni aflicción ni purificación. Nadie jamás auenta nada; no hay realización ni liberación." [166]

Aquí se anuncia la absoluta ilimitación del dharmadhātu, y una pista de por qué Longchenpa, en su *Tesoro precioso de los sistemas filosóficos,* lo convierte en su centro de atención desde el principio de la enseñanza del camino del bodhisattva, así como en el punto central de su capítulo inicial del *Tesoro Precioso del Dharmadhātu.* Esta naturaleza es la quintaesencia de la herencia humana (*rigs, gôtra*). Libre de aficiones, es tan irrestricta que no excluye ni se defiende contra nada. Ni nada puede excluirla ni defenderse de ella. Es lo más desnudo que puede haber. Porque en realidad no es nada. Esto es la realidad, y en el nivel del corazón, es la omni-generosidad del corazón conocida como bodhicitta. "No hay lugar para la forma, con un amor tan fuerte" es como Rumi describe la intimidad de las almas libres de cuerpos. [167] Libre del orgullo del yo, exultante en la ilimitación de un corazón abierto, la bodhicitta es un corazón

---

166 Comité de Traducción del Dharmachakra, 84000, *Enseñanza sobre la naturaleza indivisible del reino de los fenómenos,* Toh 52, https://read.84000. co/translation/UT22084-040-003.html, v.1.30. Este pasaje también es notablemente coherente con el Madhyamaka clásico y con algunas de las formas propias del Dzogchen de explorar lo que denomina el "defecto" oculto de la mente o la "choza desvencijada" de la mente. Lo que se necesita es confianza para continuar la exploración.

167 Rumi, "En Bagdad, soñando con El Cairo", 139.

ilimitado íntimamente fusionado con la sabiduría de la verdad última. En las escuelas Mahāyāna, ésta es la bodhicitta que uno desarrolla. Adzom Rimpoché, citando a Maitreya, describe la bodhicitta como "el propósito último de toda nuestra práctica y entrenamiento."

En Dzogchen, bodhicitta es sinónimo de la realidad misma. La pura presencia conocida como *rig pa* es una conciencia abierta unida para siempre a la vacuidad, la luminosidad y la tierna receptividad de la compasión. Nada, ni siquiera el comportamiento más vil, puede cerrar ese corazón para siempre. Este es el corazón al que se abre el tercer entrenamiento de Longchenpa para la bodhicitta. Incluso imaginarlo puede resultar abrumador y, al mismo tiempo, inspirador. Se necesitarán confianza y valor. El cuarto entrenamiento y los siguientes ayudan a su desarrollo.

PAUSA CONTEMPLATIVA

PRIMERA PRÁCTICA MEDULAR

Deja tus pensamientos de los tres tiempos a sí mismos, sin apoyo. Mantente totalmente abierto y tranquilo. Luego, tanto si tu mente está activa como en reposo, mantén simplemente un estado de conciencia plena.[168]

དུས་གསུམ་གྱི་རྣམ་རྟོག་ཐམས་ཅད་རྗེན་མེད་ཁ་ཡན་དུ་གློད་

ལ་འབྲོ་གནས་སོ་སོའི་ཐོག་ཏུ་དྲན་པ་བྱུ་ར་བཞག་གོ།

Piedra mani en el campo de prácticas de las monjas,
Adzom Gar, Sichuan

---

168 Jigme Lingpa, *Stairway to Liberation*, 147.6-148.1 (traducción de la autora); véase también Dahl, *Steps to the Great Perfection*, 31.

IV
LA SOLEDAD EN EL CAMINO:
CONFIANZA E INTEGRACIÓN
EN LOS ENTRENAMIENTOS DE MENTE MEDIA (4-6)

La Sabiduría es un mandala natural. Lo impregna todo al estar intrínsecamente presente en todas partes. Cuatro principios abordan la naturaleza del ser humano coherente con la perspectiva centrada en la sabiduría de Dzogchen:

1. La sabiduría es un rasgo de la realidad y no un medio para alcanzarla.

2. La sabiduría es inseparable de su espaciosa fuente y matriz imperecedera, que es todo, el dharmadhātu.

3. El Dzogchen es un camino de fructificación: la sabiduría de su base es también la sabiduría de la culminación y plenitud del camino.

4. El cuerpo tiene un acceso natural a la sabiduría, una posición esotérica que ancla el séptimo entrenamiento.

El cuarto entrenamiento

El cuarto entrenamiento es un punto de inflexión. Las cosas no pueden continuar como antes. Moriremos. Todo lo que temíamos o esperábamos se evaporará de nuestra experiencia. Debemos abandonar las búsquedas vacías y entramos en una crisis de identidad. ¡¿Quiénes seremos si tomamos este camino?! Si vivir con sentido se convierte en tu prioridad, ¿qué viene después? El cuarto entrenamiento de Longchenpa, con todo el peso del linaje budista a sus espaldas, proclama enérgicamente que no tenemos tiempo que perder. Jigme Lingpa refuerza esta observación subrayando que la formación en meditación es esencial y que, por tanto, es necesario un maestro. Su cuarto entrenamiento se abre con esta convicción: «debo recibir instrucciones clave de un maestro.»[169]

¿Por qué –se preguntarán– necesitamos un profesor? Sabemos leer. Tenemos muchos recursos de investigación. Somos pensadores independientes y no necesitamos que nadie se entrometa en nuestro proceso. Aun así, puede que tengamos curiosidad por saber por qué Jigme Lingpa y la tradición en general apoyan este punto de vista. Para empezar, ¿qué tipo de relación tendría yo con un maestro así? ¿Y por qué? Las breves instrucciones de Longchenpa no lo explican. Jigme Lingpa sí lo hace. Dice que esta cuarta formación "no consiste sólo en leer libros".[170] El aprendizaje tiene lugar en la relación, y sabemos por la tradición de los sūtra que los alumnos de Buda eran personas que buscaban conectar con él directamente, en gran medida pidiéndole consejo.

Las relaciones siempre han sido el núcleo de la experiencia humana. ¿Por qué iban a ser menos importantes las conexiones espirituales? Las relaciones con los demás median en nuestra relación con nosotros mismos. Y nuestra relación con nosotros mismos es el modelo de cómo nos relacionamos con los demás. Lo que va, vuelve.

Jigme Lingpa describe tres categorías de maestros humanos: el maestro externo, que nos ayuda a eliminar los conceptos

---

169 Dahl, *Steps to the Great Perfection*, 57; Jigme Lingpa, *Stairway to Liberation*, 180.5–6.

170 Dahl, *Steps to the Great Perfection*, 57.

erróneos; el maestro interno, que nos instruye sobre el mantra secreto; y el gurú secreto, nuestro preceptor Dzogchen, que nos señala la verdadera naturaleza de nuestra mente. Por último, también está "el gurú natural de la tierra: la realidad misma te muestra la pureza de tu propia mente".[171] La realidad es el maestro definitivo. El propósito de la relación con tu maestro humano es reconocerlo.

¿Qué significa enseñar? El término que traducimos como "enseñar" o "enseñanza" (*bstan pa*) significa literalmente mostrar, compartir o comunicar. La mejor manera de hacerlo es un tema frecuente en los textos budistas y también está claramente en la mente de Jigme Lingpa. Recomienda que, antes de cerrar una sesión, el profesor sintetice lo esencial de lo que se acaba de debatir, destilándolo en puntos concisos que puedan cultivarse en meditación. Hace referencia a una cita del *Tantra de la Clara Expansión*, una descripción del paisaje interno y la postura física del maestro[172] y concluye:

> *Con palabras agradables, lúcidas y claras*
> *explica entrelazando ejemplos, sus significados y fundamentos.*
> *Enseña paso a paso el vehículo espiritual y el enfoque*
> *que mejor se adapte a las capacidades [de su oyente].*[173]

Además, el maestro debe abandonar "las espinas en el oído, como hablar demasiado despacio, demasiado deprisa o con poca claridad".[174] Y hasta que los alumnos alcancen una cierta orientación definitiva hacia la sabiduría, deben ser introducidos cuidadosamente en la narrativa kármica.

---

171 Dahl, *Steps to the Great Perfection*, 47.

172 Dahl, *Steps to the Great Perfection*, 21.

173 Dahl, *Steps to the Great Perfection*, 20.

174 Dahl, *Steps to the Great Perfection*, 21.

Aquí podemos sentir de nuevo la confianza de Jigme Lingpa y de toda su tradición en la fructífera asociación del aprendizaje conceptual con el experiencial. Esto es un sello distintivo de la formación tibetana y tiene profundas raíces en las teorías budistas indias sobre el entrelazamiento del pensamiento conceptual y la experiencia directa. Ambos son útiles. Aun así, el aprendizaje esforzado tiene sus límites. El primer contacto de Jigme Lingpa con la bodhicitta no se produjo a través del estudio, sino al ver cómo un muchacho enclenque, de su misma edad, era golpeado y tratado con dureza por un disciplinario monástico.

El cuarto entrenamiento:

resistencia y formas de soledad

Conocer a un maestro es una oportunidad para sentir y liberarse de los patrones que nos ciegan. La primera vez que me reuní con Gueshe Wangyal en su propiedad boscosa de la zona rural de Nueva Jersey, estaba aterrorizada. Había oído que siempre estaba dispuesto a regañar y echar a los estudiantes. Sentí que necesitaría todo mi coraje y energía para obtener permiso para pasar un tiempo en su recién establecida casa de retiros, donde unos pocos estudiantes afortunados pudieron vivir y trabajar con él, y (nos dimos cuenta muchos años después) ser reapadrinados en el proceso. Había oído muchas historias sobre sus regaños, su inescrutabilidad y su poder de observación. Por mucho que quisiera conocerle, me asaltaban las dudas. ¿Qué podría decirle a una persona así? No tenía ni idea. Esperaba que las cosas se arreglaran solas.

Una vez se describió a sí mismo como alguien con ojos en la nuca. Todos los que vivían allí pensaban que era cierto. Parecía saber todo lo que ocurría en cualquier lugar de la propiedad. Al oír esto, yo me relajé un poco. Ya sabe lo que pienso. Qué alivio. No tendré que decir nada. Simplemente lo sabrá. Siguiendo este plan, mientras otros se reunían para hablar con Gueshe-la en su habitación durante una de mis primeras visitas allí, yo me senté tranquilamente en el salón, lejos de la presión de decir o hacer lo correcto. En algún momento oí a Gueshe-la gritar: "¿Qué le pasa a esa chica? ¿Por qué no dice nada?". Se había acabado el juego. Tendría que aprender a dar la cara, a arriesgarme a que no me aceptaran y a sobrevivir a las reprimendas. Tendría que hablar claro.

No todo fueron rosas. Para empezar, tuve que renunciar a mi conveniente e interesada idealización de Gueshe-la como un ser que todo lo sabe y todo lo arregla, y enfrentarme a mis diversas ansiedades y autojuicios. Aprendí que mi idealización de neófita no me daba confianza. Creaba distancia. Por otro lado, la conexión natural con el corazón, la amabilidad humana básica, que Gueshe-la también mostraba en gran medida, creaban confianza. Necesitaba ver por mí misma cómo el diálogo con un amigo espiritual así, una comunidad de apoyo –participando en lugar de escondiéndome– sería a la larga profundamente nutritivo.

Mi malograda idea de convertirme en una alumna modelo sin decir nada era en realidad una forma de resistencia. Resulta que la relación profesor-alumno suele catalizar la resistencia. Sin embargo, la resistencia que puede surgir al encontrarse con un profesor no es nada comparada con la resistencia que surge al encontrarse con uno mismo, que es el propósito de la práctica. Las amistades, las parejas y los matrimonios se desmoronan por ello. Los practicantes dedicados y consumados se apartan de su camino por este motivo.

La práctica seria siempre encuentra resistencia. Reconocer la resistencia como tal es uno de los mayores retos de la práctica y de la vida. Cuando la resistencia no se reconoce por lo que es, la llamamos otra cosa. Como el monje que dijo que "no le interesaban" las enseñanzas de Mañjuśri, decimos que estamos demasiado ocupados, demasiado cansados, que la enseñanza no tiene sentido, que el profesor no es interesante.

Este es un momento crítico en el camino o en cualquier trayectoria de revisión personal. El momento más crucial para conectar con un maestro (o un terapeuta, o un amigo íntimo) es cuando menos lo deseamos. La resistencia señala que la sabiduría llama a nuestra puerta. El mensaje nos llega parcialmente pero no estamos preparados. Una parte de nosotros comprende muy bien que nuestra forma de ser está amenazada. No es poca cosa reconocer la resistencia, darle espacio y abrir la puerta a algo nuevo. Sólo para descubrir que lo que buscamos ha estado oculto tras ello todo el tiempo. No es ni una idea ni un ideal. Somos nosotros.

El autojuicio repetitivo no es ni creativo ni útil. Se disfraza de racionalidad inteligente, pero el superego que juzga es, de hecho, salvajemente irracional. No nos llevará a ningún sitio nuevo. Mucho más prometedor es tocar con precisión la experiencia real del momento. El hecho de que reconozca, por ejemplo, lo torpe o ineficaz que es mi prosa mientras escribo significa que ya tengo una idea de cómo podría ser mejor. Negar la posibilidad de mejorar no me lleva a ninguna parte, y la desesperación por la insuficiencia actual me quita la energía necesaria para progresar. Ambas cosas me impiden enfrentarme a los análogos emocionales, somáticos y psicológicos de lo que el budismo denomina los dos extremos: cosificar y anular. Es mucho más divertido y fructífero avanzar.

Las posibilidades de cambio están entretejidas en nuestro ser. El flujo de impermanencia identificado por los budistas, la plasticidad cerebral identificada por los neurocientíficos, nuestra propia experiencia de cambios de humor, clima y política, todo apunta a nuevas posibilidades. Las perspectivas budistas y científicas y nuestra propia experiencia vital coinciden en que el cambio forma parte de nuestra condición.[175]

A la luz de la sabiduría, no hay ningún obstáculo real en la mente, ni tampoco ninguna mente real. Nuestra naturaleza está libre de ellos, y la sabiduría es nuestra naturaleza. Por lo tanto, el refugio no puede estar fuera de nosotros. No existe tal exterior. Como dice un famoso dicho zen: "Si te encuentras un buda en el camino, mátalo". Mata la idea de que la budeidad está fuera. Nuestra admiración por las grandes cualidades en los seres despiertos no debe distraernos de ver que nuestra misma admiración significa que esas cualidades de alguna manera ya forman parte de nuestro horizonte. De lo contrario, no podríamos verlas, no las valoraríamos. Alabar esas cualidades es, como dice Rumi, alabar nuestros propios ojos. Invocar y elogiar las buenas cualidades de un maestro se hace en gran medida con este espíritu.

Una vez que me di cuenta de que tenía algo que aprender de la negativa de Gueshe Wangyal a aceptar mis ideas distorsionadas sobre cómo relacionarme con él, pude apreciar al maestro amable y sabio que era, interesado en verme cambiar de perspectiva de forma profunda y capaz de ayudarme a hacerlo.

Las relaciones hacen aflorar nuestros sentimientos más poderosos. Cuanto más fuerte, confiada y dinámica sea la relación, más profundo será el aprendizaje posible. Desde esta perspectiva, la instrucción tradicional de ver al maestro como un buda empieza a tener sentido. Pero debemos ser sensibles.

En una lánguida tarde de verano, durante mi tercera o cuarta visita a la casa de retiros de Gueshe Wangyal, él estaba relajado

---

175 El Dr. Richard Davidson, fundador del Center for Healthy Minds (centerhealthyminds.org), de la Universidad de Wisconsin, Madison, ha calificado la plasticidad cerebral como uno de los descubrimientos más cruciales sobre el cerebro en los últimos quince años.

en una silla de madera en el comedor, mientras unos cuantos estábamos sentados en el suelo conversando bromeando. El ambiente era ligero y relajado. El sol bajo del mediodía daba a la mesa y las sillas de madera un ligero brillo dorado. Me vino a la mente la instrucción de ver a mi maestro como un buda y decidí intentarlo. Me quedé mirando a Gueshe-la, imaginando a un buda con todas mis fuerzas, sobre todo el resplandor amarillo-dorado-rojizo del rostro de Buda tal y como lo han representado los artistas a lo largo de los siglos. Por supuesto, el interesantísimo rostro y los gestos de Gueshe-la no cambiaron, pero yo los percibía con más claridad y, tal vez, con más sinceridad. Aunque a mis ojos seguía siendo el mismo, algo cambió en mi experiencia: mientras que antes me sentía ligeramente tensa y cautelosa, ahora me sentía suavemente radiante y simplemente feliz.

Esta fue una de mis primeras experiencias en las que comprendí que lo que veían mis ojos no gobernaba ni abarcaba la totalidad de mi experiencia. Imaginar intencionadamente es impactante. Los elementos tántricos de las meditaciones-cuento de Jigme Lingpa también implican la capacidad de imaginar, de ver lo que los ojos no contemplan, de responder a una escena de manera que cambie el hábito de estar totalmente identificado con los estados ordinarios del cuerpo y la mente.

Una vez que hemos observado a un maestro durante un buen tiempo –los textos clásicos sugieren cinco o siete años– y le tenemos respeto, las tradiciones tibetanas tienen la práctica de verlo como un buda. Ver al maestro como un buda forma parte de una serie de prácticas mediante las cuales uno se entrena para ver a todos los seres como budas; de hecho, como en las meditaciones-cuento, les ayudamos a convertirse en budas.

De nuevo, la práctica es un proceso muy personal. Somos nosotros los que los percibimos de esta manera; son nuestros hábitos de percepción los que estamos entrenando. No se trata de afirmar que tal o cual persona es objetivamente un buda. La cuestión es que te entrenas para destetarte de los estados mentales ordinarios. ¿Podemos mantener la apariencia pura sin perder la cabeza, sin confundir la práctica tántrica con el tipo de idealización simplista que yo misma tenía al principio?

Mañjuśrī aconsejó célebremente a Tsongkhapa que debemos dar cierta credibilidad a las apariencias. Las cosas no son lo que parecen, pero la forma en que parecen tampoco es totalmente irrelevante. No intentamos comernos una silla o sentarnos sobre las verduras aunque reconozcamos que su apariencia de no las refleja como realmente son. Las convenciones tienen poder. Mi anterior idealización, que culminó en la absurda idea de que no necesitaba hablar porque Bakshi era omnisciente, socavó las convenciones del comportamiento humano. El propio Gueshe-la era poco convencional en muchos aspectos, pero entrenaba a sus alumnos para que prestaran atención a las convenciones necesarias para una vida equilibrada.

Estamos hechos para la relación, preparados para el mimetismo. Los niños muy pequeños imitan la cara de un adulto que se inclina con una sonrisa o saca la lengua. ¿Por qué habría de ser menos contagiosa la sabiduría? De hecho, ¡la sabiduría es muy contagiosa! Por eso se insiste en la relación con el maestro. Cuando las cosas funcionan bien, la conexión jerárquica pero de colaboración mutua entre alumno y profesor optimiza la comunicación. Para el alumno, un profesor que le apoye de verdad es tan importante como un padre cariñoso. La capacidad de mantener y ser mantenido en una confianza amorosa es crucial para cultivar la compasión y otras cualidades humanas esenciales y despiertas.

Un revelador experimento de Patricia Kuhl, de la Universidad de Washinton, descubrió que los niños que recibían clases presenciales de chino aprendían mucho más rápido que los que veían las mismas clases en vídeo. Al respecto, David Brooks escribe: "Prestaron una atención extasiada, pero no aprendieron nada".[176] Kuhl descubrió que el cerebro social de los del primer grupo se activaba mediante el contacto visual directo con el profesor, lo que facilitaba su rápido aprendizaje. Del mismo modo, Suzanne Dikker, de la Universidad de Nueva York, descubrió que cuando las clases van bien, la actividad cerebral de los alumnos se sincroniza con la del profesor. Profesores y alumnos se regulan mutuamente. La construcción ritual de las tradiciones tibetanas, especialmente las tántricas, entiende que la transmisión directa del maestro es un catalizador esencial para el crecimiento espiritual.

Después de meses y años de deleitarnos con las maravillosas cualidades de un maestro, llega la sorpresa al amanecer de que nosotros mismos estamos desarrollando esas cualidades. Ésta es la verdadera razón por la que se nos aconseja "considerar todas las acciones del gurú como las acciones de un buda".[177]

Por último, comprendemos que nuestra alabanza a los budas es una alabanza a nuestro propio futuro. Mi maestro durante cuarenta años, Khetsun Sangpo Rimpoché, al oír mi ferviente agradecimiento por una enseñanza en particular, lo desestimó suavemente y dijo, muy despacio, con un fervor bondadoso inolvidable: "Un día, un buen día en que realmente veas, es cuando agradecerás de verdad a tu maestro."

En realidad, el gurú-yoga no trata sobre el gurú. Se trata de explorar las profundidades de nuestra propia posibilidad. El maestro ya sabe que el despertar es posible y que los sentimientos que nos llevan a la distracción no nos definen ni nos limitan en última instancia. Desde la perspectiva del dzogchen, forman parte de un dinamismo incansable cuya verdadera importancia aún no hemos descubierto.

---

176 David Brooks, "Los estudiantes aprenden de las personas que aman", 17 de enero de 2019, https://www.nytimes.com/2019/01/17/opinion/learning-emotion-education.html.

177 Dahl, *Steps to the Great Perfection*, 50.

Aprendemos mejor de personas en las que confiamos y a las que queremos, personas que nos conocen y se preocupan por nosotros. Esta idea es crucial a la hora de considerar el papel del profesor. La jerarquía puede torcerse. La admiración puede convertirse en servilismo. La tradición es consciente de ello, y por eso se aconseja a los estudiantes que examinen bien a un profesor antes de empezar a trabajar con él. En los contextos modernos esto rara vez ocurre y, en parte por este motivo, se han desarrollado graves problemas. A veces las partes tienen que separarse. A veces se requieren enormes energías para sanar y reagruparse. Y aún así, la conexión de corazón de un estudiante con un profesor es tan crucial como la confianza de un niño en sus padres.

Como niños, y como estudiantes, lo que admiramos es en lo que nos convertimos. La relajación del corazón requiere confianza. El éxito de los padres se mide por el florecimiento independiente de un hijo maduro. La enseñanza espiritual se mide de la misma manera: los alumnos crecen en confianza y tienen suficiente seguridad en sí mismos y en el mundo para abrirse camino en él con amabilidad y perspicacia.[178] La fiabilidad y la relajación producen integración personal. El fruto de esta integración es la confianza: puedo tomar una decisión, llevarla a cabo y experimentar sus frutos. Incluso una pequeña aspiración llevada a cabo con éxito marca una gran diferencia. Reduce enormemente la distancia entre la acción y la aspiración.

Hay advertencias. Jigme Lingpa nos recuerda que estas exhortaciones a la devoción y su consejo de seguir las instrucciones de un maestro sólo se aplicarán si estás seguro de que el maestro no es demoníaco. Las instrucciones de ver a tu maestro como perfecto, y las distorsiones de la práctica de formación de

---

178 Para un debate importante sobre la diferencia entre el apego psicológicamente sano y el apego que la práctica budista pretende eliminar, véase Aronson, *Buddhist Practice on Western Ground*, "Attachment East and West," 151–63.

ver a tu maestro como un buda, han llevado a situaciones muy difíciles e incluso trágicas y traumatizantes en las comunidades budistas de Occidente.

¿Podemos reconocer un comportamiento incorrecto en un profesor y, al mismo tiempo, buscar lo mejor en él y en nosotros mismos? No es fácil. Este gran desafío es clave para abordar con habilidad nuestra realidad humana, así como nuestro potencial despierto.

La mayoría de mis maestros nacieron en el Tíbet. Todos los maestros budistas con los que estudié eran impecables en su comportamiento; estudié con ellos de cerca, a veces estuve a solas con ellos, y nunca hubo ni una pizca de inclinaciones sexuales o de otro tipo. Sin embargo, sé por amigos y alumnos, así como por la literatura psicológica, que el dolor que produce el comportamiento incorrecto de alguien a quien consideramos una inspiración o autoridad espiritual es pernicioso y desgarrador. Hay que abordar el dolor y tomar medidas para desahogarlo. Cuando están preparados, los practicantes *también* pueden entender este tipo de experiencia como una forma para reconocer en la práctica que la apariencia no siempre coincide con el ser de las cosas. Reflexionar sobre ello *no* sustituye a reconocer el dolor, abordarlo y tomar medidas para poner fin al mal. Reflexionar sobre la naturaleza ilusoria de las cosas tampoco es una excusa para ningún perverso, ni una invitación a negar el dolor de los supervivientes. En el mejor de los casos, reconocer la diferencia entre cómo son las cosas —impermanentes, insustanciales e ilusorias— y cómo parecen —permanentes, sustanciales y muy reales— requiere meses y años de paciente práctica. Se trata de objetivos valiosos que inspiran humildad, pero no de garrotes para usar contra uno mismo o contra los demás.

En el contexto adecuado, las prácticas de apariencia pura, como verse a uno mismo y a los demás como budas, nos ayudan a abrirnos a nuestro propio gran potencial. Esta es una descripción general. Sin embargo, la práctica no se realiza a grandes rasgos, sino en profunda conversación con cualquier historia emocional o cultural que el estudiante y el profesor aporten a la situación. En su caso, se invita a ser poroso sin perderse en idealizaciones fantásticas ni fijarse en una negación obstinada que hace la vista gorda cuando se traspasan los límites. Discernir la diferencia entre una devoción nutritiva y una conformidad rígida con el lenguaje idealizador de los textos tradicionales es especialmente vital para los practicantes contemporáneos. No se trata de un asunto simple.[179]

Desde principios de los años setenta he estudiado y practicado estrechamente con eruditos tibetanos y maestros de meditación que llegaron a la edad adulta y completaron su formación en el antiguo Tíbet, algunos de los cuales llegaron a ser como de la familia. Ninguno de ellos hizo hincapié en lo que yo llamaría obediencia severa (aunque formaba parte de la vida monástica tibetana, a veces de forma abusiva). De hecho, mis profesores a veces intentaban salvar de sí mismos a estudiantes demasiado entusiastas. Tal vez se tratara ya de una adaptación a las costumbres occidentales y, de ser así, en mi opinión fue una buena idea.

Los textos sobre la relación alumno-profesor sugieren que hay que hacer todo lo que diga un maestro y también hacer todo lo posible por fomentar el dharma. No cabe duda de que los monjes tibetanos y los practicantes laicos comprometidos se

---

179 Los eruditos y las comunidades budistas están trabajando duro para comprender mejor cómo y qué ha ido mal en las comunidades budistas, y cómo se puede abordar el daño resultante y no repetirlo. Entre los importantes recursos actuales se encuentran: Bhante Sujato, *The Buddha Would Have Believed You*", en Lion's Roar, https://www.lionsroar.com/the-buddha-would-have-believed-you/; Willa Blythe Baker, *How You Can Support a Victim of Clergy Sexual Misconduct* y *Advice for Wome in Secret Sexual Relationship with Their Buddhist Teacher*, https:// www.lionsroar.com/support-victim-sexual-misconduct/; y Ann Gleig y Amy Paris Langenberg, *Abuse, Sex, and the Sangha, Conversations for Healing*, una serie en YouTube, https://www.reddit.com/r/Buddhism/comments/vb2ps6/abuse_sex_and_the_sangha_conversations_for_healing/.

toman estos preceptos muy en serio. En 1980 pude pasar dos periodos de tres meses estudiando en el monasterio de Drepung, fundado apenas una década antes en el sur de la India. Durante los meses que mediaron entre mis dos estancias, un monje llamado Monlam, al que habíamos llegado a admirar por su amabilidad y devoción a su comunidad, estuvo a punto de perder la vista. ¿Qué le había pasado? Trabajaba día y noche en los preparativos de la próxima visita de Su Santidad el Dalai Lama. Era responsable de supervisar gran parte de este trabajo, y como tenía que estar terminado en una fecha determinada, se había negado a tomarse tiempo para ver a un médico. Tenía un medicamento para el glaucoma, pero ni siquiera se tomó la molestia de usarlo. No lo lamentó y nos lo comunicó con toda franqueza. Servir a su profesor tenía prioridad.

Al mismo tiempo, he visto a lamas tibetanos formados tradicionalmente que visitan Occidente tomarse más a la ligera las amonestaciones tradicionales. En 1974, en la Universidad de Virginia, mi compañero Harvey Aronson y yo íbamos con Khetsun Sangpo Rimpoché a su clase matinal. El sol estaba alto y había sombras por todas partes. Los textos amonestan a los alumnos a no pisar nunca la sombra del maestro. Harvey me reprendió cuando se dio cuenta de que había pisado la silueta proyectada por Khetsun Rimpoché. Me aparté de inmediato, sólo para oír cómo Rimpoché se reía a carcajadas de los dos y decía a su encantadora manera: "Por favor, no te preocupes por esto". No me preocupé.

La inspiración fresca es la tónica de la cuarta formación. Durante su enseñanza, el canto espontáneo de Adzom Rimpoché nos marca el momento, y los próximos entrenamientos también llevan un espíritu de compromiso exuberante.

Entrenamientos quinto y sexto

Longchenpa nos dice que la medida del éxito en el quinto entrenamiento es comprender que la meditación es esencial. "Devora la procrastinación y vence a la pereza", exhorta Jigme Lingpa.[180] Seguir adelante con la práctica es el objetivo. En el sexto entrenamiento, Jigme Lingpa repasa los diez actos insanos que deben abandonarse para que la práctica tenga éxito. Anima a los practicantes a abordar cualquier acto insano que predomine.

En el sexto entrenamiento,[181] Jigme Lingpa también ensalza el refugio como una práctica que te permite estar alegre cuando estás enfermo y feliz cuando mueres. Deja que la gente diga lo que quiera de ti, te reprende, actúa como si estuvieran hablando de un cadáver. Anhela estar totalmente solo, sin ni siquiera pájaros cantores que te hagan compañía. Medita sobre las palabras de tu maestro. Y afírmate aún más en estos puntos con estas palabras de Guru Rimpoché:

> *¡Ay, qué triste! La mente que piensa que la riqueza y la prosperidad de esta vida son maravillosas y duraderas,*
>
> *la mente que piensa que la mente del ser más inmaduro es estable y fina...*
>
> *¿quién en este mundo podría ser más tonto que eso? ¡Nadie en el pasado y nadie en el futuro!*[182]

Para superar semejante insensatez, la formación conceptual se considera insuficiente. Se necesita algo más. Como Śāntideva

---

180 Dahl, *Steps to the Great Perfection*, 78; Jigme Lingpa, *Stairway to Liberation*, 205.3.

181 Dahl, *Steps to the Great Perfection*, 79; Jigme Lingpa, *Stairway to Liberation*, 205.304.

182 Traducción ligeramente retocada de Dahl, *Steps to the Great Perfection*, 90; Jigme Lingpa, *Stairway to Liberation*, 220.3.

observó célebremente, lo último no es un objeto de la mente ordinaria, especialmente de la conceptualidad ordinaria. Jigme Lingpa recoge y amplía esta idea en sus *Charlas de Sabiduría*:[183]

> *Śāntideva, vidente de lo real, dijo:*
> *Si el análisis analiza,*
> *lo analizado [también] se analiza.*
> *Es interminable.*
>
> *Una vez que analizas analíticamente,*
> *no hay base para el análisis.*
>
> *No habiendo base, [el análisis] no surge.*
> *Exactamente esto se llama "nirvāna".*
>
> . . .
>
> *En nuestra práctica principal de meditación*
> *nos centramos en el camino del método del tantra[184]*
> *para extinguir los vientos kármicos.*
> *¡Comprende esta práctica!*

Uno de los pivotes más importantes del camino tántrico es su giro hacia el cuerpo. En el proceso, uno se introduce en el sensorio gnóstico que es clave para el Tantra y el Dzogchen. El séptimo entrenamiento utiliza el sutil recurso humano y gnóstico de la percepción corporal para desenredar las energías kármicas sobre las que cabalga la mente. Estas energías serán ahora entrenadas para tomar una ruta diferente a través del cuerpo para permitir un flujo óptimo de sabiduría. El cuerpo humano está perfectamente preparado para que esto ocurra.

---

183 Jigme Lingpa, *Wisdom Chats (Shes rab gtam tshogs)*, nos. 66.774.6.–775.3.

184 El "camino del método" (*thabs lam*) es una referencia a la etapa de culminación (*rdzogs rim*) del tantra, como queda claro en las líneas siguientes.

PAUSA CONTEMPLATIVA

SEGUNDA PRÁCTICA

Asentándote con naturalidad,
tu conciencia se restablece con facilidad.[185]

ཤེས་པ་རང་བབས་སུ་ཅལ་བསོ་བར་བུའོ།

Detalle de la piedra mani en el campo de
prácticas de las monjas, Adzom Gar, Sichuan

---

185 Jigme Lingpa, *Stairway to Liberation*, 153.2 (traducción de la autora);
Dahl, *Steps to the Great Perfection*, 36.

V

SÉPTIMO ENTRENAMIENTO MENTAL: LA TOTALIDAD Y LOS SENTIDOS

EL SEXTO entrenamiento culmina con un compromiso incondicional con la práctica y el despertar. El séptimo entrenamiento da instrucciones sobre cómo lograr las tres experiencias meditativas clásicas de gozo, claridad y no-conceptualidad. La experiencia meditativa (*nyams*, pronunciado "nyam") es, por definición, transitoria. Se desvanece como la bruma matinal. En esto se diferencia de la realización, que es estable y continua.

En el séptimo entrenamiento, uno se familiariza con dos tipos de experiencia meditativa: la unión de la dicha y la vacuidad por un lado y la unión de la claridad y la vacuidad por el otro. La simple no-conceptualidad es en sí misma una experiencia meditativa, que conduce a la realización efectiva de la realidad. Como dice Longchenpa del séptimo entrenamiento: "La dicha es el medio hábil que da lugar a la sabiduría de la vacuidad". Cuando la dicha y la claridad se unen, continúan todo el camino hasta la budeidad. Los budas son dichosos. El último entrenamiento no conceptual no es sólo una experiencia meditativa, sino que es en sí mismo una sabiduría no conceptual que observa la realidad.[186]

El séptimo entrenamiento hace que el cuerpo madure la sabiduría introducida a través de las meditaciones-relato y las prác-

---

186 Lama Tenzin Samphel señala que los tres estados no conceptuales, aunque necesarios para el entrenamiento, no se consideran en sí mismos causas de la realización no conceptual de la realidad (*chos nyid*, dharmatā). Comentario en respuesta a mis preguntas sobre el séptimo entrenamiento, 31 de mayo de 2021 y 7 de junio de 2022.

ticas medulares. Ofrece prácticas destiladas de canalización de energía del tipo que suele mantenerse en secreto, porque realizarlas sin una supervisión estrecha puede ser perjudicial. Con la expectativa de que estas prácticas sólo se lleven a cabo con un maestro adecuado[187], la elaboración que hace Adzom Rimpoché de las instrucciones del texto aclara el papel del cuerpo en el camino hacia la plenitud.[188]

---

187 En Tíbet, todo el mundo comprendía que tales prácticas requerirían una guía personal. Longchenpa revela importante material relevante en el capítulo final de su *Tesoro Precioso de Sistemas Filosóficos*, que no está restringido. Aun así, los lectores interesados deben buscar instrucción personal. En caso de duda, ve con cuidado. Tuve que hacer preguntas de vez en cuando durante un periodo de diez años antes de que Adzom Rinpoche me concediera amablemente las enjundiosas instrucciones orales mencionadas aquí y me permitiera incluirlas.

188 Adzom Gar, sede de Adzom Drukpa y supervisada ahora por Adzom Paylo Rinpoche, es famosa por su maestría en vientos de canal. La biografía de Adzom Drukpa escrita por su hijo, Gyurme Dorje, describe su absoluto dominio de estas prácticas, debido a lo cual "podía extender la mano y jugar con las rocas como si fueran masa, o dejar las huellas de sus manos en la roca...". (Adzom Gyalse Rinpoche, lectura de la biografía de Adzom Drukpa, traducción oral de Erik Drew, 5 de junio de 2022). Pude estudiar brevemente la parte inicial de las prácticas del viento del canal con Ani Tenzin Drolma, la principal maestra de esta práctica para las monjas de Adzom Rimpoché. Ella había comenzado sus estudios con otro famoso maestro de la práctica de viento-canal (*rtsa-rlung*), Lama Gonpo Tseten de Amdo. El difunto Ani Tenzin Drolma me contó que se le consideraba una encarnación de Vimalamitra. También, que a la edad de diecisiete años apenas podía caminar, y que esta discapacidad desapareció por completo gracias a sus prácticas de viento-canal con Lama Gonpo. Tras la muerte de éste, se convirtió en la principal maestra de rtsa-rlung de las monjas del monasterio de Adzom Paylo Rinpoche. Tuve la suerte de estudiar con ella en varias ocasiones breves entre 1981 y 1983. Su amabilidad hacia mí fue tremenda; su absoluta humildad, a pesar de todo, su pericia y profundidad de práctica eran evidentes. Murió de cáncer en 2016 en un hospital de Chengdu. Su cuerpo fue transportado al monasterio natal de Rinpoche, en Rege, durante al menos dos días por carreteras empinadas y sinuosas. Cuando el vehículo que la transportaba llegó a Rege, se reconoció oficialmente que aún no había abandonado su cuerpo, encontrándose en "estado de meditación tras la cesación corporal" (*thugs dam*). Varias personas me lo describieron después. Al menos otra monja que murió aquel año en el monasterio también pasó un tiempo en *thugs dam*, un estado en

Este entrenamiento hace un uso explícito de las energías del cuerpo. En primer lugar, se cultiva el éxtasis mediante la concentración en el canal central. En segundo lugar, se cultiva la claridad-atención, lo que implica mantener el viento en la región del ombligo. El tercero es el entrenamiento en la no-conceptualidad. En Dzogchen, dice Longchenpa, las energías entran naturalmente en el canal central sin ser forzadas allí.[189]

Nuestra sensación ordinaria de solidez corporal está arraigada en un marco dualista de interior y exterior. El séptimo entrenamiento suaviza este marco, este "yo" sólidamente encarnado que hemos sacado de la nada. ¿Qué ocurrirá cuando esta sensibilidad se disuelva? ¿Nos permitiremos descubrirlo? Puede que nos guste la idea de una totalidad radiante. Pero, ¿realmente queremos renunciar al "yo" aparentemente sólido en el centro de todo lo que conocemos? ¿Y si aterrizamos en la nada desolada?

Bienvenido al séptimo entrenamiento. La práctica budista en general se mueve de la distracción a la atención, del esfuerzo a la facilidad, de lo conceptual a lo no conceptual. Cada una de estas trayectorias implica cambios somáticos en el cuerpo.[190]

---

el que se permanece en profunda unión con la realidad antes de abandonar el cuerpo. Adzom Rinpoche entrena muy profundamente a sus alumnos de Rege.

189 Barron, *Precious Treasury of Philosophical Systems*, 350 (Grub mtha', 1198.3): "Al acercarse la esencia del corazón vajra, las energías sutiles se asientan en un estado natural de quietud y, por tanto, no es necesario hacerlas entrar en el canal central". En el siguiente pasaje, Longchenpa observa los distintos tipos de confusión, o ignorancia, que el Dzogchen trata en relación con la base, el camino y el fruto.

190 Los momentos culminantes del cultivo clásico de la permanencia en la calma, una relajación completa de la distracción y una facilidad unificada de concentración, llegan tras experimentar el movimiento sutil de las corrientes de viento que aportan flexibilidad y dicha a la mente y al cuerpo. Véase, por ejemplo, el análisis de las cuatro pliancias que se producen entre la consecución del noveno estado y la permanencia en la calma real, en Gueshe Gedun Lodro, *Walking Through Walls*, 110-11.

Nuestra sensación ordinaria de ser una persona que puede hacer cosas, nuestro sentido de la agencia, se basa en la twoness. No lo abandonaremos fácilmente. Por eso es fundamental que consideremos la séptima formación. Aquí nos centraremos primero en su contexto tradicional y luego en algunos ejemplos reveladores de estudios científicos recientes. Éstas son las dos secciones principales de este capítulo.

ENTRENAMIENTO DE LA NO CONCEPTUALIDAD

Las prácticas de canal y viento se mantienen muy arraigadas en las tradiciones budistas tibetanas. Los textos que las elaboran son restringidos y la instrucción oral sólo se ofrece a las personas que ya han pasado por varias etapas de la práctica, incluida la realización de las prácticas fundamentales. Sin embargo, en la obra de Longchenpa y Jigme Lingpa sobre los siete entrenamientos, se ofrece abiertamente una introducción a lo esencial de las prácticas de canal y viento. Adzom Rimpoché no las detalló en sus charlas públicas, pero respondió generosamente a mis preguntas y dio permiso para que sus respuestas se incluyeran aquí.

Este entrenamiento somático en tres partes produce estados no conceptuales de dicha, claridad y realidad. Las tres prácticas de dicha, claridad y realidad no conceptual integran el cuerpo, la energía y la mente.

Puesto que la mente cabalga sobre las energías del cuerpo, los cambios en una crean cambios en la otra. Los cambios son bilaterales: la energía afecta a la mente, la mente afecta a la energía. Colocar la atención en puntos clave del cuerpo, especialmente en los centros de circulación de energía conocidos como ruedas o *chakras*, es lo que confiere a la práctica tántrica su poder particular. Al no depender de la lógica razonativa (*gtan tshigs*), estas prácticas catalizan cambios más poderosos en la experiencia –dice Longchenpa– de lo que es posible a través del mero pensamiento.[191] Colocar la atención en lo profundo del vientre, por ejemplo, estabiliza eficazmente la mente al permitir que las energías sobre las que cabalga se asienten en lo más profundo del cuerpo. Del mismo modo, sentir ligeramente el canal central es un valioso compañero para prácticamente cualquier práctica. Longchenpa resume brevemente cómo entrenarse en el éxtasis:

> *Sube tu energía desde abajo mientras presionas desde arriba y fija tu mente en una ah blanca en tu corazón.*[192]

Jigme Lingpa amplía esta instrucción:

> *Mientras practicas las cuatro aplicaciones, presiona la energía superior hacia abajo y atrae la energía inferior hacia arriba. Imagina que esto hace que brote fuego de la sílaba ah (आ) en tu ombligo, haciendo que se derrita la sílaba haṃ (हं) en la apertura superior. Esto, a su vez, produce un flujo constante de néctar que desciende e impregna los cuatro chakras y todos los canales menores, desencadenando la sabiduría de la bienaventuranza. Por último, fija tu mente en una sílaba ah (आ) blanca en el centro de tu corazón, corta el hilo del pensamiento discursivo y descansa. Esto producirá la sabiduría de la vacuidad, el conocimiento que utiliza la bienaventuranza hábilmente. Hasta que te hayas familiarizado con este estado, entrena en sesiones cortas y frecuentes.*[193]

---

191 Barron, *Precious Treasury of Philosophical Systems*, 240.

192 Jigme Lingpa da aquí instrucciones ligeramente diferentes, aconsejando que esta retención comience mientras desciende el néctar, es decir, al principio de la práctica. Adzom Rimpoché, que siguió principalmente la forma de practicar de Jigme Lingpa en este punto, comenta: "No se inhala ni se exhala mientras se retiene, sino que se suelta cuando se necesita volver a respirar" (comentario oral, marzo de 2015 y 2017).

193 Dahl, *Steps to the Great Perfection*, 92.

Las cuatro aplicaciones son las etapas de inhalación, retención, rotación y expulsión de la respiración. La tradición oral, a través de Adzom Rimpoché, añade estas útiles imágenes: (1) inspira como una cuerda, (2) envíala hacia el vientre, (3) gírala alrededor del vientre y (4) expulsa el aliento como una flecha.[194] Estos cuatro pasos pretenden forzar a las energías afligidas, inductoras de dualismo, que se mueven por los canales laterales a entrar en el mundo puro del canal central. El propio canal se experimenta somáticamente y a través de la imaginación intencionada o espontánea. Puedes sentir que tienes una luz dentro de ti, o que te sigue una luz, o ver esta luz en sueños, o percibir un túnel.[195]

El compromiso pleno con las cuatro aplicaciones forma parte de la práctica de la dicha y la vacuidad. Las instrucciones de Jigme Lingpa las invocan en la primera parte de la práctica, mientras que Longchenpa las introduce en la segunda parte de la práctica, cuando la atención se centra simplemente en el *ah* (आ) blanco del corazón. De este modo, Jigme Lingpa da más énfasis al ejercicio de la respiración en jarrón que Longchenpa. En ambos casos, se mantiene la respiración hasta que es necesario volver a respirar. Adzom Rimpoché tiende a enfatizar las instrucciones de Jigme Lingpa, aclarando que esta contención tiene lugar después de que se llenen los canales, no mientras desciende el néctar.[196]

Adzom Rimpoché también señala que, tanto si estamos caminando como si estamos sentados, relajar suavemente el vientre y

194 Adzom Paylo Rinpoche, comentarios orales, China, probablemente 2015.

195 Shenphen Dawa Rinpoche, "Bumchung", 11 (inédito, sin fecha y distribuido de forma privada).

196 Adzom Paylo Rinpoche, comentarios orales, 7 de marzo de 2015. Dado que esta información es difícil de conseguir, la comparto aquí con el permiso de Rimpoché. Sin embargo, nadie debería practicarla sin la demostración e instrucción necesarias de un maestro experimentado. Siempre existe el peligro de sujetar con demasiada fuerza, o durante demasiado tiempo, o en el lugar equivocado, aunque creas que lo estás haciendo bien, y esto puede ser perjudicial.

llenarlo con la energía de la respiración es muy útil en sí mismo. También es una forma de familiarizarse con la atracción gravitatoria del centro del ombligo. El centro del ombligo es donde se unen los tres canales principales (*rtsa gsum bsdud*). Conocido en la literatura tibetana sobre los vientos del canal como el "canal de la emanación", este centro se describe como cuatro dedos por debajo del ombligo y cuatro dedos por dentro del cuerpo. Aquí es donde los vientos kármicos entran en el canal central. También es donde reside el fuego de las famosas prácticas productoras de calor del Tíbet. También podemos decir que allí está la esencia materna (la gota roja recibida de la madre).

Uno de mis maestros señaló que poseer tales canales es un gran don del cuerpo humano; estamos formados de tal manera que podemos utilizar estos métodos especiales de práctica. Las prácticas del viento-canal forman parte del Tantra del Yoga Supremo y los practicantes de Dzogchen las practican con gran arte, aunque el Dzogchen en sí no enfatiza los métodos enérgicos para llevar la mente al canal central.

CARACTERÍSTICAS ÚNICAS DE LAS PRÁCTICAS DE VIENTO DEL CANAL

Jigme Lingpa escribe que la esencia del habla es el viento.[197] El habla ordinaria cabalga sobre vientos de engaño y confusión –sus energías se mueven a través de los 72.000 canales del cuerpo–, pero nunca entran en el canal central. El movimiento del viento es la explicación más clara de por qué la sabiduría se describe como inexpresable.

La línea inicial del famoso *Elogio de la Madre Sabiduría* de Rāhula es: "Más allá de la charla, el pensamiento o la histo-

---

197 Jigme Lingpa, *Wisdom Chats*, no. 71, 799.5–6.

ria".[198] Jigme Lingpa profundiza en esta línea inicial, explicando que frase destila tres formas en las que la expresión ordinaria no logra abarcar el estado de sabiduría: los vientos de la palabra y el pensamiento no se parecen a los vientos de la sabiduría. Lo que Jigme Lingpa quiere decir es que la sabiduría no puede ser hablada –el habla no puede decirla– porque el habla ordinaria cabalga sobre los vientos de los canales laterales y no puede entrar en el canal de la sabiduría.[199] La sabiduría no se puede pensar porque el pensamiento, que nunca es tan preciso como la experiencia directa, concreta y genera lo que trae a la mente y, por lo tanto, no puede llegar a la sabiduría ni fluir a través de nuestro núcleo central. Por último, contar una historia o describir la sabiduría significa inevitablemente que el hablante es diferente de lo que describe, lo que contradice la base nativa de la sabiduría.

La energía del habla ordinaria –de la vida común– pasa por alto el canal central y, por lo tanto, impide la experiencia de una sabiduría totalmente comprometida y santa. Aunque, como nos ha dicho Longchenpa, la sabiduría habita en todo el cuerpo, no puede experimentarse como tal en la mayoría de las circunstancias. A través de prácticas como éstas, damos nuestro propio giro gnóstico hacia un nuevo tipo de plenitud encarnada.

---

198 Jigme Lingpa, *Wisdom Chats*, no. 71, 799.6.

199 Esto resume el comentario de Lama Tenzin Samphel sobre el significado de las Charlas de Sabiduría de Jigme Lingpa, nº 71, 799.6, sobre la inexpresabilidad de la sabiduría. De este modo, Jigme Lingpa explica la brecha o límite entre la sabiduría y la mente ordinaria. Es decir, la experiencia ordinaria no reconoce que todos los objetos están incluidos en su propio campo abierto de subjetividad. Después de escribir esto, escuché un breve intercambio entre el Dalai Lama y neurocientíficos rusos, que hablaban de la relación entre la mente y el cerebro. El Dalai Lama dijo: "Vemos en la mente ordinaria la posibilidad de la iluminación. Pero no podemos decir lo mismo del cerebro". Uno de los rusos replicó: "¿Entonces no existe un cerebro iluminado?". Buena pregunta. Se entiende que la sabiduría que se cultiva en el dzogchen discurre a través de circuitos por todo el cuerpo sutil, aunque hoy en día pueda reconocerse que el cerebro participa de algún modo.

Entrenamiento en la unión no conceptual de la claridad y el vacío

Longchenpa da estas instrucciones:

Para entrenar tu mente en la no-conceptualidad de la claridad y el vacío, empieza por expulsar la respiración viciada tres veces. Mientras inhalas, imagina que todas las apariencias externas y los objetos se funden en la luz, se fusionan con el espacio azul y luego llenan por completo todo tu cuerpo.

Normalmente, el cuerpo se siente denso, pesado. ¿Qué se siente, aunque sólo sea por un momento, al imaginar que el cuerpo no es más que un espacio azul? Tal vez nos parezca delicioso. Tal vez el cuerpo-mente se resista y diga ¡no! Tengo peso, soy demasiado importante para desaparecer en el espacio. Tal vez ocurra un poco de ambas cosas. La transparencia, la limpidez y el espacio abierto que en esta práctica suplantan al cuerpo pesado no ofrecen un lugar de aterrizaje para nuestro sentido habitual del "yo". Nuestra mirada y conocimiento ordinarios tampoco encuentran aquí un lugar donde aterrizar. Todo el campo de nuestra experiencia es claro, tranquilo y radiante.

Tanto en Oriente como en Occidente, practicar con el cuerpo permite acceder a estados de experiencia más profundos. Los tres estados no conceptuales se facilitan al sentir profundamente en el cuerpo de un modo que también desvanece su corporeidad. Jigme Lingpa añade un detalle interesante, diciendo que el cuerpo debe estar claro y vacío como el interior de un globo inflado. Una imagen improbable, sorprendente por su frescura.

Crecemos oyendo que nuestro interior está lleno de órganos blandos, carnosos y bombeantes. Vemos fotos de operaciones a corazón abierto. ¿Crees que estas imágenes no tienen ningún impacto? Yo, desde luego, no era consciente de llevar esas imágenes conmigo. Por eso, cuando me sentí por primera vez en mi cuerpo como un globo vacío, me sorprendió inmediatamente lo diferente que era eso de las imágenes que, de hecho, llevaba conmigo, sin darme cuenta de que estaban ahí.

La instrucción es sentir que, dentro de esta amplitud, tu canal central se eleva desde el centro de tu ombligo. El fuego se eleva desde el *aham* (अहम्) en el centro del ombligo, su calor derrite el *aham* blanco en tu coronilla. En sánscrito *aham* significa "yo". Aquí, nuestro sentido del yo, así como sus compañeros cercanos, yo y mío, se funden literalmente en la dulzura esencial, un néctar que desciende desde la coronilla para impregnar el canal central y todos los canales subsidiarios de todo el cuerpo. De este modo, surge la dicha y el vacío. En la "Esencia del Corazón de Vajra" de su *Precioso Tesoro de Sistemas Filosóficos,* Longchen Rabjam escribe:

> *El primer paso en la formación del cuerpo físico se produce cuando los factores causales del padre y de la madre, los orbes blancos y rojos brillantes... se hacen inseparables de la energía sutil y de la mente del ser así concebido. Con esto, se forman dos células extremadamente diminutas y claras, del tamaño de una décima parte de semillas de nabo; éstas se convertirán en la convergencia de canales en el centro del ombligo. Desde este punto de partida, una vez que el cuerpo se forma comple-tamente y nace, y mientras dure, el cuerpo sutil vajra tiene tres canales, cuatro chakras y así sucesivamente."* [200]

Esto nos da un contexto para la sucinta instrucción del propio Longchenpa en su séptimo entrenamiento: "Mientras [el néctar desciende] tira hacia arriba de la energía inferior y presiona hacia abajo la energía superior, y fija tu mente en un ah blanco en tu corazón"[201] por el que la dicha da lugar a una sabiduría vacía. El éxtasis es un método para experimentar la sabiduría.

200 Barron, *Precious Treasury of Philosophical Systems,* 341–42 (*Grub mtha',* 1182.3).

201 Dahl, *Steps to the Great Perfection,* 11.

Muchas tradiciones contemplativas enseñan a los meditadores a descansar la atención en el centro del ombligo. Las tradiciones chinas lo denominan *dantian*, los japoneses *hara* y los sufíes *kath*. Los tibetanos se refieren a él simplemente como el *do* (*mdo*, rima con doe). La cuestión es que es diferente en *qué* parte del cuerpo se coloca la atención. Las cosquillas se sienten de forma diferente en distintas partes del cuerpo, ¿no es así? ¿Por qué no habría también variabilidad cuando hacemos cosquillas con nuestra atención?

Según Longchenpa y la embriología tibetana, el centro del ombligo es un punto de encuentro entre el cuerpo material y las fuentes más etéreas del ser humano. Todo el cuerpo nace aquí, en el vientre materno. Es lógico que centrarse aquí tenga un impacto distinto que dirigir la atención al corazón, la coronilla o el movimiento de la respiración.

Longchenpa ofrece más información sobre el significado del cuerpo.[202] Como nuestra naturaleza búdica está imbricada en nuestro cuerpo físico ordinario, se nos describe como "seres encarnados". Dado que la naturaleza búdica está enredada en la mente ordinaria, se nos describe como "seres ordinarios". Debido a que nuestra naturaleza búdica se superpone con el karma y los hábitos, se nos describe como "oscurecidos". Debido a que lo que nos oscurece es un estado de no reconocimiento de nuestra propia naturaleza, también se nos llama "anochecidos". En estas notables descripciones. La naturaleza de Buda se sitúa en el centro de todos los niveles de nuestra existencia. La personificación no se refiere simplemente a una configuración física, sino al hecho de que en ella se experimenta la naturaleza búdica.

El canal central es único en el sentido de que nunca queda "atrapado" por el cuerpo carnoso. Al no estar hecho de carne, no se degenera con el cuerpo material, ni está al alcance de la vista o el tacto. Los cirujanos que abren el pecho no lo encuentran.

---

202 Barron, *Precious Treasury of Philosophical Systems*, 345 (*Grub mtha'*, 1188.4 - 1189.4).

Las energías que se mueven a través de él no están relacionadas con la percepción dualista; la mente-sabiduría que monta esas energías no se concibe a sí misma como "dentro" o separada. Sólo participa en el despertar, no en nuestra humanidad ordinaria, aunque esté en el núcleo de nuestro cuerpo, mente y sensaciones humanas. El pensamiento conceptual cabalga sobre los vientos de los canales laterales y de otros canales del cuerpo. No puede entrar en el canal central.

Con esta práctica, nuestra supuesta frontera entre mente y materia se aligera, o incluso se disuelve, para nuestra propia experiencia. La luminosidad y el brillo del canal central se comparten ahora con todo el cuerpo y, en última instancia, con todo nuestro campo de experiencia. Los familiares creadores somáticos y cognitivos desaparecen. El despertar nunca parece tan posible como cuando vemos por nosotros mismos que es posible liberarnos, aunque sea brevemente, de nuestro sentido habitual del yo:

> *En el núcleo del cuerpo de todos los seres*
> *yace la preciosa e inconmensurable mansión*
> *del centro del corazón,*
> *de la que proceden muchos miles de canales.*
>
> *En concreto, hay cuatro canales supremos.*
> *Montada sobre la energía sutil,*
> *la conciencia habita especialmente en estos cuatro canales.*[203]

La presencia en el canal central nos familiariza con el cuerpo sagrado y secreto en el que tienen lugar el despertar, el nacimiento y la muerte. El canal central es el lugar de un estado de no-conceptualidad que culmina en el despertar. Pero la sabiduría no se ha creado de nuevo.[204]

---

203 Barron, *Precious Treasury of Philosophical Systems*, 342 (*Grub mtha'*, 1188.3).

204 Barron, *Precious Treasury of Philosophical Systems*, 345 (*Grub mtha'*, 1189.2–4).

Unir la mente no conceptual con la dicha y la claridad es una forma de salir de la órbita de la materialidad, una solidez engañosa que sustenta nuestro sentido de la separación y del yo. El peso también influye. Las investigaciones sugieren que la sensación de nuestro propio peso o del peso de los objetos con los que entramos en contacto contribuye a estructurar gran parte de nuestra experiencia psicoemocional. Sostener un portapapeles pesado o ligero, resolver puzles cuyas piezas eran rugosas o lisas y tocar objetos duros o blandos influye en nuestras impresiones y decisiones. Se ha comprobado que los objetos ásperos y la ropa gruesa dificultan las interacciones sociales, mientras que sostener objetos duros tiende a aumentar la rigidez en las negociaciones.[205] Cada entrenamiento nos prepara para desprendernos un poco más de posesiones gradualmente más sutiles y para descansar progresivamente en la no-conceptualidad. Así, al emprender la segunda de las tres prácticas no conceptuales, la de unir la claridad y la vacuidad, el sostener y soltar se hace con un poco menos de fuerza que en la práctica de la dicha-vacía, y no se agita el "bocadillo de aire" en el vientre. Cada vez es más sencillo.

ENTRENAMIENTO EN LA SABIDURÍA PRIMORDIAL NO CONCEPTUAL DE LA REALIDAD

En este punto de los siete entrenamientos, Longchenpa dice:

Relaja tu cuerpo y tu mente desde lo más profundo de tu ser. Sin mover los ojos, medita en un estado libre de toda la proliferación y disolución de la actividad del pensamiento.

205 Ackerman, Nocera y Bargh, "Incidental Haptic Sensations", 1712-15, exploran estas especificidades más allá de lo que es posible aquí. Gracias al profesor Larry Barsalou por llamar mi atención sobre este tema. Y al Instituto de Investigación de Verano Mente y Vida (SRI) y a otros programas que me pusieron en contacto con la conversación científico-contemplativa más amplia.

Meditando de este modo, podrás concentrarte en cualquier cosa a la que dirijas tu atención, después de lo cual podrás descansar durante períodos cada vez más largos en un estado espacial no conceptual. Cuando esto suceda, habrás dominado esta práctica. En el proceso, la bodhicitta se hace mayor.

Esta meditación va acompañada de una expresión muy relajada de las cuatro aplicaciones.[206] Según la tradición oral, aquí no se contiene la respiración ni se gira el vientre. Sin embargo, el estado de relajación permite que el vientre se expanda a medida que desciende la energía de la respiración.[207] No hay fricción con ningún objeto, ni rastro de un escenario concreto. Has eliminado las inclinaciones que impiden tal ilimitación, permitiendo la frescura y el asombro. Se trata de un refrescante respiro de lo que la psicología moderna denomina "representación invariable" o "sesgo de expectativa": ver lo mismo en lugar del despliegue vibrante y constante de información nueva para los sentidos. Por tanto, más libertad, presencia y potencial para la creatividad. Sólo esto ya es transformador.

La sabiduría es un estado de presencia sin imágenes. Simple, sin adornos, sin exhibiciones de ningún tipo. Pero, como observa Longchenpa, ¡no basta con estar libre de elaboraciones mentales! La mente es como el espacio, pero no es espacio, está impregnada de sabiduría. Si la realidad fuera *sólo* una pureza primordial vacía, nada sucedería ni se conocería.

Esta visión de una ultimidad intrínsecamente luminosa contrasta con la ausencia total enfatizada en las descripciones de la vacuidad de Tsongkhapa y otros Geluk, basadas en su lectura de los sūtras y comentarios clásicos indios del Camino Medio.[208]La

---

206 Las cuatro aplicaciones son las etapas de inhalación, retención, rotación y expulsión de la respiración, explicadas en el primer párrafo de la pág. 199.

207 Adzom Paylo Rinpoche, conversación, marzo de 2017.

208 Sin embargo, al presentar el tantra, la escuela Geluk, y todos los sistemas tibe-

visión dzogchen de la realidad incluye un resplandor expresado a través del dinamismo espontáneo de la pura conciencia, de la pura visión no mediada. Tal dinamismo fomenta la capacidad de respuesta, el amor del refugio de Jigme Lingpa y la profunda resolución del bodhicitta de despertar a todos.[209]Este flujo une su propia esencia vacía y su naturaleza luminosa.[210]

¿Qué aspecto podría tener esto en un ser humano real? Los practicantes excepcionales que he conocido, especialmente mis propios maestros, eran tan diferentes entre sí como pueden serlo los seres humanos: bromistas, juguetones, alegres, serios. Los he observado de cerca durante muchos años. Por supuesto, no puedo conocer su experiencia, pero todos eran, al parecer, inmensamente creativos. Otra cualidad que parecían tener en común era su capacidad de reacción inmediata ante cualquier situación que se presentara. En el momento en que se encontraban con cualquier cosa, no la apartaban ni se identificaban con ella, sino que parecían asimilarla por completo. Se concentraban cuando era necesario, pero al mismo tiempo parecían continuamente integrados en todo lo que les rodeaba y dispuestos a jugar con cualquier cosa que se presentara. Además, durante todo lo que ocurría, parecían alimentados por algo invisible para mí, pero increíblemente dulce y sustentador para ellos. Independientemente de lo que ocurriera en el exterior, parecía que había algo en su interior que los alimentaba. Prevalecía un estado

---

tanos, se alejan de hacer hincapié en el aspecto "meramente negativo" de la realidad.

209 Dodrupchen Jigme Trinle, *Commentary on Root Verses of Jigme Lingpa's "Treasury of Precious Qualities,"* 574 y ss.

210 Es decir, la pureza primordial o la vacuidad en sí no son todo el cuadro de la comprensión de la realidad en el Dzogchen. La luminosidad también está presente espontáneamente. Véase el capítulo 11.7 del *Jigme Lingpa's Precious Treasury of Good Qualities*, vol. 2, 44. Véase Dodrupchen Jigme Trinle, Comentario sobre los Versos Raíz del *Commentary on Root Verses of Jigme Lingpa's "Treasury of Precious Qualities,"* 573.8-574.5. A continuación, esta sección trata de las cualidades específicas de los maestros y aprendices.

inmutable, aunque sus rostros eran tan cambiantes y expresivos como cualquier semblante humano que yo haya observado.

Cultivar las experiencias meditativas de dicha, claridad y no conceptualidad es cabalgar sobre nubes de niebla. No tiene sentido apegarse a ellas, irán y vendrán. Permanecerá alguna igualdad subyacente, a la que se podrá acceder finalmente mediante el reconocimiento no conceptual de la realidad. Eso es realización, no experiencia meditativa fugaz (*nyams*).

La experiencia meditativa puede ser muy impactante. Una vez saboreada, es imposible no esperar volver a experimentar pronto la dicha o la claridad. Así que la práctica se convierte en un proceso gradual de aprender a descansar en la experiencia real, dejando ir la anticipación de un estado diferente o más prolongado. Es como percibir el olor de tu comida favorita cuando estás hambriento y no correr hacia ella. Se nos habla tanto de las desventajas de estar acostumbrados a estas experiencias que a veces no permitimos que aflore nuestra propia apreciación, una gratitud gozosa que no tiene nada que ver con el orgullo. Esto tampoco está bien, porque la alegría, como dice Adzom Rimpoché en su comentario, es poderosamente útil. Nos da energía. A menudo nos encontramos oscilando entre un estado libre de reactividad y volviendo a entrar en él. Por ejemplo, podemos experimentar un estado de bienaventuranza y luego encontrarnos en resistencia o apego a él. Este es el tipo de cosas que hay que explorar con amigos o maestros espirituales de confianza.

Las experiencias meditativas positivas son como el buen olor de la comida que empieza a cocinarse. Hay algo que disfrutar, pero nada a lo que hincar el diente. Algo está ocurriendo, tu meditación está surtiendo efecto. Sin embargo, a menos que nuestra no-conceptualidad toque realmente la realidad, no es más que otra experiencia meditativa fugaz que carece de la estabilidad y el impacto de la realización real. Se desvanece rápidamente, como la niebla ante el sol. No podemos evitar desear que vuelva, pero nuestro autismo detiene nuestro progreso. La realización de la realidad, en cambio, no es fugaz. Longchenpa lo expresó así:

> *A menos que sepas distinguir entre experiencia y realización, la confundirás con las experiencias basadas en el hábito.*
>
> *La realización es constante e inmutable, no mejora ni empeora.*
>
> *A medida que te entrenes en esto, las buenas cualidades surgirán como experiencia.*[211]

Darse cuenta de la realidad va más allá de la mera no-conceptualidad. Es la propia sabiduría primordial no conceptual la que conoce la realidad (*chos nyid rnam par mi rtog pa'i ye shes*).[212] Cuando los pensamientos ordinarios se disuelven en el luminoso campo celeste que es hogar y fuente de toda experiencia, la realidad se revela. Esto es una enseñanza. También es una descripción basada en la experiencia sobre algo que puede pasarte a ti.

Este campo celeste, nuestra naturaleza mental, está más allá de la causa y el efecto, no cambia.[213] Este campo no es una idea, es una experiencia vívida, una reorientación completa de nuestra mente, cuerpo y sentidos. Y se nos recuerda de nuevo que, aunque la mente-naturaleza es como el cielo, no es lo mismo que el cielo. En su autobiografía, Jigme Lingpa escribe:

> *La naturaleza mental es como el espacio abierto*
> *pero superior, pues también tiene sabiduría.*
> *La claridad luminosa es como el sol y la luna*
> *pero superior, porque no hay nada material.*

---

211 Pelzang, *Guide to "The Words of My Perfect Teacher,"* 276.

212 Basado en una conversación con Lama Tenzin Samphel, 7 de noviembre de 2018.

213 Barron, *Precious Treasury of Philosophical Systems*, 306 (*Grub mtha'*, 1123–24).

La conciencia pura es como una bola de cristal
pero superior, sin bloqueos ni tapujos.[214]

Shenphen Dawa Rimpoché escribe:

Nuestra mente y nuestros recuerdos fluyen a través de estos
canales sutiles (por todo el cuerpo). Creemos que nuestra me-
moria reside en el cerebro, pero en realidad fluye por todo el
cuerpo. El cerebro es como un motor, y los canales sutiles la red
por la que fluye nuestra memoria.[215]

Más sobre el cuerpo

Descubrir tu propio cuerpo es una gran sorpresa. Lo digo como alguien que pasó casi diecisiete años de práctica budista trabajando principalmente con mi cabeza, totalmente ciega al papel crucial de mi cuerpo en la práctica. Incluir el cuerpo y los sentidos en la práctica es esencial para reconocer nuestro ser humano. Es un reconocimiento que pasé por alto durante los primeros diecisiete años de mi conexión con la práctica budista. Mi primera visita al Tíbet me hizo darme cuenta de ello, y desde entonces lo valoro como un elemento vital de cada parte del camino budista. En resumen, valoro mucho cómo la práctica integra y afecta a los sentidos corporales. Este impacto es particularmente obvio en las prácticas de viento-canal, pero de hecho todas las prácticas integran la mente con el cuerpo, desde la observación de la respiración hasta la exploración de la impermanencia y los retos de abrirse a un sentido sincero del amor. Forma parte de un proceso de búsqueda de la integra-

214 Tulku Thondup, *Masters of Meditation*, 124–25; fuente tibetana: *Jigme Lingpa's rnam thar (spiritual biography)*, en sus *Collected Works*, vol. 9, 42a.4.

215 Shenphen Dawa Rinpoche, *Bum Chung*, 19.

ción óptima de todas nuestras partes en la práctica y en la vida tal y como la encontramos en el siglo XXI. Comenzamos aquí con el maestro danés de Dzogchen Jes Bertelsen, que incluye el cuerpo entre las cinco áreas de experiencia humana natural que él sostiene convincentemente que son relevantes para las prácticas contemplativas en todo el mundo antiguo y moderno. A continuación, expongo observaciones del mundo de la ciencia sobre la experiencia del peso, la capacidad y la tendencia generalizada a generalizar a expensas de detalles significativos, incluso entre los científicos que, por definición, se dedican a la precisión y el detalle.

CINCO PUERTAS:
CUERPO, RESPIRACIÓN, CORAZÓN, CREATIVIDAD, CONCIENCIA

Jes Bertelsen describe cinco áreas de competencia universal. Su argumento es que todos los seres humanos poseen estas competencias y que esto es significativo porque se encuentran en diferentes formas en una amplia variedad de prácticas en todas las culturas del mundo[216]. Como lector curioso, podría preguntarse ahora, en términos de su propia experiencia, ¿cuáles son las cinco áreas de competencia que usted y todos los demás poseen? Tómese un momento, si quiere, antes de seguir leyendo. Una pista: no son competencias que requieran formación. Son básicas. Al mismo tiempo, el entrenamiento puede mejorarlas considerablemente.

Cuerpo, respiración, corazón, creatividad básica y conciencia son cinco puertas a disposición de todos. Cada una tiene su lugar en los siete entrenamientos. Bertelsen escribe:

---

216 Bertelsen, *Gateways of Empathy.*

La conciencia del cuerpo consiste simplemente en la capacidad de sentir todo el cuerpo. La capacidad de extender la propia atención de manera uniforme por todo el cuerpo. Los experimentos demuestran que las personas que trabajan en esto siguen volviendo a la imagen de llenar completamente su cuerpo. Que el cuerpo es una forma en la que la conciencia se puede introducir y llenar tan cómoda y completamente como sea posible... Para la mayoría de la gente es más fácil al principio sentir el cuerpo más completamente cuando está relajado y en reposo. Pero con el tiempo será importante entrenarse dinámicamente, es decir, mantener el contacto con el cuerpo también cuando se está en movimiento.[217]

El cuerpo, la respiración y la imaginación son aspectos vitales de los siete entrenamientos y tienen un significado particular en el séptimo entrenamiento cuando, por ejemplo, uno mantiene o invierte la respiración en el vientre, o transforma el cuerpo carnoso experimentado en luz, o lleva la atención luminosa al corazón.

Las tradiciones dzogchen dicen que accedemos a la sabiduría más directamente en el centro del corazón, en el centro del pecho. Los sentimientos de amor, confianza y gratitud también se perciben más fácilmente en este centro, en medio del pecho, el corazón de la práctica. A su vez, el corazón se apoya en el centro del ombligo, la raíz de nuestra existencia corporal.

La conciencia es el campo de toda experiencia. Todo el mundo sabe algo sobre su propia conciencia, al igual que todo el mundo sabe algo sobre su propia respiración, corazón y forma de expresión. En la práctica del Dzogchen, la conciencia –desde el conocimiento ordinario hasta el más puro conocimiento básico– se vuelve cada vez más familiar, hasta que finalmente es tan transparente que revela su naturaleza a sí misma. Mientras tanto, las transparencias de la mente y el cuerpo se apoyan mutuamente.

---

217 Bertelsen, *Gateways of Empathy*, 6-7.

Conocer la transparencia natural de tu mente significa que no te limitas a centrarte en los contenidos mentales, como suele ocurrir. Más bien, pones atención a la conciencia misma. Del mismo modo, en las prácticas de médula de Jigme Lingpa y en las meditaciones no conceptuales del séptimo entrenamiento, lo importante no es el contenido de la mente, sino el tono o el estado mental. Preocuparse por *cómo* es la mente y no por lo que contiene es un importante cambio en la conciencia.[218] Los pensamientos inevitablemente flotan, forman parte del *qué* de nuestra incesante creatividad. Los dejamos ser y nos asentamos en la confluencia de las cinco puertas de la experiencia humana.

La creatividad básica es un ingrediente de nuestras respuestas a todo lo que nos rodea. El dzogchen ve la realidad, y por tanto la naturaleza humana real, como infinitamente creativa, una fuente constante de asombro y maravilla. Adeptos como Milarepa y Adzom Rimpoché son famosos por sus cantos espontáneos al corazón. Tradicionalmente, los retiros Dzogchen se cierran con inspiradas actuaciones participativas –canciones, danzas, réplicas de wiuy, etc.– que se disfrutan deliciosamente después de la estructura formal del retiro.

---

218 El "cómo" de la mente es un enfoque importante para descubrir nuevas profundidades de la experiencia dentro o fuera de la meditación. Claire Petitmengin subraya a menudo la importancia de pasar del qué al cómo en sus estudios sobre la intuición y la microfenomenología de la experiencia humana y en sus formaciones presenciales. El cómo se basa en la experiencia vivida y no en observaciones secundarias sobre ella. Acceder a este estado de vivencia implica liberarse de nuestro narrador interior, incluida la liberación del autojuicio, que para muchos de nosotros es un parloteo incesante sobre la inadecuación personal. El cómo también nos aleja de la narración de lo que nos angustia, de la revisión interminable de los temas que nos preocupan, para acercarnos a lo que sentimos en casos concretos de ansiedad. Esto permite tomar conciencia de los gestos internos que hacemos para apoyarla o aliviarla.

PESO, HAPTICIDAD Y LUZ

La sensibilidad cinestésica de nuestro cuerpo está viva para sentir todo aquello con lo que entramos en contacto, especialmente el peso o háptica[219]. Estudios recientes aclaran cómo influyen este y otros factores sensoriales en nuestra percepción y experiencia.[220] Lo más importante es que las sensaciones táctiles básicas influyen en el procesamiento cognitivo social superior.

El séptimo entrenamiento, como todas las prácticas tántricas, nos involucra en un nuevo tipo de experiencia cinestésica: un cuerpo ingrávido de luz coloreada. Estas prácticas son poderosas porque nuestras percepciones del yo y de la separación están inextricablemente ligadas a nuestra propia sensación corporal. La ligereza del peso y la luz de la iluminación se unen en prácticas que disuelven la solidez y los límites de la experiencia ordinaria del yo. Cultivadas durante largos periodos de tiempo, estas prácticas tienden a disociar los sentidos somático y cognitivo del yo.

Sin embargo, el cuerpo se siente tan sólido, tan real. Y, sin embargo, sabemos que no lo es. Eso es sorprendente. ¿Cómo es posible? ¿Tiene sentido, desde una perspectiva objetiva o científica, cambiar nuestro sentido habitual de un cuerpo sólido y limitado por otro ilimitado y ondulatorio? Dos científicos contemporáneos –Neil Theise sobre la teoría celular y Larry Barsalou sobre lo que él denomina "el vicio de la noción"– que abordan cuestiones muy diferentes, llegan al meollo aludiendo al error inherente en nuestra capacidad humana de conocer. Y lo que descubren se ve ampliado por lo que Daniel Stern dice sobre cómo veíamos el mundo cuando entramos en contacto con él desde niños.

---

219 La háptica, derivada de la palabra griega "haptesthai", que significa tocar, se refiere al estudio y la aplicación de la percepción y la manipulación a través del sentido del tacto [nota del editor].

220 Para más información, véase Ackerman, Nocera y Bargh, "Incidental Haptic Sensations".

Neil Theise sobre las células

El paradigma fundacional de la medicina euroamericana es la estructura celular.[221] La idea de que el cuerpo está compuesto de células significa células materiales. Fin de la historia. ¿O no? Neil Theise sitúa la teoría celular en un contexto más amplio que nos enseña mucho sobre cómo nuestras mentes se aferran a categorías que son más arbitrarias de lo que creemos. Desde el punto de vista de los contemplativos budistas que buscan una habilidad para no aferrarse, cuanto más podamos entender sobre ello, mejor.

Las células se llamaban así, observa Theise, porque parecían áreas delimitadas de forma definida que recordaban el entorno vacío de una celda monástica o carcelaria. Sin embargo, los antiguos griegos, probablemente influidos por sus socios indios en el diálogo cultural, veían el cuerpo como una fluidez infinita, no como algo divisible en celdas o construido por ellas.[222] Del mismo modo, los sistemas tántricos, y en concreto nuestro séptimo entrenamiento, ven el cuerpo como un campo de juego organizado pero abierto para las corrientes que transportan la información sensorial.[223]

La teoría celular está en tela de juicio en la ciencia occidental. Esto se debe en parte a que gran parte de lo que define el límite de una célula tiene que ver con las interacciones que se producen en sus capas externas. Pero una capa no es más que un conglomerado de moléculas, y los procedimientos modernos pueden hacer que una célula medular ósea se convierta

---

221 Theise, "Beyond Cell Doctrine", 263-69. Neil Theise es estudiante superior de Budismo Zen en el Village Zendo de Nueva York, bajo la dirección de Roshi Enkyo O'Hara. Puedes ver más de su trabajo en https://www.closerto-truth.com/contributor/neil-theise/profile.

222 Véase, entre otros recursos, McEvilley, *Shape of Ancient Thought*.

223 Theise, "Beyond Cell Doctrine," 267

en una célula hepática. La única forma de que ambas puedan considerarse categóricamente «la misma" célula es rastreando su genoma. Theise, por supuesto, lo dice mejor que nadie:

> *Ni yo ni ninguno de mis colegas habríamos tenido problemas para decir que la célula de la médula se había convertido en la célula del hígado, a pesar de que la mayoría, si no todos, los aspectos fenotípicos y moleculares de la célula habían cambiado en el proceso de injerto. La única forma de poder decir que era la "misma célula" era marcando el genoma. . . En otras palabras la célula se definía en esos experimentos de trasplante por su genoma.*[224]

La mayoría de las particularidades de la célula han cambiado. ¿Dónde está ahora su delimitación? La narrativa de la continuidad depende del genoma y de otros elementos de la célula, no de la propia célula. Theise observa además:

> *Con el genoma como punto de vista, la célula pasa a definirse no como una caja estructuralmente delimitada, sino como un campo de organización molecular en el espacio y en el tiempo...*[225]

Si reificamos los límites identificativos de la célula, ésta es como una caja. Si no los reificamos, podemos reconocer que la periferia de la célula es maleable y puede variar con el tiempo. Theise añade que incluso el propio paradigma de la teoría celular, crucial para los avances de la medicina, puede obstaculizar la apreciación de los mecanismos de curación basados en otros paradigmas. Está identificando cómo una inclinación arraigada

224 Theise, "Beyond Cell Doctrine," 266.

225 Theise, "Beyond Cell Doctrine," 267.

a la cosificación, por muy útil que sea en su contexto, también puede obstruir el crecimiento de la comprensión. La acupuntura, por ejemplo, ve el cuerpo como un campo complejo de puntos interconectados. Un campo es diferente de una célula. Las ondas son diferentes de las partículas. La energía es diferente de la materia. El sujeto es diferente del objeto, y el yo es diferente del otro. Los elementos de cada uno de estos pares difieren entre sí de forma significativa. Sin embargo, desde otra perspectiva, estos mismos elementos diádicos son inseparables entre sí. Por ejemplo, los objetos sólo existen cuando existen los sujetos. Los fenómenos físicos que aparecen como ondas también pueden aparecer como partículas. Y hoy en día, la narrativa cerebro-célula en el centro de la neurociencia se está acomodando con una narrativa igualmente poderosa de redes de comunicación no sólo dentro del cerebro, durante mucho tiempo el pan de cada día de la neurociencia, sino también entre el cerebro y el cuerpo a través, por ejemplo, del nervio vago.

Ya sabemos que el movimiento de coloridas corrientes de energía es un elemento central de la práctica tántrica. La experiencia de tales energías va en contra de nuestro sentido más habitual de un cuerpo más sólido, de un yo más sustancial. El reto no es muy distinto del que Theise describe al pedir a la teoría celular que deje paso al nuevo paradigma de los campos ilimitados en el cuerpo. En la ciencia y en las prácticas contemplativas, como en la vida en general, los prejuicios hacia las estructuras familiares son difíciles de superar. Parte de la práctica consiste en permitir y reconocer nuestra resistencia para poder apreciar qué prejuicios y reificaciones obstruyen las reorientaciones hacia las que se mueve la práctica.

Nuestra experiencia cotidiana de encarnación incluye experiencias de vacuidad (estómago vacío), fluidez (beber, escupir) y solidez (sentarse, estar de pie). En la práctica tántrica, también incluye el vacío, la luz que fluye y las formas de luz estabilizadas como encarnación luminosa. Estas diferencias a un nivel no impiden la interacción a otro. Tanto las ondas como las partículas existen, no se puede negar ninguna de ellas, pero ninguna por sí sola capta la fluidez de la situación real; juntas desafían las ideas de continuidades simples. Sólo una narrativa que dé cuenta de ambas es comprensiva. Sin embargo, para el Dzogchen lo más importante es conocer la fuente de la que surgen estos fenómenos multivalentes. Desde su punto de vista, esto hace que se conozca un estado de totalidad de forma experimental, no sólo cognitiva.

En muchos sentidos, estamos alejados de nuestra experiencia y, por tanto, de la totalidad que exhibe. El pensamiento nunca puede experimentar la totalidad de forma plena o directa. Nuestro pensamiento nos atrapa poderosamente, ¡tanto que es fácil confundirlo con el sentimiento! Sin embargo, pensar es muy distinto de sentir, percibir y vivir. El pensamiento nos parece preciso, ¡pero no lo es! Las imágenes mentales o los pensamientos verbalizados tratan generalidades y captan nuestra atención de tal forma que nos impiden ser conscientes de los matices de la experiencia, incluida nuestra capacidad de percibir la experiencia de los demás. El universo digital es vívido y preciso en ciertos aspectos, pero no nos ofrece toda la envolvente experiencia vivida a través de nuestros sentidos, emergiendo a través de nuestra propia imaginación y atemperada por el mundo que nos rodea, ni nos proporciona la sencillez de descansar quietos al aire libre. Todo esto influye en nuestro encuentro con la invitación de Dzogchen a la totalidad. A continuación hay otra descripción fascinante de cómo nos resistimos a esa invitación.

EL VICIO DE LA SUSTANCIACIÓN

La filosofía budista y la ciencia contemporánea coinciden en que nuestra tendencia a exagerar la solidez de las cosas y los sentimientos tiene raíces profundas y se manifiesta de muchas formas. Tomar decisiones basadas en valoraciones de lo bueno o lo malo, emitir juicios teñidos de emociones, envolver nuestro sentido de identidad en torno a una causa, una bandera, una cultura corporativa o un color favorito... todos estos son ejemplos de cosificación. Esto no significa que no debamos tener opiniones, relaciones o causas. En absoluto. Significa que nuestra identidad no tiene por qué reducirse a ninguna de ellas. Nuestro sentido de lo que somos puede, en las perspectivas budistas, abarcar un campo más amplio que los sentidos más localizados de la identidad pueden oscurecer.

Los factores históricos, genéticos y de otro tipo que contribuyen a la identidad de cualquier persona son un cuento que va más allá del pensamiento. En todas las tradiciones budistas se considera que nuestro colapso en una identidad aparentemente separada de todas ellas es una fuente central de dolor en nuestras vidas, que se manifiesta en una variedad infinita como deseo, odio, celos y orgullo. Desarraigar esto es la orientación central de la práctica budista. Por otra parte, la psicología moderna hace bien en señalar que cierta coherencia de identidad es vital. Las tradiciones budistas están implícitamente de acuerdo; la mayoría de sus enseñanzas se dirigen a personas que piensan y se comportan como seres coherentes. No obstante, incluso esto se convierte en una base para el comportamiento afectivo.[226]

Errónea o no, la cosificación es instintivamente aurática. Nos hace sentir poderosos. Apoya nuestra engañosa pero innegable sensación de que somos agentes independientes e individuos autónomos. Nuestras representaciones nos hacen sentir pesados, sustanciales y algo ahí. Esto nos tranquiliza y nos parece real. Esta preferencia persiste incluso después de que una formación contemplativa exhaustiva o instrumentos científicos agudos nos demuestren con certeza que no existe tal estabilidad cosificada.

226 Para conocer las diferencias clave en la comprensión budista y de la psicología contemporánea del yo, véase Aronson, *Buddhist Practice*, esp. 41-52.

¿Por qué es tan persistente esta ilusión? Parece que nuestro sesgo hacia la cosificación encaja con nuestros sesgos hacia la simplicidad y la generalización. Aunque estos procesos son diferentes, ambos apoyan la sensación de solidez que anhelamos. Los prejuicios hacia un determinado grupo de personas, por ejemplo, son un resultado brutal de la simplificación y la generalización. Sin embargo, tiene un gran atractivo porque se alinea con una falsa sensación de certeza que, aunque sea totalmente contradicha por hechos observados objetivamente, puede hacer que uno sienta que tiene el control. Estos prejuicios causan estragos en las personas y las sociedades.

Una de las razones por las que caemos en tales ilusiones, según Larry Barsalou, es porque la mayoría de nosotros "gravitamos hacia formas de pensar esencialistas que simplifican y objetivizan los mecanismos".[227] El trabajo de Barsalou sugiere que el poderoso impulso que tenemos de aferrarnos a cualquier cosa y considerarla real —carteras, relojes, sentimientos e ideas— contribuye a lo que los budistas consideran la idea errónea de un yo. Las historias de todo el mundo demuestran que es mucho más fácil, sobre todo en tiempos de tensión, simplificar lo complejo e intensificar la solidez de lo bueno o lo malo que tener en cuenta la causalidad multivalente de los acontecimientos y las reacciones.

Barsalou siente curiosidad por saber por qué este sesgo hacia la simplificación se da incluso entre los científicos, una cohorte dedicada a la precisión y la sensibilidad al contexto. Sin embargo, los científicos también son humanos y, de forma involuntaria, minimizan los detalles y generalizan para lograr una imagen más coherente y amplia, lo que podríamos considerar un todo con agujeros, una pseudointegridad.[228] Este sesgo parece exac-

---

227 Barsalou, Wilson, y Hasenkamp, "On the Vices of Nominalization", 335 y 343.

228 Barsalou, Wilson y Hasenkamp, "On the Vices of Nominalization", 334-60. Gracias al Prof. Barsalou por su convincente debate público y privado sobre ésta y otras cuestiones relacionadas.

tamente contrario a la orientación de la investigación científica. ¿De dónde procede?

Barsalou relaciona esta tendencia con el "fenómeno más general y básico de transformar procesos en conceptos sustantivos".[229] Sugiere que se deriva de inclinaciones ya presentes en la infancia. Señala que la psicolingüística del desarrollo ha demostrado que las categorías de objeto asociadas a los sustantivos suelen adquirirse antes que las categorías de proceso asociadas a los verbos, palabras que describen comportamientos o acontecimientos físicos y mentales.[230] Señala que las palabras que aprendemos más fácilmente de niños son sustantivos que identifican cosas concretas y específicas, más que abstracciones o procesos[231].

Los verbos apuntan a procesos, los sustantivos a objetos. Barsalou señala que los procesos, a diferencia de los objetos, carecen de forma o límites claros. Esto hace que sean más difíciles de categorizar, del mismo modo que el paradigma de las formas celulares sólidamente definidas puede eclipsar la percepción de las estructuras genómicas más dinámicas.[232] Los arco iris entre-

229 Barsalou, Wilson, y Hasenkamp, "On the Vices of Nominalization," 335–36.

230 Barsalou, Wilson, y Hasenkamp, "On the Vices of Nominalization," notes 199, 200.

231 Una Navidad, cuando tenía unos cinco años, mi padre me leyó "Una visita de San Nicolás", de Clement Clarke Moore, que me encantó y que empieza "'Era la noche antes de Navidad, cuando toda la casa...". Cuando llegó a la línea "La luna sobre el pecho de la nieve recién caída/ daba un brillo de mediodía a los objetos de abajo", le detuve. Quería saber qué eran los "objetos". Me lo explicó durante varios minutos. No recuerdo lo que dijo, pero recuerdo claramente mi perplejidad mientras hablaba. No conseguía entender lo que significaba. Los "objetos" seguían siendo un misterio para mí. Quizá fue el punto de partida de mi interés por la ontología y la epistemología, que durará toda la vida. Volviendo a leer la frase ahora, es interesante que "lustre" no me detuviera, pero este sustantivo genérico "objetos" sí. De ahí, en parte, mi interés por lo que Barsalou dice aquí.

232 No parece demasiado descabellado sugerir que percibir y poner palabras a los complejos procesos de percepción corporal que incluyen elementos diná-

cruzados de nuestra experiencia sensorial no son eminentemente sustantivables. No se convierten en "cosas".[233] Entonces, imperceptiblemente, nos movemos hacia lo que Suzuki Roshi llamó una "idea ganadora", es decir, una que nos da la impresión de un tipo de yo más sólido y fiable.[234] Suzuki Roshi incluso llega a decir que "ser un ser humano es ser un buda". Esto nos devuelve al atolladero de nuestras preguntas sobre ambos. También desbarata la solidez y la separación proyectadas de ambos.[235] De este modo, un yo estable, concreto y de contornos robustos es lo que solemos conjurar como núcleo de nuestra experiencia vivida, aunque los gestos con los que lo hacemos permanezcan en el límite de nuestra conciencia.[236]

---

micos multivalentes, holográficos y cinestésicos revela que la percepción es una compleja categoría de conocimiento. El estudio de la interocepción, la forma de experimentar los espacios y fenómenos asociados al propio cuerpo, ha sido muy estudiado últimamente. Véase, por ejemplo, Farb et al., "Interoception".

233 El sutil cambio de sensaciones en la garganta, los hombros, las tripas, el corazón o el pecho cuando las emociones se abren o se cierran es más probable que se pase por alto, tanto en la vida como en la ciencia, que los objetos más ordenados y sustantivables. El principal interés de Barsalou aquí es cómo esto lleva a los científicos a pasar por alto contextos desordenados. Escribe: "La ciencia es bien conocida por valorar la elegancia, la parsimonia y la potencia en la investigación teórica y empírica. Cuando es posible, a los científicos les gusta evitar la complejidad desordenada, la imprecisión y los efectos débiles". Señala además que "una vez que se nominaliza un proceso, éste se ve como algo que existe discretamente, permanece relativamente constante a través del tiempo y el contexto, es fácil de manipular y entra en relaciones causales simples. Sigue la ceguera platónica, que ve el proceso como un mecanismo libre de contexto, análogo a un simple objeto manipulable". Barsalou, Wilson y Hasenkamp, "On the Vices of Nominalization", 341. Véase también Dunham y Banaji, "Platonic Blindness", 201-13.

234 Suzuki Roshi, *Zen Mind*, 41, 49, 71 y ss.

235 Suzuki Roshi, *Zen Mind*, 48.

236 La conciencia corporal es ahora objeto de investigación científica en una amplia gama de temas de salud y se describe como "conciencia de las sensaciones corporales internas". Tales sensaciones son sensaciones cinestésicas sutiles, y lo que se siente es el movimiento. El movimiento, en el logos de las tradiciones

Estos gestos, las mismas cosas que parecen mantenernos unidos de un modo que consideramos tranquilizador, perturban una facilidad más profunda y natural. Utilizamos este núcleo sobrereificado como plataforma de lanzamiento para inclinarnos hacia lo que queremos y alejar lo que no queremos. Estos movimientos de empujar y tirar se convierten en patrones que nos mantienen reactivos e inquietos. Apoyan nuestra sensación de separación, no sólo de los demás y del mundo natural, sino también de nuestra propia experiencia de ser lo que somos.

Las prácticas medulares ayudan a experimentar estos impulsos de autoconciencia.[237] Con la conciencia que cultivamos a través de ellas, toda la superestructura de la sustanciación puede aligerarse.

NUESTRO PRIMER MUNDO UNIFICADO

Nuestra forma ordinaria y disyuntiva de estructurar nuestro yo humano, sobre todo como real y separado, crea en los márgenes y en las profundidades de nuestra conciencia una frontera persistente entre el "yo" y todo lo demás. Esta sensibilidad es a la vez poderosa e inefable. Socava los estados expansivos

---

budistas, es la actividad del prāṇa, o energía. Desde esta perspectiva, todas las mediciones de la frecuencia cardiaca, el pulso sanguíneo e incluso la actividad cerebral son el movimiento del prāṇa. Así pues, a pesar de la ausencia total de tal discurso en la medicina, la anatomía o la biología occidentales clásicas, ambas narrativas no son contradictorias.

237 Ejemplos convincentes de ello, según mi experiencia, son los procesos dialógicos en el corazón de la microfenomenología. Véanse, por ejemplo, los trabajos citados de Claire Petitmengin y A. H. Almaas. La investigación de Petitmengin ha lanzado un amplio espectro de trabajos científicos basados en una cuidadosa indagación fenomenológica. Los métodos de indagación descritos por Almaas, especialmente en Spacecruise, son fundamentales para el trabajo interno del enfoque del Diamante. Estos enfoques basados en la emoción en primera persona combinan elementos cognitivos y somáticos para crear poderosas formas de volver a casa, a la propia experiencia real.

del ser, como los que se atribuyen a los budas. Muchos yoguis, místicos y santos describen formas de conocimiento que no se relacionan con la separación y la solidez. Daniel Stern, basándose en sus famosos estudios sobre bebés, nos recuerda que nuestra capacidad de experimentar el entorno como una danza ininterrumpida de vitalidad, como hacíamos de niños, nunca desaparece del todo.

Stern ha llegado a la conclusión convincente de que los bebés tienen una forma holística de procesar la información y que, aunque esta capacidad disminuye a medida que crecemos, permanece a lo largo de toda la vida. Afirma que la mejor manera de describir esta forma de percibir es emplear términos dinámicos y cinéticos, como "surgir", "desvanecerse", "fugaz", "explosivo", "crescendo", "decrescendo", "estallar", "prolongarse", etc.[238] Estas vitalidades no se limitan a una vía o modalidad sensorial, como la vista o el oído. Stern se refiere a ellas como a-modales. Para nosotros constituyen una nueva lente a través de la cual observar cómo apoyamos nuestros pensamientos, cómo nos relajamos o qué sensación nos produce el movimiento, elementos clave de las prácticas medulares.

Stern señala que cuando somos bebés experimentamos estas dinámicas como "cualidades internas", es decir, como parte de nuestra propia órbita de experiencia sensorial y no tanto como algo que nos llega de fuera. Cuando, de pequeños, veíamos a nuestra madre o cuidador coger un pañal o traer una manta, no las percibíamos como acciones que tuvieran una intención o propósito concreto; las sentíamos como diferentes registros de vitalidad, una "prisa", un "empujón". Estas acciones tienen un fuerte impacto en el sistema nervioso sensorial y, sin embargo,

---

238 Este párrafo resume algunos puntos planteados por Stern en su *Interpersonal World of the Infant*, 54–58, pero lo hace sucintamente. Su narración de cómo se desarrolla la autopercepción en relación con los demás también es relevante para la práctica tántrica budista, como trataré en un futuro volumen de esta serie. Encontrarás un mayor desarrollo de sus ideas en Stern, *Forms of Vitality*.

parecen eludir las narrativas de separación o incluso de autonomía. Pero nos permiten reconocer a nuestra madre por su forma característica de moverse por nuestro espacio.

Las experiencias que surgen a través de las prácticas medulares, o en cualquiera de las meditaciones-relato descritas aquí, pueden reavivar algo de la agudeza de la sensación de vitalidad, como si emergieran de una inmensidad que forma parte perennemente de nosotros. Este tipo de experiencias parecen estar siempre en el horizonte. Muchos místicos y meditadores, así como cualquiera que haya tenido una percepción o intuición no deseada, pueden estar de acuerdo con esto. Para nuestra imaginación budista, pueden incluso sugerir un corredor abierto de comunicación entre nuestro yo humano y nuestro yo más búdico.

La obra de Stern llama la atención sobre una importante etapa de nuestra práctica. La experiencia ordinaria suele inclinarse hacia lo que creemos que podemos tener en nuestras manos o en nuestra mente. En otras palabras, nos gusta lo que podríamos llamar lo conocido sustantivable. Las prácticas medulares deshacen ágilmente la urdimbre de esas solideces para un camino potencialmente más fresco y de mayor fluidez a través de nuestras vidas.[239]

Todo esto tiene que ver con el cuerpo. El séptimo entrenamiento nos pone en contacto con una capacidad de descanso presente en la toma de conciencia del interior profundo del cuerpo. Se nos presentan las sutiles variaciones que se producen a medida que nuestra sensibilidad y nuestras energías se vuel-

---

239 Quienes estén familiarizados con las prácticas tibetanas reconocerán que esto implica, como mínimo, un cambio de un estado excesivamente ligado a la tierra a la mayor fluidez, y conexión, del agua. El ciclo *Ver para Ser* que he desarrollado a través de la inspiración de Adzom Rinpoche tiene prácticas basadas en los elementos. Aquí también se trabaja con el cuerpo, la mente y la energía, y para muchos proporciona un acceso fácil a los tipos de cambios sugeridos a lo largo de estos entrenamientos y ha sido tradicionalmente una parte importante del entrenamiento tántrico y Dzogchen. Tenzin Wangyal Rinpoche, en *Healing with Form, Energy, and Light*, ha escrito elocuentemente sobre ello utilizando fuentes Bön, con una perspectiva muy similar.

ven más sutiles y claras para nuestra experiencia. Nos entrenamos para sentir y también para cambiar los vientos o corrientes que se mueven por nuestro cuerpo.

La combinación de lo imaginal y lo cinestésico en el séptimo entrenamiento disolverá, con el tiempo, la sensación de solidez del yo, que es la base de la experiencia dualista y sustenta todo tipo de viajes conceptuales. Adzom Rimpoché ya ha descrito el *sentido pránico* somáticamente, sostenido cuidadosamente en el vientre y fluyendo a través del torso central, como la clave del séptimo entrenamiento. La sensación sentida de este movimiento es catalizada por la imaginación entrenada del practicante. Los entrenamientos tradicionales descritos por Longchenpa y Jigme Lingpa perfeccionan la capacidad de comprometer nuestra interioridad sutil. Además, las prácticas de médula de Jigme Lingpa nos preparan para nuevos matices subjetivos asociados con estos mismos estados, de forma que mejoran nuestro encuentro con la totalidad. Juntas, ofrecen un camino hacia la plenitud a través del cuerpo.

Desde la perspectiva de la totalidad que adopta el Dzogchen, nuestra sensación de duplicidad es ilusoria. Oculta cómo somos en realidad. Las prácticas de sabiduría están preparadas para disolver esta ilusión. No es de extrañar que nos resistamos a ellas. Incluso pueden hacer que queramos aferrarnos más a nuestro yo. Jigme Lingpa lo expresa maravillosamente en estas líneas de sus *Charlas de Sabiduría*:

> *Esta visión no puede decirse, pensarse ni expresarse.*
> *Cuando trasciendes el pensamiento y ves realmente*
> *te asustas, y entonces*
> *te las ingenias*
> *y maquinas*
> *aprietas y aprietas.*
> *Piensas: "Éste es el camino auténtico", pero*
> *te has desviado en dirección a lo enloquecido y herético.*[240]

---

240 Jigme Lingpa, *Wisdom Chats*, nº 66, 776. En realidad, Jigme Lingpa utiliza

La separación nos asusta; queremos salvar la distancia. También nos da la ilusión de poder; queremos dominar la distancia. De cualquier forma, sintiendo la distancia o intentando salvarla, no estamos tranquilos. Un camino hacia la plenitud genuinamente satisfactoria requiere que miremos directamente a nuestro rostro ordinario hasta que encontremos nuestra sabiduría devolviéndonos la mirada. Lo hacemos simbólicamente mirando a los ojos de Guru Rimpoché mientras pedimos ayuda y nos fundimos en la plenitud de nuestra naturaleza, a la que nos introducen las prácticas medulares y del relato. Longchenpa allana el camino para este tipo de visión con el giro gnóstico hacia la sabiduría que realiza muy al principio de su presentación de las enseñanzas. Éste es el giro que daremos en el próximo capítulo. Una práctica medular nos tenderá un puente hacia él.

---

aquí el término "brahmanes herejes", pero en nuestro mundo cosmopolita esa designación sólo desvirtúa su verdadero argumento: nos convertimos en herejes en el sentido de mirar con recelo la realidad que la práctica pretende revelar.

PAUSA CONTEMPLATIVA

TERCERA PRÁCTICA MEDULAR

Mirar a la propia cara
de cualquier felicidad o dolor que amanezca,
la consciencia se agarrota en su estado natural.[241]

བདེ་སྡུག་གང་ཤར་གྱི་རང་ངོ་ལ་ལྟ་ཞིང་ཤེས་པ་ རྩལ་དུ་དབབ་བོ།

Piedras talladas en el campo de prácticas de las monjas,
Adzom Gar, Sichuan

---

241 Jigme Lingpa, *Stairway to Liberation*, 162.6 (traducción de la autora);
Dahl, *Steps to the Great Perfection*, 43.

VI
EL DESPERTAR Y LA VUELTA A LA SABIDURÍA

Nuestra urgente sed de "más y mejor" es inherente a la narrativa kármica. Pero el paradigma fundamental de la narrativa de la sabiduría, el que tanto me impactó en mi encuentro inicial con ella, es "algo mejor ya está aquí". No hay ningún lugar al que ir ni nadie que se vaya. Una vez que la sabiduría y el despertar se reconocen como esencia natural, dejan de ser objetivos y se convierten en íntimos compañeros de conversación. Esto es un sinsentido para nuestra mente ordinaria y un faro para nuestra puro saber.

¿Cómo es posible, nos preguntábamos al principio de este libro, que los entrenamientos de Longchenpa, la esencia de todas las prácticas fundacionales, nos lleven a una Gran Perfección? ¿Cómo se funde la narrativa kármica en la historia de la sabiduría, y cómo llegamos a ver que ambas han sido siempre parte de una totalidad ilimitada? Aquí trazamos este cambio observando cómo el propio Longchenpa dirige su enseñanza hacia la sabiduría. Llamamos a estos giros "giros gnósticos" porque alinean a los practicantes con la visión única del Dzogchen mucho antes de que uno alcance la etapa de la práctica formal del Dzogchen.

Los pivotes que discutimos se relacionan con el ámbito sereno del dharmadhātu, que es también la pieza central de uno de los escritos más famosos de Longchenpa sobre Dzogchen, *Tesoro precioso del Dharmadhātu*. Comenzamos aquí con pivotes a Dzogchen que se encuentran en la descripción de Longchenpa de la sūtra bodhisattva camino, que en los textos clásicos de la India se centra en el cultivo del amor y la compasión que culmina en bodhicitta.

La elección de Longchenpa de enfatizar el dharmadhātu en el contexto del bodhicitta es significativa. Después de discutir por qué esto es así, concluimos mostrando cómo los principios de Longchenpa son también fundamentales para el refugio de nueve vehículos[242] de Jigme Lingpa y su encuadre de la mente despierta del bodhisattva, que Dzogchen revelará como la naturaleza real de la mente despierta. Sus prácticas medulares crean una base para la expresión de la compasión, incluso cuando se está libre de un sentido dualista de dar y recibir.

Las instrucciones de Jigme Lingpa, los cuentos-mediación y las cinco prácticas medulares, abarcan toda la gama del camino.

---

242 Las nueve vías (yanas) son un esquema clasificatorio único de la escuela Nyingma, que organiza las enseñanzas del budismo según su profundidad y sofisticación. Estas vías se dividen en tres grupos principales: las vías externas, las vías internas y las vías secretas:

Los tres vehículos externos (Hinayana):
- Sravakayana: el vehículo de los oyentes, centrado en alcanzar la iluminación a través de escuchar las enseñanzas.
- Pratyekabuddhayana: el vehículo de los Budas Solitarios, quienes alcanzan la iluminación a través de su propia percepción directa de la cadena de causalidad, sin necesidad de un maestro.
- Bodhisattvayana: el vehículo del Bodhisattva, que enfatiza la compasión y la aspiración de alcanzar la budeidad para el beneficio de todos los seres.

Los tres vehículos internos (Mahayana):
- Kriyayoga: el yoga de acción, una forma de tantra que enfatiza rituales externos y la purificación.
- Charyayoga: el yoga de conducta, que combina elementos externos e internos de práctica.
- Yogatantra: el tantra del yoga, que se centra en la meditación interna y la visualización de deidades.

Los tres vehículos secretos (Vajrayana o Tantrayana):
- Mahayoga: el gran yoga, que trabaja con la generación de deidades y la transformación de emociones negativas en sabiduría.
- Anuyoga: el yoga subsiguiente, que enfatiza la práctica de la energía sutil y los canales del cuerpo.
- Atiyoga o Dzogchen: la gran perfección, considerada la cúspide de las enseñanzas budistas, que apunta a reconocer la naturaleza original de la mente para alcanzar la iluminación de manera directa y sin esfuerzo.

En las tradiciones sūtra, la bodhicitta es algo que nos esforzamos por alcanzar. En el Dzogchen ya está en el tejido de todo. Como las ondas y las partículas en la teoría cuántica, estos dos estados son diferentes y, sin embargo, no son diferentes. Para los practicantes de los sūtra, la bodhicitta es algo que hay que lograr, una salida de la jungla kármica. En Dzogchen, bodhicitta es simplemente la forma en que son las cosas, la naturaleza de tu propia mente, lista para ser descubierta. Como naturaleza real de todo, bodhicitta es profundamente afín al dharmadhātu, la fuente espaciosa e inoxidable de todo.

La narrativa kármica de la Bodhicitta

La Guía de la Forma de Vida del Bodhisattva de Śāntideva enseña un método cuádruple para desarrollar la bodhicitta que culmina en una mente decidida a despertar en beneficio de todos. Sus descripciones del amor y la pasión son la fuente de las famosas prácticas tibetanas del *tonglen*, "dar" (*tong*) y "tomar" (*len*). El ritmo de dar (u ofrecer) y tomar (o quitar y recibir) también está en el corazón del ritual tántrico y se destila en las prácticas narrativas de Jigme Lingpa.

Las instrucciones basadas en la India sobre el camino del bodhisattva se centran en cómo cultivar el amor o la compasión.[243] Todos estarían de acuerdo con Asaṅga en que

la sabiduría es la madre para desarrollar las cualidades de buda.[244]

---

243 Otros ejemplos famosos de la práctica de la bodhichita kármico-narrativa son los siete preceptos de causa y efecto (*rgyu 'bras man ngag bdun*) de Candrakīrti. Véase Tsongkhapa, *Great Treatise*, 2: 35-50. También Hopkins, *Compassion in Tibetan Buddhism*, 26 ss.

244 Lo encontramos en el famoso homenaje de Candirkīrti a la compasión al comienzo de su Entrada en la Vía Media, y en el elogio de Śāntideva al corazón

Las prácticas tonglen ejemplifican cómo la compasión, unida en última instancia a la sabiduría, nos hace completos. No estamos apartando nada. Tampoco huimos de nada con la intención de coger algo para nosotros. Simplemente damos y recibimos, con la misma naturalidad que respiramos. Paso a paso, cultivamos el amor y la compasión hasta que descubrimos una verdadera mente despierta. Unida a la sabiduría, la bodhicitta última nos libera del remolino kármico del sufrimiento.

Las semillas de la narrativa de la sabiduría se encuentran ya en el budismo indio. Por ejemplo, el famoso *Sutra Luminoso* (*Pabhassara*) dice:

> *Luminosa, monjes, es la mente. Y está contaminada por las impurezas entrantes. La persona común y corriente no instruida no discierne eso tal como está realmente presente, por eso os digo que para la persona común y corriente no instruida no hay desarrollo de la mente.*

> *Luminosa, monjes, es la mente. Y está libre de impurezas entrantes. El discípulo bien instruido por los nobles discierne eso tal como está realmente presente, por eso os digo que para el discípulo bien instruido por los nobles hay desarrollo de la mente.*[245]

Esto sugiere que no basta con luchar contra los malos hábitos, como se subraya en las narraciones kármicas; también necesitamos aprovechar y permitir que se presente lo que ya está

abierto del bodhisattva en los capítulos iniciales de su Guía de la Vía de la Vida del Bodhisattva. Del mismo modo, el *Gran Tratado* de Tsongkhapa, basándose ampliamente en Candrakīrti, comienza describiendo la intención amorosa de despertar (bodhicitta) como el sello distintivo de la Gran Vía, el Mahāyāna. Lo apoya con un pasaje de *Asaṅga's Sublime Mindstream*; Tsongkhapa, *Great Treatise*, 18

245 *Aṅguttara Nikāya*, 1.51–52, trans. Thānissaro Bhikkhu (https://suttacentral.net/an1.51-60/en/thanissaro).

intrínsecamente presente y sin esfuerzo. Asaṅga, que escribió en el siglo IV, ofrece una perspectiva similar:

La mente, vemos, es siempre de naturaleza luminosa, contaminada [sólo por] defectos adventicios.[246]

Si no fuera así, la práctica no podría tener éxito. Una mente naturalmente luminosa significa despertar a un proceso que es natural a nuestro organismo. La mente es como el espacio, pero es diferente del espacio porque tiene consciencia. La mente da lugar a los pensamientos. ¿Qué le ocurre a la mente cuando surgen los pensamientos? ¿Cambia su naturaleza? ¿Son los pensamientos para la mente como el pez para el agua? ¿El hielo se derrite en el mar? ¿Resplandece el sol?

La tercera práctica de Jigme Lingpa explora la relación entre los pensamientos y sus fuentes. En esta práctica, simplemente dejamos que la conciencia se disuelva. Sentimos curiosidad por lo que se siente al dejarse llevar, por lo que puede ser similar o diferente de dejarse llevar o de calmarse. Y miramos a la cara de lo que surge, ya sea felicidad o dolor. En el mejor de los casos, no lo etiquetamos, sino que nos limitamos a sentirlo. Un antiguo practicante, poco después de iniciarse en esta práctica, me escribió: "Al observar directamente el placer y el dolor, me doy cuenta de que, independientemente de si es placer o dolor, todas mis experiencias de ambos tienden a resolverse en un único campo unificado de experiencia. No sé de qué otra forma describirlo".

Es algo pequeño pero grande descubrir que una experiencia específica de placer o dolor puede resolverse en una sensación íntima e imprevista de totalidad. Esto nos ayuda a apreciar el hecho de que Longchenpa introduzca el camino del bodhisa-

---

246 Brunnhölz, *In Praise of Dharmadhātu*, 73.

ttva describiendo la totalidad inclusiva del dharmadhātu. En otras palabras, no abre el camino, como Candrakīrti, Śānti-deva o Tsongkhapa, con una descripción de objetivos ni proclama la importancia del amor y la compasión. No menciona la compasión hasta casi el final de su sección sobre los bodhisattvas. Su primera prioridad es llamar la atención sobre el potencial natural que hace posible el despertar. Comienza señalando que este potencial o herencia para el despertar es por naturaleza un apoyo crucial (*rten*) para la práctica:

> *Si uno comprende que esta disposición esencial (khams, dhātu) está espontáneamente presente en uno mismo y en los demás, sentirá entusiasmo, comprendiendo que no hay nada que impida a su mente alcanzar la liberación.*[247]

Esta base no necesita causas, ya es perfecta. Al llamar a esta capacidad natural un apoyo crucial para el camino, Longchenpa se alinea con todo el arco de su *Precious Dharmadhātu Treasury*, donde llama bodhicitta a "lo que contiene todo y es la verdadera naturaleza de cada cosa",[248] y muestra que es la base real (*gzhi*) de todo.[249] Y cita un pasaje de la *Sublime Corriente Mental* de Asaṅga en apoyo de esto:

> *La naturaleza totalmente luminosa de la mente es inmutable, como el espacio.*[250]

---

247 Barron, *Precious Treasury of Philosophical Systems*, 174 (*Grub mtha'*, 904.1).

248 Así, subraya que el Mahāyāna incluye tanto la compasión (*thugs rjes*) se refiere tanto a la compasión que toma como objeto a los seres vivos como al conocimiento sublime que impregna el dharmadhātu. Barron, *Precious Treasury of Philosophical Systems,* 10-11, y *Treasure Trove*, 53; Longchen Rabjam, *Commentary on the "Precious Dharmadhātu Treasury"*, 79!4.

249 Barron, *Treasure Trove*, 87; Longchen Rabjam, *Commentary on the "Precious Dharmadhātu Treasury,"* 104.

250 Barron, *Precious Treasury of Philosophical Systems*, 149 (*Grub mtha'*, 860.1).

Comprender el dharmadhātu como tu propia herencia inevitable es lo que Longchenpa está enfatizando aquí. Nos invita a ver nuestro potencial innato para el despertar, menos preocupado por describir la sensación de compasión que por el hecho de que es intrínseca a tu naturaleza de buda, y aclara que se trata de una forma totalmente nueva de apreciar lo que eres como ser humano.[251] Este reino real conocido como dharmadhātu, explica en el contexto de la filosofía del Camino Medio, no sólo es puro por naturaleza, sino que es la verdad última y, como tal, brota de sí mismo, una sabiduría primordial:

> ...*cuando está empañado, se denomina "herencia espiritual", "constituyente básico del ser" o "naturaleza búdica"... cuando está intacto se le llama "despierto" o "ido a la talidad"...*[252]

Esta naturaleza inmutable es perfecta y completa, tal como es. De aquí se pasa fácilmente a la opinión del propio Dzogchen de que el dharmadhātu, la fuente-espacio de todo, es inseparable de la sabiduría primordial, un reconocimiento que es fundamental para la evocación poética que Longchenpa hace de Dzogchen en su *Precious Dharmadhātu Treasury* y su valiente comentario al respecto.[253]

Junto con esto, ya en el contexto del sūtra, Longchenpa nombra la sabiduría como la forma en que las cosas son realmente. Lo hace casi al mismo tiempo que nombra dharmadhātu como la verdad última de la escuela Madhyamaka Prāsaṅgika, en contraste con el abrumador énfasis que se pone en el Tíbet en nombrar la vacuidad como lo último para esa escuela. Ambos puntos, de nuevo, son

251 Barron, *Precious Treasury of Philosophical Systems*, 84 (*Grub mtha'*, 744.5). Aquí Longchenpa cita el *Complete Display of Primordial Awareness Tantra*.

252 Barron, *Precious Treasury of Philosophical Systems*, 149 (Grub mtha', 860.1).

253 Longchen Rabjam, *Comentario sobre el "Precioso Tesoro Dharmadhātu"*. De hecho, ocho de los trece capítulos de este texto clave de Dzogchen tienen "mente despierta" en el título.

poderosos pivotes hacia Dzogchen porque se abren directamente al secreto de que la sabiduría no es la meta del camino, sino el camino mismo. Y aunque hay mucho en Dzogchen que es exclusivamente tibetano, este principio fundamental tiene sus raíces en el Mahāyāna indio. Para enriquecer este punto, Longchenpa recurre de nuevo a la *Sublime corriente mental* de Asaṅga:

> *No hay nada que quitar ni nada que añadir.*[254]

El polvo no altera un espejo. Las nubes no cambian el sol. Exactamente igual, nuestras impurezas no alteran nuestra naturaleza inmutable. Nos dirigimos a impurezas porque no son buenas para nadie y, aunque no afectan a nuestra naturaleza, bloquean la luz de la sabiduría de nuestros ojos. Las prácticas medulares, sin decirnos nunca qué debemos experimentar, parecen a menudo aportar experiencias que resuenan con la naturaleza búdica tal y como la entiende Dzogchen. El espejo no está separado de su reflejo ni manchado por él. Tu pena y tu felicidad no están separadas del terreno en el que aparecen. O, como dice Asaṅga, la sabiduría asociada a las cualidades imperecederas de Buda es inseparable del estado de una persona corriente que tiene aficiones mentales. Y por cierto, añade, *esta sabiduría es inconcebible*.[255] Para Longchenpa, este punto va directamente hacia el Dzogchen, en el que la sabiduría primordial se distingue cuidadosamente de la mente ordinaria y se reconoce como ya presente en todo estado mental.

---

254 Longchen Rabjam, *Precious Treasury of Philosophical Systems* (Grub mtha', 860.4- 5). Véase también Barron, *Precious Treasury of Philosophical Systems*, 149. Liberarse de cualquier esfuerzo que borre o coloque, reste o añada, lo que se está desarrollando actualmente es un tropo importante y bastante común en los versos de refugio de los textos de práctica tántrica (sādhana). En el ciclo de la Esencia del Corazón Luminoso de la Revelación del Tesoro (Gter) del siglo XXI del propio Adzom Rinpoche, una línea clave de la práctica de Yeshe Tsogyal se hace eco de Asaṅga al mostrar sucintamente el camino hacia el refugio y la compasión universal: *Descansa, ni borres ni coloques: / Rostro conocido. Refugio. Mente despierta.*

255 Dorje Choying Tobden, *Complete Nyingma Tradition*, 332.

¿Por qué esto es tan importante para la comprensión que Longchenpa tiene de la bodhicitta y de los bodhisattvas? Longchenpa se vuelve de nuevo hacia Asaṅga:

> *Si no tuvieras ese elemento búdico crucial, no te sentirías insatisfecho por el sufrimiento, ni buscarías o te interesarías por liberarte de él, ni siquiera aspirar a ello.*[256]

La perfección esencial de nuestra mente está en la base misma de nuestros hábitos desordenados y equivocados. Esto es otra cosa importante, pero como no lo sabía, me burlaba de la idea de ser algo parecido a un buda en cualquier sentido. Aún no había oído que todo es sabiduría o una distorsión de ella. En cualquier caso, su naturaleza es la sabiduría. Convertirse en Gurú Rimpoché, una querida y poderosa práctica del ciclo *Esencia del Corazón Luminoso* de Adzom Rimpoché, contiene estas líneas de refugio:

> *Justo en medio de mi visión errónea, mi saṃsāra,*
> *hago surgir una unión de refugio y mente despierta.*[257]

Nuestras dos caras –nuestras penosas actividades y nuestro bienestar intrínseco– son, desde el principio, inseparables. Todos los procesos del camino, desde la impermanencia hasta el encuentro final con la realidad, reconocen nuestras dos caras. Al final no hay realmente dos caras, pero para nuestra experiencia hasta entonces, sí las hay. Nuestra cara de sabiduría, finalmente, se ve a sí misma en nuestra cara ordinaria. Nuestra cara ordinaria ve su verdadera condición y se funde en el espejo de la sabiduría. No hay un primer encuentro entre estos dos. Siempre están el uno en el otro. Siempre estamos en el mundo, pero no somos

---

256 Longchen Rabjam, *Precious Treasury of Philosophical Systems* (*Grub mtha'*, 872.2– 3); Barron, *Precious Treasury of Philosophical Systems*, 155

257 Klein, tr., *Foundational Dakini Practice*, 9, tercera línea de refugio.

totalmente de él. Y nuestras responsabilidades, nuestro floreciente amor y pasión, incluyen tanto nuestras propias necesidades humanas como las de los demás y su potencial para despertar.

Ese es también el mensaje final de las meditaciones-relato. En la disolución, no nos desvanecemos. Volvemos a la acción significativa en el mundo. Pero se trata de una acción diferente. La sabiduría es diferente de la mente ordinaria. Está menos obstaculizada, es más ágil, trascendente en su propia inmanencia. Nuestras mentes ordinarias no pueden abarcar esto, pero nuestro potencial para una visión más expansiva sí puede.

La sabiduría es receptiva, no reactiva. No se comporta como nuestra mente ordinaria, aunque esté junto a ella. En realidad, no le ocurre nada a la sabiduría a medida que avanzamos en el camino. Simplemente nos familiarizamos más con ella, y eso marca la diferencia. Es la diferencia entre reconocer a tu amigo más querido en el camino o pasar de largo. Al no reconocerlo, te sientes solo, acosado. Al encontrar a tu amigo a tu lado, todo cambia. La sabiduría es precisamente un amigo así, el más querido de los amigos. Esta es seguramente la razón por la que los sufíes hablan del amigo como el verdadero conocimiento, y por la que ellos y otras tradiciones hablan de lo divino, o de la propia alma, como la amada eterna, la novia definitiva del corazón. Como el sol, la sabiduría amorosa ilumina el cielo. Esto no se contradice con el paso de las nubes. Todo en la experiencia humana es una expresión de sabiduría y potencialmente un camino hacia ella.

Y así es como Longchenpa introduce el principio de las dos purezas, un paradigma exclusivo de la Vieja Escuela, la Nyingma. La primera pureza es el cielo primordialmente puro de tu naturaleza, la segunda es la pureza alcanzada cuando todas las nubes oscurecedoras –nuestra reactividad, nuestras respuestas malsanas al mundo– se han disuelto en nuestro dharmadhātu expansivo.

Las descripciones elegantes del dharmadhātu están muy bien, pero lo que quiere Longchenpa es que todos lo comprendan y lo reconozcan. Eso es lo principal que quiere que sepamos sobre el viaje del bodhisattva. Que es posible. Y, de nuevo, se basa en la sabiduría india para dejarlo claro, concretamente en la *Sublime Corriente Mental* de Asaṅga:

> *Como un tesoro y un árbol fructífero,*
> *este linaje espiritual tiene dos aspectos:*
> *un aspecto sin principio, que permanece naturalmente,*
> *y un aspecto sublime, genuinamente maduro.*[258]

La exposición de Sabiduría de Jigme Lingpa subtitulada "La riqueza de poseer las dos purezas" hace hincapié en la importancia de comprender la primera de las dos purezas: la primordial que siempre está con nosotros.

> *La enseñanza Dzogchen por excelencia es*
> *¡tomar la fructificación como camino!*
> *Entonces, ¿es la verdad de lo primordial*
> *una secuencia de causas y efectos?*
> *¿O es una realidad que*
> *trasciende el problema y las soluciones?*
> *¿Es totalmente pura?*
> *El término "puro desde el principio" (gdod nas dag pa)*
> *enseña variaciones sobre el tema de la pureza primordial.*[259]

No hay nada que añadir o quitar con respecto a la pureza primordial. Las prácticas fundacionales ḍākinī, centradas en Yeshe

---

258 Longchen Rabjam, *Precious Treasury of Philosophical Systems* (*Grub mtha'*, 874.4- 5); véase también Barron, *Precious Treasury of Philosophical Systems*, 157. Longchenpa cita esto al principio de su discusión sobre el camino del bodhisattva. Cuando describe el Atiyoga, el Dzogchen, muestra que el conjunto de términos introducidos anteriormente se refieren unos a otros. El dharmadhātu imperecedero es mente-naturaleza, naturaleza pura. También es sabiduría primordial no condicionada que surge por sí misma.

259 Jigme Lingpa, *Wisdom Chats*, nº. 66.

Tsogyal, otra sādhana Dzogchen revelada en el ciclo *Esencia del Corazón Luminoso* de Adzom Rimpoché, nos dice cuál es la mejor manera de relacionarnos con la realidad.[260] Se nos pide "descansar, ni quitar ni añadir". No hay nada que añadir ni que colocar de nuevo en nuestra naturaleza. Llegamos al despertar tal y como somos. Dada la naturaleza caóticamente insalubre de muchos de nuestros pensamientos y acciones, se trata de una perspectiva asombrosa. El cielo primordial siempre está ahí para ser iluminado, y el sol siempre está ahí para iluminarlo. ¿Qué son las nubes frente a estos poderes cósmicos? Nuestro sol está oculto por las nubes, pero no disminuido.[261]

Aunque ambas no son iguales, la mente ordinaria no es otra cosa que sabiduría. Un dinamismo resplandeciente como el sol forma parte de nuestra naturaleza.[262] No reconocer este dinamismo augura el abismo de la dualidad y la gama de problemas que nos traen dolor.

Por supuesto, no esperamos trascender el sufrimiento así como así. Pero podemos ver que la posibilidad existe. Esto nos impulsa a hacer todo lo que podamos para servir al mundo. Mientras tanto, la enfermedad es la enfermedad, el dolor es el dolor. Están ahí, nunca hay que ignorarlas. Pero ya no son el final de la historia, la línea divisoria de lo que somos. Vislumbramos un horizonte más amplio. Incluso en medio de un dolor insoportable, hay algo más que nos sostiene, una especie de colchón. Se necesita mucha

---

260 Éste y otros ciclos de Rimpoché con influencia Dzogchen se imparten en la Montaña del Amanecer (www.dawnmountain.org). Para obtener información sobre cómo participar en directo o mediante grabaciones de vídeo, consulta el Programa de Ciclos Dzogchen, https://www.dawnmountain.org/teachings/dzogchen-cycles/.

261 Barron, *Precious Treasury of Philosophical Systems,* 151 *(Grub mtha',* 863.5); Barron, *Treasure Trove,* cap. 3. Jigme Lingpa usa también esta metáfora en *Wisdom Chats,* nº 798.4.

262 Y resuena con principios centrales del Dzogchen. Por ejemplo, que todo y todos es inseparable de la sabiduría primordial, pues ésta es "la verdadera naturaleza de los fenómenos en la que, de hecho, no son nada en absoluto". Barron, Barron, *Precious Treasury of Philosophical Systems,* 151 *(Grub mtha',* 1133.1).

práctica y paciencia para encontrar ese cojín inefable. Seguimos siendo muy humildes ante este reto y ante cualquier progreso que hagamos. En la medida en que vemos que el dolor nunca es todo lo que somos, sentimos aún más compasión por todos los que sufren. No despreciamos el dolor ajeno. Al contrario, es tanto más punzante por ser una ilusión.

¿Qué se sentiría al contemplar a través de un cristal grueso cómo una niña grita llamando a su madre, con su pequeño cuerpo temblando de miedo, mientras usted es incapaz de comunicarle que su madre acaba de ponerse detrás de una cortina en esa misma habitación y que incluso ahora le está tendiendo la mano para levantarla? Cuanto más comprendemos el dolor que nos rodea, con más ternura contemplamos todo el sufrimiento humano y de las criaturas. De este modo, la sabiduría enciende el fuego de nuestro deseo de ayudar. ¡Ojalá crezcamos lo bastante sabios para responder tan luminosamente! Hasta entonces, ayudamos como podemos. Marchamos pacíficamente. Nos unimos a colectivos que apoyan la unión de todos nosotros. El sufrimiento de la opresión y la injusticia nos parece cada vez más insoportable.

Las imágenes nos impactan. Las grandes, como el sol y el cielo, valen más que miles de palabras. Como dice Rumi: "El sol no tiene mañanas". Durante otros cinco mil millones de años, cualquier criatura que tenga la suerte de pisar esta tierra mirará hacia arriba y verá el sol como lo vemos nosotros hoy. A veces su rostro estará oculto, a veces brillará más plenamente. Pero sigue siendo nuestro sol. Dos caras, dos purezas, dos situaciones, y todo lo que hay en medio, pero el sol siempre brilla. No tiene mañana, no porque nada cambie, sino porque brilla a través de todos los cambios.

Nombrar la sabiduría –en lugar de la vacuidad– como la naturaleza de nuestra mente, nos recuerda esta firme luz del sol. Situar la sabiduría en el corazón de las cosas es también el corazón de las directrices de Longchenpa desde la Vía Media hasta la gran totalidad de Dzogchen. La sabiduría impregna la experiencia por completo. Descansar en esto es descansar en la totalidad. El descanso es tu organismo reconociendo que no hay ningún otro lugar al que ir. Está aquí. "¡No busques en otra parte!", dice Longchenpa.[263]

El cambio oscurece lo inmutable pero no lo altera. Todo lo que vemos está animado por la realidad misma. Esto no se ofrece como un dogma, sino como un mensaje de la profunda experiencia de una larga línea de practicantes que observan nuestra situación humana directamente desde el corazón. Una frase que comenta la obra de Jigme Lingpa *La Gran Madre, la Gran Reina de la Dicha*, nos lo recuerda:

> *Debido a que hay nacimiento de lo que no tiene nacimiento, los seres vivos están confundidos.*

El nacimiento es movimiento y cambio. Lo que no nace está quieto. De él emerge una vitalidad incesante.[264] La práctica de la primera médula de Jigme Lingpa nos familiariza con la danza entre la quietud y el cambio, que Dzogchen abordará explícitamente. Con la segunda piedra practicamos la relajación de la conciencia sin centrarnos en un objeto. En la tercera, aprendemos a mirar el dolor y la felicidad a la cara y a encontrar allí mismo una transparencia a través de la cual nos movemos. Con la cuarta médula investigamos el hacer que inicia el dolor y el placer, aterrizando de nuevo en un horizonte abierto que no es ninguno de los dos, a la vez que intimamos con ambos. En la quinta médula, cortamos los hilos que son la urdimbre y la tra-

---

263 Barron, *Treasure Trove*, 104; Longchen Rabjam, *Commentary on the "Precious Dharmadhātu Treasury,"* 117

264 La frase "nonato, incesante", una parte famosa del *Elogio de la Madre Perfección de la Sabiduría* de Rāhula, se encuentra en numerosos tantras Dzogchen; Longchenpa también la borda ampliamente en su *Comentario sobre el "Tesoro Precioso Dharmadhātu"*. En los cada vez más influyentes *Ḍākinī Ngöndro* y *Convertirse en Yeshe Tsogyal*, de Adzom Rinpoche, revela su significado en Dzogchen de formas que los llevan a la experiencia profunda.

ma de todo pensamiento,[265] y volvemos a encontrarnos, como en la primera práctica, atentos y radicalmente abiertos, pero ahora sin ningún objeto en particular.

Todo esto nos ayuda a trabajar con lo que parece una contradicción imposible: el nacimiento de lo que no ha nacido. Pero resulta que esto sólo es una contradicción cuando olvidamos la dimensión más amplia en la que tiene lugar toda percepción, ya que lo no nacido y lo incesante se hacen posible mutuamente. Los escritos de Longchenpa sobre el Dzogchen incluyen muchas descripciones de la sabiduría primordial que impregna el dharmadhātu, y que lo describen como la última pista de baile para todo nacimiento y cesación. El primer capítulo del *Precioso Tesoro Dharmadhātu* así lo expresa:

> ...*el remolino y la paz, amaneciendo por sí mismos (rang shar), nunca abandonan el ámbito sereno (dharmadhātu) que es su fuente misma...*[266]

Lo que parece paradójico o incompatible bailan juntos, el remolino del samsāra (movimiento incesante) y la paz del nirvāna (quietud no nacida). El séptuple entrenamiento y las cinco prácticas medulares nos abren a esta danza. Los practicantes deben encontrarla por sí mismos.

El dharmadhātu y la sabiduría primordial que lo impregna no tienen nacimiento. Todo surge de ellos. Las instrucciones de Jigme Lingpa nos llevan a observar lo que está quieto y lo que se mueve, la felicidad y el dolor, o el origen de estos, o simplemente su dejar ser. De este modo, la sabiduría misma es compasión, el corazón del camino del bodhisattva.

---

265 El texto tibetano dice *rtogs pa* (realización), pero tanto la consulta oral como el contexto dejan claro que lo que se quiere decir es *rtog pa* (pensamiento). Al dar el tibetano en la página del interludio de la quinta práctica de la médula, he cambiado *rtogs pa* por *rtog* basándome en la discusión con dos eruditos tibetanos.

266 Longchen Rabjam, *Commentary on the "Precious Dharmadhātu Treasury,"* 49.2. Véase también Barron, *Treasure Trove*, 13.

Prácticas medulares a la luz de Longchenpa

Los pivotes de Longchenpa giran hacia el lugar de nacimiento más íntimo, fresco e inspirador de toda nuestra experiencia, el dharmadhātu que, como hemos visto, introduce en el contexto de la práctica sūtra del bodhisattva, y que sus escritos Dzogchen describen como un espacio mental siempre luminoso, nuestro único lugar para el descanso genuino. Todo lo que no sea eso se encoge de hombros ante nuestra herencia vital.

Teniendo esto en cuenta, volvemos a considerar la tercera práctica medular de Jigme Lingpa, presente en su meditación-cuento en la que presenciaste el terrible sufrimiento de los fríos infiernos y fuiste exhortado por Guru Rimpoché a sentir una compasión por sus moradores tan intensa que estás dispuesto a asumir tú mismo todo su sufrimiento con tal de que se liberen de él.

Cuando despiertas a esta compasión radical, te conviertes inmediatamente en un guía que libera a los demás. Y en este preciso momento, en el que acabas de hacer que tu imaginación humana pase de un doloroso infierno-prisión a la cima de la libertad, Jigme Lingpa te sugiere que dejes que tu mente descanse con naturalidad, simplemente observando la verdadera naturaleza de las experiencias positivas y negativas[267] lo que desemboca en la apertura reposada del simple ser.

Cuando Jigme Lingpa dice "simplemente observa", invita a una forma de ser que ni agarra ni empuja. Volverse transparente a todo lo que ocurre es parte de encontrar el descanso genuino, que Longchenpa describe a veces como la mente descansando en su propia cama, en casa, en su propio nido.[268]

La esencia de la sabiduría es la compasión. Cuando nos engañan las apariencias, cuando a nuestros simples sentidos les parece que la

267 Dahl, *Steps to the Great Perfection*, 43.

268 Barron, *Treasure Trove*, 345.

luna ha caído en el lago, nunca encontramos descanso. El espacio no resuelto entre el sujeto y el objeto –el espacio de la separación– se experimenta inevitablemente como un espacio en disputa.

¿Cuánto controlamos? El amor y el odio se agitan para conseguir lo que queremos y deshacerse de lo que no. Según la cosmología budista, vivimos en el reino del deseo. La razón por la que estamos tan avariciosamente necesitados es porque nuestras mentes están inquietas, distraídas. La culminación del verso de Jigme Lingpa para cultivar la bodhicitta es "para que todos puedan descansar en su clara esfera mental", el dharmadhātu. De este modo, el practicante pasa de la trayectoria kármica a la trayectoria sabia.

Muchas prácticas budistas invitan a observar el pensamiento, la mente observando la mente. La famosa escritura pre-Mahāyāna conocida como *Sūtra de los Fundamentos de la Atención Plena* enseña a centrarse en la respiración y, a continuación, en diversos aspectos de la mente. Es una práctica budista emblemática, aunque diferente de la observación transparente a la que invita Jigme Lingpa en sus prácticas de médula. La atención plena budista clásica se aparta atentamente de su objeto y es consciente de él. Las prácticas medulares de Jigme Lingpa también comienzan con la observación e invitan a abandonar los mecanismos de distanciamiento de la mente, soltar pensamientos, facilitar la apertura, cortar hilos, en otras palabras, desensamblar cada parte de la casa desvencijada que todavía obstruye nuestra visión. Y a la luz de esto, observamos de nuevo la concisa observación del propio Jigme Lingpa sobre lo que puede ocurrir entonces:

> *Muchacho, la mente observando a la mente*
> *no es la percepción de la esencia del conocimiento.*
> *Muchacho, deja que ese conocimiento sea sin esfuerzo*
> *y sin divagaciones, que simplemente sea.*[269]

---

269 Tulku Thondup, *Masters of Meditation*, 124–25; texto tibetano: *Jigme Lingpa's rnam thar*, en *Collected Works*, vol. 9, 442.6.

Las prácticas medulares ofrecen una especie de oasis contemplativo entre la "mente observando a la mente", que, como explica Jigme Lingpa en el verso anterior, no es el camino del Dzogchen, y el simple descanso en la pura cara de la consciencia, *rig pa*. Estar sin flujo ni adornos, cambio o conceptualidad, significa que no hay sensación de una mente observadora mirando a una mente observada, sino que existe simplemente la propia naturaleza conocedora. Todo lo demás son florituras. Volantes significa pensamiento, que Dzogchen siempre asocia con esfuerzo. Por definición, la sabiduría está libre de adornos. La división observador-observado se desvanece en un estado abierto de conocimiento íntimo pero expansivo.

Las instrucciones especiales de Jigme Lingpa, las prácticas de la médula, son engañosamente sencillas. Las disfruto mucho. Se abren a otro tipo de experiencia, prestando atención al cómo ver y conocer. Los objetos pueden conocerse vívidamente a expensas de tener en cuenta la extensión que habitan. ¿Qué hay del descanso en el propio conocimiento? El dolor sigue siendo distinto del placer, pero el conocimiento no se queda atascado en ninguno de los dos. Encuentra un espacio mental sin trabas en el que todo esto ocurre.

En la primera práctica medular, permanecer en la conciencia del movimiento y la quietud puede producir una sensación de un espacio mental más amplio, presagio del dharmadhātu, del mismo modo que mirar la imagen de un espejo te lleva directamente al espejo si no te enganchas a las imágenes que allí se reflejan. Pero normalmente estamos demasiado distraídos por las imágenes como para fijarnos en el espejo. ¿Tienes curiosidad? Mírate en un espejo con los sentidos abiertos a todo el reflejo, no sólo a la imagen de tu cara. Esto es sólo una analogía, pero muestra cómo las instrucciones de Jigme Lingpa orientan a los practicantes hacia la perspectiva de la Gran Perfección, según la cual nada de lo que percibes está fuera del campo de reflejo de tu propia experiencia.

Para Longchenpa, como bien sabemos a estas alturas, la verdadera naturaleza de la percepción placentera, dolorosa y de cualquier otro tipo es la sabiduría. Desde aquí es fácil reconocer que "la mente despierta es la base real de todo"[270].

El genio de Longchenpa abrió un horizonte histórico y profundamente visionario del Dzogchen en el Tíbet del siglo XIV. Se basó en un vasto corpus, que incluía los primeros tantras Dzogchen y los linajes Dzogchen asociados con Guru Rimpoché y Vimalamitra, que organizó y comentó en su famosa colección *Esencia Cuádruple del Corazón*. En el siglo XVIII, Jigme Lingpa se basó en este corpus literario y lo amplió.

Tanto Longchenpa como Jigme Lingpa citan fuentes indias; ninguno se basa en textos chinos. Sin embargo, las conversaciones con los primeros Chan chinos del siglo VIII también formaron parte del primer periodo de desarrollo de Dzogchen en el Tíbet. Aquí también encontramos presagios, o al menos resonancias, de los importantes giros gnósticos de Longchenpa.

En el *Sūtra de la plataforma*, el primer documento formativo del Chan, encontramos la famosa narración del despertar del sexto patriarca.[271] Candidato improbable, este monje pobre y analfabeto eclipsa los esfuerzos poéticos del presunto futuro patriarca. Recita un verso que hábilmente se aleja de lo kármico y va directo a una narración de sabiduría. ¿Hay que pulir el espejo de la mente o reconocer que ya brilla con sabiduría? ¿El camino consiste en el conocimiento o en la sabiduría? Shenxiu, el monje principal y presunto heredero, escribió célebremente:

> *La mente es como un espejo transparente.*
> *En todo momento debemos esforzarnos por pulirla*
> *y no dejar que se acumule el polvo.*[272]

---

270 Barron, *Precious Treasury of the Basic Space of Phenomena*, 32–33.

271 Yampolsky, *Platform Sutra*, 125–83.

272 Yampolsky, *Platform Sutra*, 130.

Pero su poema no triunfó. Huineng, el futuro sexto patriarca, era analfabeto y dictó un poema que otro monje escribió para él:

> *La mente es el árbol Bodhi.*
> *El cuerpo es el soporte del espejo.*
> *El espejo es originalmente limpio y puro;*
> *¿dónde puede mancharse de polvo?*[273]

En el Tíbet, estas dos posturas se reflejan en la diferencia entre las vías sūtra, que hacen hincapié en la necesidad de purificar las aficiones, y las vías dzogchen o tántricas, que hacen hincapié en que el fruto, la mente despierta y la sabiduría primordial, en esencia ya están ahí.

En términos de nuestra experiencia humana, no es que la narrativa de la sabiduría se desvincule por completo de la kármica, como tampoco, desde la perspectiva del Dzogchen, nuestras aficiones se desvinculan de su naturaleza de sabiduría. Esto es lo que sugiere la familiaridad con las prácticas de Jigme Lingpa. Digamos que alguien te ha hablado con dureza y te sientes triste o enfadado por ello. Es comprensible. Sin embargo, si miras dentro de esa tristeza o enfado, la mirada en sí misma no es triste ni enfadada. Y la tristeza o la ira no están separadas de la mirada. A medida que seas capaz de centrarte en el puro saber que está presente, es posible que descubras –no intelectualmente, sino en una experiencia visceral que puede sorprenderte– que este saber, y no tu reactividad, es lo más fundamental de tu experiencia. Esto es parte de lo que significa comprender que el puro saber, el *rig pa*, es lo que sustenta el no saber que llamamos ignorancia. La ignorancia no proporciona apoyo al *rig pa*. Por lo tanto, el puro ver de la sabiduría no se derrumba cuando sucumbe la ignorancia, "igual que el suelo permanece aunque se haya destruido una casa".[274]

Se requiere mucha práctica paciente para que la realización del Dzogchen florezca en una experiencia plena de la sabiduría

---

273 Yampolsky, *Platform Sutra*, 132.

274 Véase Barron, *Precious Treasury of Philosophical Systems*, 226 (*Grub mtha'*, 993.1-2).

que ya está ahí. De ahí los siete entrenamientos. Esos entrenamientos, y las prácticas fundacionales relacionadas pero distintivas, están todos retroiluminados por un creciente sentido de que la sabiduría que se busca está aquí mismo.

Lo más importante es tener confianza en ver que tu naturaleza mental es búdica, lo que significa que ya tienes naturaleza búdica en tu sistema.[275] Como señala Asaṅga al comentar su *Sublime Corriente Mental*, incluso la gente corriente como nosotros tiene cualidades positivas asociadas con una sabiduría inseparable de nuestras aficiones.[276] La mayoría de las personas necesitan entrenamiento antes de que esto surja.

¿Cuál es la relación del Dzogchen con las formas anteriores de Mahāyāna y Tantra en el Tíbet? Los estudiosos de la historia religiosa tibetana temprana coinciden generalmente en que el Dzogchen surgió como una forma distinta de práctica en torno al siglo X.[277] Las prácticas que Jigme Lingpa describe en los tres primeros de los siete entrenamientos siguen lo que ahora es una trayectoria tradicional para los practicantes de Dzogchen, reflexionando sobre la propia situación como ser humano, con sus oportunidades y su brevedad, sus incertidumbres y su dolor, a la vez que se desarrolla una relación de corazón con un maestro personal para reconocer la naturaleza espiritual que siempre se ha tenido.

Una obra atribuida a Padmasambhava divide la práctica tántrica en tres fases: creación, culminación y gran culminación, o Dzogchen. El Dzogchen era, por un lado, una fase de culminación del yoga de la deidad y, por otro, una forma poderosamente sencilla de estar presente. Es fácil ver cómo, en el transcurso de la práctica, la pura presencia surgiría como un logro del gurú-yoga y, en retrospectiva, se entendería que ha estado presente todo el tiempo. Todo yoga de la deidad es también gurú-yoga.

---

275 Conversación con Gyurme Lodro Gyatso (Khenpo Yeshi), otoño de 2022.

276 Dorje Choying Tobden, *Complete Nyingma Tradition*, libros 1–10, "Foundations of the Buddhist Path," 332.

277 Germano, "Architecture."

Sam Van Schaik observa que en el texto del siglo IX *Questions and Answers of Vajrasattva*, la forma correcta de practicar el yoga de la deidad se describía así:

> *En el último yoga de la deidad no se percibe ni sujeto ni objeto. Debido a que no hay dificultades ni esfuerzo, este es el yoga de la deidad más elevado.*[278]

Las sādhanas de *la Esencia del Corazón Luminoso* de Adzom Paylo Rimpoché describen en varias ocasiones al maestro real o auténtico (*don gyi bla ma*) como la realidad misma. Teniendo esto en cuenta, apreciamos de nuevo la forma en que Jigme Lingpa remata sus meditaciones-relato con prácticas que evocan el encuentro directo del Dzogchen con la realidad íntima.

La capacidad de respuesta amorosa que, según el Dzogchen, ya forma parte de la triple naturaleza de nuestro fondo –esencia vacía, naturaleza luminosa y amor que todo lo sustenta– se manifiesta en la narrativa kármica a través del cultivo intencionado del amor y la compasión. Hay una diferencia sutil entre sentir que algo íntimo se manifiesta de forma natural y sentir que estás empezando desde cero a construir un corazón compasivo. Aunque a menudo se presentan como antitéticas, en la práctica estas perspectivas se entrelazan y se apoyan mutuamente. Del mismo modo, los nueve vehículos se complementan entre sí.

Nueve vías[279] de refugio: el camino como holograma

La narrativa de la sabiduría adquiere cada vez más importancia en el transcurso de las nueve vías de los nyingma[280]. Los

---

278 Van Schaik, "Early Dzogchen IV."

279 Ver nota 242.

280 La escuela Nyingma es la más antigua de las cuatro principales escuelas del budismo tibetano. "Nyingma" significa literalmente "antiguo" en tibetano, y esta escuela es conocida por preservar las enseñanzas más antiguas del budismo tibetano. Se remonta al siglo VIII, cuando el budismo fue introducido por

giros que Longchenpa hace hacia el Dzogchen cuando presenta la vía del bodhisattva y la Vía Media en sus escritos filosóficos proporcionan un trasfondo para la perspectiva de la vía de Jigme Lingpa. Hemos visto que Jigme Lingpa, tras las meditaciones de los cuentos, proporciona prácticas tántricas destiladas de creación y culminación en las que uno se funde con Guru Rimpoché y luego se disuelve en el espacio, seguidas de una transición al territorio Dzogchen a través de las instrucciones de Jigme Lingpa. De este modo, cada una de las meditaciones-cuento y sus segmentos nos llevan a través del camino completo de los nueve vehículos, pasando del pensamiento a experiencias de sabiduría cada vez más sutiles y completas. Esta inclusividad es un sello distintivo del estado abierto del Dzogchen, de su visión de la realidad y de las prácticas que nos llevan hasta allí. Todas son omnidireccionales (*phyogs ris med pa*), es decir, no se inclinan en ninguna dirección excluyendo las demás. El término también puede traducirse como "sin prejuicios", lo que describe el movimiento abierto y no sectario del Tíbet, del que Jigme Lingpa es un antepasado importante.[281]

El homenaje inicial de Jigme Lingpa a Samantabhadra en la *Escalera hacia la Liberación* gira en torno a la importancia de esta inclusividad:

---

primera vez en el Tíbet desde la India. Las enseñanzas y prácticas de la escuela Nyingma se basan en los primeros textos traducidos durante este período, conocidos como "termas", muchos de los cuales se atribuyen a Padmasambhava (Guru Rinpoche), una figura central en la historia del budismo tibetano y especialmente reverenciada en la tradición Nyingma.

281 Para una excelente reflexión sobre cómo el término *phyogs ris med*, traducido en distintos contextos como "imparcial", "no sectario" u "omnidireccional", es tanto un principio del Dzogchen como un movimiento histórico hacia un mayor ecumenismo en Tíbet, véase Deroche, "Sobre ser imparcial". En un contexto moderno, podemos decir que este sentido de no inclinarse, de no dar la espalda a nada, es la base de lo que consideramos imparcialidad, que pretende ser un sello distintivo de la justicia, que no consiste en ser ciego, sino omnisciente, ofreciendo una atención justa a todos.

La consumación de las enseñanzas llega
cuando toda la gama de instrucciones
–las doctrinas del sūtra y del tantra–
se comprenden en una sola sesión;
la unión con la mente de sabiduría del dharmakaya,
libre de cualquier esfuerzo o tensión,
es la riqueza única del Dzogchen, la Gran Completitud.[282]

Jigme Lingpa ve toda la gama de instrucciones, los nueve caminos desde el sūtra hasta el Dzogchen, como un todo inclusivo. Los peldaños inferiores de una escalera no se desvanecen a medida que uno asciende, sino que continúan apoyando la subida. Los vehículos inferiores no se evaporan al pasar a los superiores. Para Jigme Lingpa, una escalera es la expresión de que todo está ahí. Así entiende él también la práctica del refugio.

En apenas cuatro líneas, entre las más admiradas de todo su corpus, Jigme Lingpa ofrece un refugio que abarca todas las fases del camino. Al refugiarse en los nueve vehículos[283], señala la relación del Dzogchen con cada uno de ellos. Aunque los nueve vehículos se presentan generalmente como una jerarquía, en la que el practicante asciende de uno a otro, desde dentro del mandala de la propia práctica la imagen es más bien un holograma, con el Dzogchen en el centro, rodeado por los otros ocho vehículos, cada uno de ellos un portal hacia el Dzogchen, mientras que el Dzogchen a su vez perfuma a todos ellos. Todos forman parte de él, al igual que toda la montaña es un pasaje hacia su cima.

Longchen Rabjam, en el penúltimo y duodécimo capítulo de su *Tesoro del Precioso Dharmadhātu*, nos dice que en el corazón

---

282 Dahl, *Steps to the Great Perfection*, 16; Jigme Lingpa, *Stairway to Liberation*, 130.1–3.

283 Ver nota 242.

de sus instrucciones clave hay tres puntos principales: esencia, naturaleza y receptividad sincera.[284] Estos tres puntos constituyen el núcleo del famoso verso de refugio de Jigme Lingpa:[285]

En las Tres Joyas Reales,
en las Tres Raíces llenas de Bienaventuranza
Canales, vientos, orbes brillantes: esta mente-bodhi
esencia, naturaleza, amor mandala en movimiento
Hasta el bodhi completo, busco refugio.[286]

Refugio significa seguridad, protección y ayuda cuando la necesitamos. En la vida cotidiana buscamos constantemente algo más grande y poderoso que nosotros para protegernos de lo que tememos. Encontramos un tipo de refugio en la familia, la política y la fama. Todos son temporales. Los budistas se entrenan para encontrar refugio en lo que es estable.

Las Tres Joyas son Buda, Dharma y Sangha, refugio de quienes practican en los tres primeros vehículos. En los tantras exteriores, los budistas se refugian en el Gurú, Deva y Dākinī, que

---

284 Barron, *Treasure Trove*, 335; Longchen Rabjam, *Commentary on the "Precious Dharmadhātu Treasury,"* 158a.

285 Klein, *Heart Essence*, 69. Estas líneas pueden cantarse con varias melodías tibetanas tradicionales. Una traducción ampliada del mismo verso sería (traducción del tibetano por la autora):
Hasta la plena iluminación
busco refugio en las Tres Joyas Reales,
las que han ido a la Bienaventuranza (sugata),
en las tres raíces (Guru, Deva, dākinī),
en la naturaleza de los canales, vientos y orbes brillantes,
que son mi mente despierta
y en el mandala de la esencia, la naturaleza y la compasión fluyente.

286 La primera línea aquí es el refugio del camino del bodhisattva sūtra; la segunda es el refugio de los tantras exteriores; la tercera es el refugio de los tantras interiores; y la cuarta es la forma Dzogchen de refugiarse en la naturaleza tripartita real de la mente misma: esencia vacía, naturaleza luminosa y el flujo de compasión que todo lo aplaca en todo el mundo.

son, respectivamente, las fuentes de las bendiciones, el poder y las actividades. Los practicantes de los tantras internos se refugian en el potencial de los propios canales, energías y orbes brillantes del cuerpo, elementos tan sutiles que no los notaríamos si no fuera por la práctica. Los practicantes de Dzogchen se refugian en todo lo anterior y también en la naturaleza mental, la naturaleza indestructible e inimaginablemente íntima que siempre está con nosotros. Es decir, uno se refugia en su propia presencia consciente.[287]

Estos cuatro refugios son secuenciales y acumulativos. La diferencia entre el primero y el último es como la que hay entre contemplar una exquisita puesta de sol y sentir cómo los colores se encienden en tu interior.

El Dzogchen entiende que el conocimiento puro, *rig pa*, tiene tres aspectos: esencia vacía, naturaleza luminosa y pasión omnipresente.[290] Una fuente importante de esta realidad triádica es la *Majestad Creadora de Todo*:[291]

> *Mi naturaleza, espontáneamente ahí, sin ser buscada, es las tres dimensiones búdicas, corazón de todos los majestuosos.*
> *Mi naturaleza sin artificio es la dimensión búdica pura.*
> *Mi esencia no condicionada, la dimensión gozosa plena y ricamente dotada.*
> *Mi compasión receptiva manifiestamente presente, la dimensión de la emanación.*
> *Muestro que estas tres no surgen por ser buscadas. Yo, majestad creadora, contengo las tres dimensiones búdicas.*
> *La naturaleza de todos y cada uno de los fenómenos, independientemente de cómo aparezcan, es la tríada no buscada: naturaleza, esencia y capacidad de respuesta.*
> *Muestro que estas tres dimensiones son mi talidad.* [292]

---

287 Khetsun Sangpo Rinpoche, *Strand of Jewels*, 4–5.

La esencia triple, la luminosidad y la compasión fluyente maduran en las dimensiones búdicas de la forma pura, la forma brillante y la forma formada, respectivamente.

El amor conmovedor, la respuesta compasiva intrínseca de la naturaleza mental, emana de la unión de la esencia vacía y la naturaleza luminosa. Esto se describe en la tercera línea del verso del refugio, donde encontramos una palabra tibetana estándar para "compasión" *(thugs rje, karuṇā)*. Aquí, sin embargo, significa un estado espontáneo de receptividad que es la actividad natural de los budas de la dimensión de emanación. Los budas no preguntan qué puedo hacer para ayudar. Su compasión, libre de conceptos y dualismo, simplemente sabe dónde se la necesita y fluye hacia allí.

Además, como dejan claro el *Tesoro del Precioso Dharmadhātu* de Longchenpa y el ciclo de la *Esencia del Corazón Luminoso* de Adzom Paylo Rinpoche[288], estos tres —la vacuidad, la naturaleza luminosa y el amor conmovedor— y las tres dimensiones búdicas en las que maduran, son la fuente y la naturaleza reales de todo lo que existe.

La humanidad del despertar

De este modo, el verso refugio de Jigme Lingpa nos enseña el ADN fundamental del conocimiento exterior, interior y secreto de un practicante. Su poesía y su melodía ofrecen un asiento profundo en la extensión íntima de la propia naturaleza.

El verso ofrece refugio a todos los niveles de practicantes. Sea cual sea nuestra experiencia cotidiana o nuestro estado en el camino, estamos integrados con el despertar. Cada vez más, nuestros ojos humanos y búdicos se ven reflejados el uno en el otro hasta que pueden fundirse en una visión sin límites. Siempre han estado el uno en el otro.

---

288 Especialmente el *Ḍākinī Ngöndro* y el *Troma Severance*, distintas ediciones impresas de forma privada por Dawn Mountain y Tārā Mandala para su uso en la práctica.

"Expansividad" y s"uavización de los límites entre el interior y el exterior" son expresiones frecuentes de los místicos, pero no es exclusivo de ellos. El contenido real, el impacto y las imágenes varían enormemente en la propia experiencia, pero muchos en ocasiones, algunos tipos de personas sienten que se han abierto puertas de percepción muy personales a un conocimiento que desconocían. La intuición, por ejemplo, es un conocimiento que parece surgir sin causa evidente. En este sentido, guarda analogía con la perspectiva del Dzogchen.[289]

A partir de escritos y entrevistas en directo sobre el "surgimiento inesperado de una idea", Claire Petitmengin descubrió que la experiencia de la intuición es sorprendentemente similar para artistas, científicos y otras personas, incluso cuando el contenido de su intuición es muy diferente. Su estudio pionero se centró en la estructura de la intuición, en el *cómo* surge. Descubrió una serie de casos en los que la sensación de agencia de una persona se altera: la sensación de ser un "yo" distinto se vuelve más "ligera" e incluso desaparece justo antes de que surja la intuición. "Me viene una idea" o "se me da", dicen, no "tengo una idea". Para nosotros, esto recuerda a la sensibilidad asociada a las meditaciones-relato, cuando el cuerpo se vuelve ligero en ambos sentidos antes de disolverse.

Justo antes del surgimiento de la intuición, numerosas personas

entrevistadas también declararon sentir una mayor permeabilidad entre ellas y el mundo exterior. "En esos momentos, ya no hay barreras entre las cosas y yo. Es como si ya no tuviera piel". La frontera que separa el yo del exterior o de otros sofis.

---

289 Estos párrafos están extraídos de mi artículo "Sentimientos atados y liberados: vagar y maravillarse en los caminos budistas", https://www.tandfonline.com/doi/full/10.1080/14639947.2018.1443567. Pruebas corregidas a mano disponibles en: https://www.academia.edu/63821307/Feelings_Bound_and_Freed_Wandering_and_Wonder_on_Buddhist_Pathways.

Se trata de una experiencia bastante común en muchos tipos de meditación. También hay un elemento espacial en el cambio que suele preceder inmediatamente al surgimiento de la intuición, como el descrito por Marcel Jousse, que descubre que en ese momento su cuerpo es un "espejo flexible y vivo" que siente los movimientos de la naturaleza dentro de sí:

> *Puedo sentir muy bien dentro de mí, en mi tronco, el río fluyendo, o el álamo erguido recto hacia el cielo... Siento el río fluyendo en mí. Siento el álamo erguido.*

Más recientemente, el profesor de Zen Henry Shukman recordaba una experiencia que le sorprendió en una playa de Argentina cuando tenía nueve años, antes incluso de haber oído hablar del zen o de la meditación. Estaba tan joven y tan asombrado, que en su diario sólo podía referirse a sí mismo en tercera persona:

> *Un joven, una playa, un barco en el agua... Podría haber sido cualquier joven de cualquier siglo, contemplando cualquier agua.*
>
> *Y el agua era fascinante, cegadoramente blanca y a la vez completamente oscura. Escalas de brillo se deslizaban sobre la oscuridad, de modo que alternaba entre el negro más espeso y la luz cegadora... ¿Qué estaba viendo realmente?*
>
> *Mientras reflexionaba sobre esta cuestión, de repente la visión ya no estaba frente a él. Estaba dentro de él. O él estaba dentro, como si hubiera entrado en la escena y formara parte de ella. Ya no podía distinguir el interior del exterior... Estaba hecho del mismo tejido que todo el universo. No bastaba con decir que pertenecía a él. Era él. Era él.*[290]

La experiencia sugiere que las cosas que los místicos y los practicantes se pasan la vida cultivando son, en cierto modo, naturales

---

290 Shukman, *One Blade of Grass*, 47.

para el organismo humano. Razón de más para no exotizar a los budas como irreales, como demasiado otros con los que andar o a los que emular. Esta es una forma importante de apreciar el potencial humano del que hablamos aquí. Al mismo tiempo, las estructuras únicas y las prácticas entrelazadas permiten ampliar enormemente estos fugaces portales de experiencia.

Longchenpa tiene su propia manera de presentar el despertar como algo separado de la experiencia presente por una mínima diferencia, que radica en cómo consideramos nuestra propia naturaleza búdica. Si no la reconocemos allí mismo, en nuestra naturaleza más fundamental, nuestro *sancta sanctorum* (*sbubs*), la mente ordinaria toma el control. Si la reconocemos allí mismo, tal como es, estamos despiertos. Ésa es la única diferencia. En el primer caso, nuestra naturaleza está oscurecida por nuestra propia experiencia ordinaria. En el segundo, somos budas. Pero, en principio, no somos ni lo uno ni lo otro. Es un vívido recordatorio de que lo humano y lo búdico en nosotros no se anulan mutuamente. De hecho, parte de nuestro camino consiste en avanzar y retroceder entre grados relativamente mayores o menores de claridad y oscuridad respecto a nuestra naturaleza. Ambas son la naturaleza del dharmadhātu. En ese sentido, no ocupan universos diferentes. Buda fue, entre otras cosas, también un ser humano. Esto ayuda a aclarar cómo podemos ser budas en un sentido significativo, aunque aún no lo parezcamos. Ojalá hubiera leído esto en el instituto.

¿Cómo reconoces que estás vacío en esencia? De mis profesores, de las prácticas medulares, de muchas experiencias diferentes dentro y fuera de la práctica, se hace evidente que una manera profunda y fácil de empezar es con una simple relajación. La relajación alivia. En especial, libera mi impulso innato de aferrarme a las innumerables *cosas* que deseo y, por tanto, de aferrarme al yo que las desea. La relajación suaviza fácilmente esta urgencia constrictiva. La facilidad es amiga de la expansión.

En un estado más relajado, mis obsesiones también se relajan. Ver hasta qué punto soy consciente de los muchos gestos con los que me interpongo en mi propio camino es un poco embarazoso y también un gran alivio. Estos "apoyos" se hacen más transparentes con facilidad y entrenamiento. Si es posible ver a través de ellos, si la amplitud puede abrirse, entonces debe ser posible vivir realmente en la amplitud que surge justo dentro del propio problema.

El célebre Gueshe Wangyal, con quien pasé todo el tiempo que pude durante los últimos doce años de su vida, llamaba a los bodhisattvas "verdaderos cosmopolitas". Los cosmopolitas saben que su camino no es el único, que el yo de hoy es sólo eso, no una fijación eterna. Abandonando los hábitos estrechos de miras, sus corazones e intereses incluyen a todo el mundo. La amistad con uno mismo y con los demás puede empezar.

El refugio, como todos los actos rituales tibetanos, incluye estados cognitivos, imaginarios, somáticos, sonoros, devocionales y otros estados afectivos que se abren hacia un horizonte amable e inclusivo. Al aspirar a los picos de las montañas con vistas a los valles, contemplamos el pico desde abajo incluso cuando ya sentimos cómo se ve este valle desde lo alto. Esto es esencialmente lo que ocurre en las meditaciones-cuento de Jigme Lingpa cuando, como el intrépido viajero, reconocemos de nuevo un paisaje que incluye tanto la muerte como el despertar. Finalmente, vemos que no somos pequeños ni estamos solos. Esto lo cambia todo, y el camino se une. Las prácticas de la médula invitan a una conciencia que abarca todo el universo en nuestra experiencia. En esos momentos, este conocimiento se siente como la base de todo lo que conocemos, como si la verdadera naturaleza de todo lo que experimentamos fuera la sabiduría "indescriptible, inconcebible e inexpresable", un "estado mental auténtico y sin confusión".[291] En ese momento no estamos mirando a ningún objeto de ahí fuera. Puede que el despertar completo no esté al

---

291 Barron, *Precious Treasury of Philosophical Systems*, 112 (*Grub mtha'*, 799.2–3).

alcance de la mano, pero la fusión de nuestro estado humano con otro más expansivo se antoja más que posible.

Contemplar el cielo nocturno despejado ofrece un paso inmediato a la expansividad. Al sentirnos parte de esta inmensidad, nuestros retos ya no nos consumen como antes; son ondas en nuestro océano. Jigme Lingpa, dirigiéndose a Samantabhadra en la apertura de su *Escalera hacia la Liberación*, escribe:

> *El despliegue de tu suelo manifiesto es como el reflejo de la luna en el agua...*

Aunque aparezca en el agua con una claridad impresionante, no hay luna en el agua. Así ocurre con todo. A veces la mente se abre un poco y esto no es sólo una idea, sino una visión real, a la luz de la cual podemos simplemente relajarnos y disfrutar de la danza. Conocer la realidad significa estar a gusto.[292] Tranquilidad significa apertura al dolor ajeno. Jigme Lingpa escribe precisamente para liberar estas energías compasivas:

> *Como lunas en el agua, las vistas nos engañan.*
> *Siempre vagamos atados en cadenas cíclicas.*
>
> *Para que todos puedan descansar en su esfera de mente clara,*
> *yo despierto a través de cuatro estados ilimitados.*[293]

---

292 Longchenpa desarrolla ampliamente el tema de la facilidad en su famosa *Trilogía del Descanso* (*Ngal gso 'khor gsum*), traducida por primera vez al inglés por Herbert Guenther como *Kindly Bent to Ease Us*. El texto raíz y su comentario *El Gran Carro* (*Shing rta chen po*) también han sido traducidos recientemente por el Grupo de Traducción Padmakara como *Trilogía del Descanso*.

293 Para el texto completo en inglés, tanto en inglés cantable (como aquí) como en poema en prosa, véase Klein, *Heart Essence*, 66. La traducción en verso, 95-96, reza: "Las múltiples apariencias [sensoriales] son/ como la ilusión de que la luna está allí en el agua./ Los seres errantes recorremos continuamente/ los eslabones en cadena de la existencia cíclica. Para que puedan descansar fácilmente en el espacio básico/ de su propia presencia clara y reflectante, hago surgir una mente decidida a la iluminación/ mientras habito en la cuádruple ilimitación".

Sólo hay una luna, pero muchas maneras de vivir en la luz de la luna. No se nos pide que miremos hacia otro lado, sólo que descansemos en el agua real en la que aparece nuestra propia esfera de mente clara, el dharmadhātu. El verdadero descanso deja ir la pesada armadura de la falsa confianza, el esfuerzo de fingir. Fingir está animado por el deseo de conectar, pero acabamos sintiéndonos más solos.

Mi incapacidad para reconocer cómo son las cosas –tan atenuantes como ilusorias– oculta la bodhicitta innata que forma parte de mi naturaleza original. En la medida en que puedo reconocer los patrones habituales y las distracciones zumbantes como "cadenas cíclicas", la compasión puede fluir. También aprecio de nuevo el famoso voto de Śāntideva:

Mientras exista el espacio, mientras exista el mundo, mientras yo esté aquí, resolveré el dolor de todos los seres.[294]

El dharmadhātu es un espacio que perdura y, dice Longchenpa, es un reino esencial, la fuente y la arena de todo.[295] Esta misma arena real y vacía es también la fuente (aunque nunca la causa) de nuestras sensibilidades ordinarias y desconcertadas. Seguirlas hasta su fuente nos lleva nada menos que a la pura forma búdica, el propio dharmakāya.[296] Longchenpa quiere que sepamos desde el principio que esto es con lo que tienen que trabajar los bodhisattvas.

Las cosas que me molestan cuando tengo hambre o estoy cansada no suelen tener ningún sentido cuando estoy descansada y en forma. Mi enfado depende menos de causas externas que de mi propio estado. ¿Y de qué depende exactamente? Los hábitos y la historia influyen, pero la situación no es estática ni está dada. Soy un mar de corrientes cambiantes. Hay movimiento, hay quietud. La alegría y la tristeza van y vienen. El

---

294 Śāntideva, *Bodhisattvacaryāvatāra*, verso X.55, 143.

295 Barron, *Precious Treasury of Philosophical Systems*, 158 (*Grub mtha'*, 875.4).

296 Barron, *Precious Treasury of Philosophical Systems*, 157 (*Grub mtha'*, 874.3).

conocimiento es continuo. Y hay un brillo en el conocimiento, como la luz clara dentro de un espejo. El espacio de mi mente no está preconfigurado. Está abierto, vacío en esencia. Ni siquiera mi cuerpo, blando por dentro y por fuera, es ya la estructura central de mi experiencia, pues los objetos no llegan de otro lugar, sino que se abren dentro de mis sentidos. La generosidad y la conexión humana fluyen con más naturalidad que antes.

Leer y reflexionar sobre las palabras de Longchenpa me ayuda a apreciar que mis respuestas en la práctica no son aleatorias, sino una función del tipo de organismo que soy y que son todos los seres humanos. Sus palabras arrojan luz sobre mi experiencia, y mi experiencia arroja luz sobre sus palabras. A veces, incómodo en el no-saber que requiere la práctica, exijo ingenuamente certeza: "¿Es correcta esta experiencia? ¿Lo he hecho bien? ¿Qué se supone que tiene que pasar?" Lo que se supone que debe ocurrir es que nos fijemos en lo que ocurre. Esa es la práctica.

Por ejemplo, las descripciones del dharmadhātu, especialmente el énfasis de Longchenpa en que lo abarca todo, coinciden con una naciente sensación de derretimiento de barreras, de surgimiento de un horizonte que es a la vez vasto e íntimo. Del mismo modo que ver incluso un pequeño trozo de cielo revela una porción de infinito, incluso una pequeña muestra de nuestra naturaleza más profunda revela la fiabilidad con la que somos sostenidos en formas imposibles de describir y fáciles de sentir, totalmente insustanciales, inatacables y lo suficientemente convincentes como para darme un respiro de mi tediosa "autosalvación". Se siente como un refugio.

Esta relajación es un alivio hacia la claridad. Seguir la respiración es un excelente camino hacia esa facilidad. Otra es abrirse a la bondad amorosa. La primera práctica de Jigme Lingpa es explícitamente una relajación hacia un estado de libertad, la mente no está enganchada a nada.

No es poca cosa tener una vida con espacio para la reflexión. En mi caso, encontrar un compañero de Dharma para toda la vida y un trabajo seguro y satisfactorio fueron grandes apoyos. Pero eso por sí solo no habría sido suficiente. También necesitaba una estrecha conexión con maestros sabiamente compasivos cuya visión no se detuviera donde lo hacía la mía, y que compartieran generosamente, con palabras y gestos, su sabiduría y sus medios hábiles. Poco a poco, m u y lentamente, mi mente empezó a relajarse. Cuando me encontré con la enseñanza de la naturaleza búdica en el dzogchen, estaba más abierto y, sobre todo, la enseñanza procedía ahora de seres humanos vivos que sabían lo que significaban esas palabras por experiencia, y podía hablar con ellos de ello una y otra vez. Veían mi verdadera naturaleza con la misma claridad con la que veían mis verrugas internas. Ser visto de forma tan integral es curativo. Gueshe Wangyal me regañó muchas veces, me dijo que me marchara y nunca me decepcionó. Años más tarde, cuando me marchaba para continuar mis estudios de posgrado, le dijo suavemente a otro estudiante, en mi presencia: "Desde el principio, siempre me gustó".

El cuarto entrenamiento de Longchenpa hace hincapié en la importancia de un maestro o maestros vivos. Esa es mi experiencia y el legado del linaje budista.

Como demuestra el ejemplo de muchos practicantes consumados, la práctica se nutre de algo que, sin eludir las diferencias, nos conecta más allá de las fronteras raciales, religiosas y étnicas. Todos somos iguales siendo diferentes. Recordar esta igualdad más profunda nos impulsa a ser amables y a tener esperanza, y nos da fuerzas para el trabajo que sirve a nuestras vidas humanas: buscar la justicia, desmantelar los hábitos que nos perjudican, rechazar los hábitos de fabricación y gobernanza que socavan nuestro bienestar y nuestro medio ambiente. En el flujo y el desvanecimiento de nuestra propia experiencia nos damos cuenta de que a veces la impermanencia está de nuestra parte: nuestros problemas también pueden cambiar.

Dentro de esta perspectiva más amplia, tal y como la entiende Longchenpa y la tradición Dzogchen, la sabiduría primordial es la forma en que son las cosas. Esta es una verdad que nace de la experiencia en primera persona, porque todo lo que vemos es innegablemente parte de nuestro conocimiento. El soporte último incluso de la ignorancia es la sabiduría, igual que el soporte último de la sombra es la luz. Nuestro rostro último es una liberación de la dualidad, una unidad fundamental de la experiencia que no se divide en sujeto y objeto.[297] Sólo conocemos un estado libre de dualidad cuando nuestro conocimiento está libre de dualidad. Esto sólo puede ser comprendido por la sabiduría, del mismo modo que el inglés sólo puede ser comprendido por los angloparlantes. Se dice que los grandes escultores ven su creación ya en la piedra, y sólo necesitan eliminar lo que impide que los demás la vean. Así es como Longchenpa ve también a los seres ordinarios y su naturaleza búdica. Siempre en los demás.

En muchos sentidos, el budismo enseña lo mismo que la vida. La vida enseña que merece la pena prestar atención, que la bondad cura y que hay más cosas de las que parecen. Las prácticas que hemos descrito, y también las prácticas internas del Dzogchen, son formas de abrir los ojos, de entender lo que creíamos saber y de ver de nuevo lo que no sabíamos que ya formaba parte de nuestro conocimiento.

La sabiduría primordial es un regalo que no cesa. No es causada ni causable. ¿Significa esto que la sabiduría y las narrativas kármicas están finalmente en contradicción? No es así. Sólo ahora estamos comprendiendo por fin el cambio de horizonte hacia el que nos dirigimos[298]:

> ¡Qué maravilla! ¡Qué verdaderamente maravilloso y soberbio!
> El secreto de todos los budas perfectos
> es que todas las cosas nacen dentro de lo que no ha nacido,
> sin embargo, en el hecho mismo de su nacimiento, no hay nacimiento...

---

297 Barron, *Precious Treasury of Philosophical Systems*, 115 (*Grub mtha'*, 803.2).

298 Longchen Rabjam, *Commentary on the "Precious Dharmadhātu Treasury,"* 73; véase también Barron, *Treasure Trove*, 71. Longchenpa cita aquí el Discurso que unifica la intención iluminada de todos los Budas

Las contradicciones se excluyen mutuamente. Pero la contradicción no es la última palabra. La lógica enseña que el frío y el calor, el blanco y el negro, son tales que cuando se tiene uno, no se tiene el otro. Pero la vida enseña que esto no es del todo cierto. Ver por ti mismo, por ejemplo, que el movimiento y la quietud son compañeros creativos que animan tu propia mente, puede abrirte un horizonte más amplio que puede sentirte como en casa.

Todo esto refuerza la atención. La atención es el comienzo del amor. Cada entrenamiento nos lleva hacia la bodhicitta, el amor supremo. Los tres primeros entrenamientos lo hacen con una franqueza aplastante: reconocer nuestra mortalidad, cómo pasamos nuestras cortas vidas creando más sufrimiento en lugar de menos, todo abre el corazón para querer abordar el dolor siempre que podamos. En este mundo inestable en el que todo perece, ¿qué puede tener más sentido que esto?

Los entrenamientos intermedios reúnen recursos para este propósito, aprendiendo a aprender, a comprometernos con nuestro entrenamiento, y finalmente, en el séptimo entrenamiento, a ver directamente por nosotros mismos lo que las prácticas medulares también revelan, que nuestras propias mentes y cuerpos tienen los medios para una mayor compasión y sabiduría. Bodhicitta es el hilo conductor.

A medida que profundizamos en la narrativa de la sabiduría, nos inspira menos el deseo de escapar que una sensación de asombro, enamorándonos de la nueva facilidad y confianza que estamos descubriendo. ¿Por qué no continuar?

PAUSA CONTEMPLATIVA

CUARTA PRÁCTICA MEDULAR

Examinar al hacedor del movimiento y la quietud.[299]

འགྲོ་གནས་ཀྱི་མཁན་པོ་ལ་བརྟག་གོ།

Piedra mani en el campo de prácticas de las monjas
Adzom Gar, Sichuan

---

299 Jigme Lingpa, *Stairway to Liberation*, 165.5; Dahl, *Steps to the Great Perfection*, 45.

VII
SECRETO ABIERTO, MANDALA ABIERTO

El secreto del Dzogchen es el conocimiento desnudo. Es un secreto abierto porque nada lo impide y el saber está siempre al alcance de lamano. Cuando examino al originador o "hacedor" en la cuarta práctica medular de Jigme Lingpa, me parece encontrar algo imparable en el infinito e ilimitado centro de mi pecho. Cuando Rumi dice: "Tienes un manantial fresco dentro del pecho", tal vez se refiera a esto. Esta perennidad fresca es la amante más verdadera y amada de todos los tiempos. Mi "yo" habitual está a punto de disolverse y no lo echaré de menos porque algo más se está expandiendo.

Estos son sólo ejemplos de los tipos de aperturas que pueden ocurrir en la práctica. Son sólo paisajes a lo largo del camino; en realidad no estamos buscando este tipo de cosas, estamos buscando la realización continua. Pero cuando ocurren, podemos apreciar que se está produciendo algún movimiento. Esto no quiere decir que alguien más deba experimentarlo. Estas experiencias sólo sirven para sugerir lo enriquecedoras que pueden ser estas prácticas y como presagios de lo que puede venir. Las prácticas afectan a los practicantes de forma diferente; por eso necesitamos un maestro que pueda responder a nuestra situación específica. Las palabras adecuadas en el momento adecuado pueden ser profundamente transformadoras.

Busca uno o varios maestros; habla con ellos, compárteles tus experiencias, deja a un lado tu apego a ellas mientras también te inspiras en que son un faro hacia adelante.

Desde este punto de vista, la observación de Jigme Lingpa de que la mente que observa tu propia mente no es pura conciencia de tu naturaleza más profunda se convierte en un tremendo apoyo para no tomar al pie de la letra la observación ordinaria y dualista.

La intimidad de estar presente en tu propio conocimiento puede ser intoxicante, como llegar a enamorarse después de leer sobre el amor durante años. Pero, ¿cómo sucede esto? También en este caso, me deleito con Rumi, cuya sabiduría sufí parece reflejar al Dzogchen cuando dice:

> *En cuanto oí mi primera historia de amor*
> *empecé a buscarte, sin saber*
> *lo ciego que estaba.*
> *Los amantes no se encuentran finalmente en algún lugar.*
> *Están el uno en el otro desde el principio.*[300]

La intimidad especular con la que la sabiduría se conoce a sí misma, nos dice Longchenpa, es la Gran Perfección.[301] El puro auto-reconocimiento (*rang rig*) es la budeidad perfecta.[302]

Tales perspectivas pueden parecer ajenas, como ciertamente me lo parecieron a mí. Hoy me vienen a la mente las famosas palabras de Nāgārjuna en su *Elogio del Dharmadhātu*; Longchenpa las cita en relación con el enfoque bodhisattva:

---

300 Rumi, "In Baghdad, Dreaming of Cairo," 106.

301 Pearl Garland, citado en Barron, *Treasure Trove*, 104; Longchen Rabjam, *Commentary on the "Precious Dharmadhātu Treasury,"*117.

302 Esto es adelantarse a nuestra historia y, sin embargo, es un elemento crucial de la misma. En el quinto capítulo de su *Tesoro del Precioso Dharmadhātu*, Longchenpa cita la *Guirnalda de perlas*: "La budeidad perfecta no es más que la conciencia íntimamente reflejada en uno mismo (*rang rig*)" (117!9), según la traducción de Barron, *Treasure Trove*, 104.

Al no haber oído cómo están constituidos
y caer en el vicio de menospreciarse a sí mismos,
los pusilánimes no pueden
dar lugar a una mente despierta.[303]

Cuando no sabemos de qué estamos hechos o cuánto nos hemos inventado, estas grandes ideas parecen extrañas. Nāgārjuna lo entiende. Por eso conviene animarte un poco: ¡No seas pusilánime! ¡No seas orgulloso! Mira bien y conoce tu sabiduría.

Cuando no vemos ninguna alternativa real al *statu quo*, no estamos motivados. Por eso las tradiciones budistas, y quizá especialmente la tibetana, insisten en anclar la práctica en un profundo reconocimiento del potencial y las oportunidades que ya se tienen. También por eso todos debemos trabajar por un mundo en el que esas oportunidades estén cada vez más al alcance de todos.

Nuestra naturaleza innata es un aspecto inalienable del camino bodhisattva, el poderoso ímpetu que subyace a los siete entrenamientos y a toda la práctica Mahāyāna, y un elemento central en Dzogchen. Todos los maestros y estudiantes del Gran Camino están obligados por la bodhicitta y su *samaya*[304],

---

303 Longchen Rabjam, *Precious Treasury of Philosophical Systems*, 875.4; Barron, *Precious Treasury of Philosophical Systems*, 158.

304 En el budismo, especialmente dentro de las tradiciones Vajrayana y Tantrayana, el término "samaya" se refiere a los compromisos sagrados o votos que un practicante toma al recibir iniciaciones o enseñanzas esotéricas. Samaya actúa como un acuerdo espiritual entre el maestro y el discípulo, y es crucial para el mantenimiento de la pureza de la transmisión y la efectividad de las prácticas. Tiene varias dimensiones: 1. compromisos éticos y morales (votos que guían la conducta del practicante, asegurando que sus acciones estén en línea con los principios del Dharma); 2. compromisos de práctica (obligaciones adquiridas de realizar ciertas prácticas espirituales, meditaciones o recitaciones de mantras específicos de manera regular) y 3. compromisos con el maestro. Mantener el samaya es considerado esencial para el avance en el camino espiritual en el budismo Vajrayana. Se cree que romper estos compromisos puede llevar a obstáculos espirituales y kármicos. Por lo tanto, los practicantes toman el samaya muy en serio y se esfuerzan por mantener estos votos con gran cuidado y respeto.

los compromisos para crear y mantener un lugar seguro para la práctica y los practicantes. Ver tu propia pureza significa permanecer despierto a la esencia, naturaleza y cualidad receptiva de cada ser, despojado de imagen e historia. Esto significa reconocer que incluso el asesino más violento tiene esta naturaleza, pero carece de acceso a ella.

La capacidad de ver la pureza requiere confianza en el conocimiento interior. También ayuda el hecho de haber construido la confianza en otras áreas de la vida. ¿Confías en tus amigos? ¿En tu familia? ¿En tus compañeros de trabajo? ¿Con cualquiera? Hay sabiduría en el escepticismo, pero si erosiona nuestra capacidad de confiar, limita nuestra capacidad de crecer.

> *Si tu mente es pura, todo el mundo es un buda.*
> *Si tu mente es impura, todo el mundo es ordinario.*[305]

Longchenpa, con el peso de toda la tradición budista india y tibetana a sus espaldas —incluyendo los maestros actuales de esos linajes—, está dando pleno permiso para sentir que sí, que podemos hacerlo. He visto algunos rayos del sol en pleno despertar.

La mente ordinaria es errónea debido a hábitos que resultan de la ignorancia, hábitos que son literalmente un fracaso de la conciencia,[306] hasta que reconozcamos en cualquier momento que lo último, el dharmadhātu, esa pura pista inundada de sabiduría, es fulminantemente inclusiva. Es parte de todo, la fuente de todo, y todo participa en él.[307] La pista de baile definitiva.

La visión dualista no puede conocer el ámbito sereno de la experiencia, el dharmadhātu, ni la sabiduría que lo inunda. Por eso, una vez más, las palabras no pueden expresar lo último:

---

305 Citado en Wolter, *Losing the Clouds*, 173.

306 Barron, *Precious Treasury of Philosophical Systems*, 113 (*Grub mtha'*, 800.2–3).

307 Barron, *Precious Treasury of Philosophical Systems*, 115 (*Grub mtha'*, 803.2–3).

Sabiduría que va más allá de la palabra,
el pensamiento o el relato
no nacida, incesante, esencia del espacio [308]

Los siete entrenamientos nos preparan para reconocer que todo ocurre en ese espacio, que es abierto e inseparable de nuestro ser. Al igual que todas las imágenes surgen en la claridad de un espejo, al igual que todas las olas emergen a través del océano y se disuelven de nuevo en él, así todo lo que conoces forma parte de tu conocimiento. ¡Que la sabiduría conozca a la sabiduría!

Cada escena de una película es simplemente colores y formas en la pantalla. Todo el mundo lo sabe. Sin embargo, casi nadie hace de este conocimiento parte de la experiencia de ver una película. Arruinaría la película. De eso se trata. Como practicantes, estamos decididos a arruinar la convicción en actividades sin sentido y, en su lugar, mantener la conciencia de su esencia.

En realidad, para los expertos, la conciencia no arruina la película. Aumenta el disfrute lúdico de las películas y de todo lo demás. Lo que estropea es la sensación de que algo es real cuando no lo es. Al abandonar esa ilusión, todo es un delicioso juego de luz y sonido en este maravilloso mundo, incluso más agradable de lo que experimentan nuestras mentes ordinarias.

La naturaleza mental es la esencia de la mente despierta.[309]
El conocimiento puro es la expansión de la mente despierta.[310]

---

308 El famoso *Elogio de la Madre Sabiduría* de Rāhulabhadra, https://www. wisdomlib.org/buddhism/book/bodhisattvacharyavatara/d/doc6290.html. Recitado en sánscrito, https://www.youtube.com/watch?v=QmWqyh-8YI4.

309 Longchen Rabjam, *Precious Dharmadhātu Treasury,* 107.4, tal como está traducido en Barron, *Precious Treasury of the Basic Space of Phenomena*, 34–35. También en Barron, *Treasure Trove*, 91.

310 Longchen Rabjam, *Precious Dharmadhātu Treasury,* 17!6, tal como está traducido en Barron, *Treasure Trove*, 76.

El conocimiento puro es el espacio de la sabiduría primordial.[311]
El conocimiento puro en sí mismo es la budeidad.[312]

La sabiduría primordial engloba todas las anteriores y, como ellas, la sabiduría primordial está libre de adornos. No tiene objeto. ¿Cómo podría tenerlo? Por definición, un objeto está separado de un sujeto. La sabiduría es la naturaleza de la mente ordinaria y todo lo que sabe. Si esto te desconcierta, ¡disfruta sintiéndote desconcertado! No seas siempre adicto al conocimiento, especialmente al conocimiento ordinario. Los siete entrenamientos, las cinco prácticas medulares, toda la práctica y toda la vida serán mucho más placenteras.

Cada una de las meditaciones de historias guiadas de Jigme Lingpa es una oportunidad para fluir de la perspectiva kármica a la de la sabiduría. Cada uno de los piths ofrece otra serie de oportunidades, al igual que las prácticas no conceptuales del séptimo entrenamiento. A través de todas ellas, nos acercamos al espacio íntimo de la mente-naturaleza, la esencia de la mente despierta.[313] Esta naturaleza conecta lo visto con el vidente. De este modo, se libera cada vez más de la atracción gravitatoria de los objetos sensoriales. La conciencia ordinaria, por el contrario, no es libre y se ve poseída por lo que ve, del mismo modo que los espejos adoptan el aspecto de sus objetos.[314]

---

311 Longchen Rabjam, *Commentary on the "Precious Dharmadhātu Treasury,"* 106; Barron, *Precious Treasury of the Basic Space of Phenomena*, 34, 35; y Barron, *Treasure Trove*, 89.

312 Barron, *Precious Treasury of the Basic Space of Phenomena*, 123; y Barron, *Treasure Trove*, 352.

313 Longchen Rabjam, *Commentary on the "Precious Dharmadhātu Treasury,"* 107.4; Barron, *Treasure Trove*, 91.

314 Longchen Rabjam, *Commentary on the "Precious Dharmadhātu Treasury,"* 72! 3; véase también Barron, *Treasure Trove*, 43. Para una discusión detallada de los sūtra sobre cómo las conciencias sensoriales adoptan el aspecto de su objeto, véase Klein, *Knowledge and Liberation*, cap. 3.

Esto merece ser explorado. Así que, si quieres, tómate de nuevo un momento para mirar por la ventana y deja que tu mirada se posa en algo y descanse allí. Un árbol, un jardín, un edificio. No importa, siempre que se encuentre cómodamente en el marco de tu mirada. Mientras lo miras, o tal vez lo hueles, lo tocas o lo saboreas, ¿puedes separar tu percepción de lo que percibes? ¿Puedes separar tu visión del árbol que ves? ¿Qué haces para intentar separarlos? ¿Qué ocurre cuando lo intentas? ¿La sensación de distancia se atenúa, permanece igual, se intensifica?

Quizá no se puedan separar, igual que no se puede separar el cielo vacío y la luz del sol que lo baña. Palabras como "diferente" e "igual" se desmoronan. Cuando me siento totalmente perplejo sobre lo que es el "no-dualismo" o la "totalidad", o sobre cómo puede llamarse a la sabiduría la verdadera naturaleza de todo, no puedo evitar el encanto de esta notable exploración que me llama una y otra vez a una curiosidad imparable.

Todo lo que buscamos con más fervor ya lo tenemos. Sin embargo, debemos buscar donde seamos capaces de buscar. Una vez más, Rumi tiene palabras para esto:

Si hubiera sabido cómo era en realidad,
habría dejado de mirar a mi alrededor.
¡Pero ese saber depende del tiempo que se dedique a buscar! [315]

Buscar es un delicioso estado de desconocimiento. No *sabemos* lo que vamos a encontrar. Qué emocionante. Disfrutamos de la frescura. La práctica contemplativa, como la vida, prospera cuando nos hacemos amigos de todas las partes de nosotros mismos, las partes que aún no conocemos.

Nuestras dos caras, al igual que los relatos kármico y de la sabiduría, sugieren los diferentes paisajes interiores en los que se desarrollan la vida, el estudio y la práctica. Cada uno de los

---

315 Rumi, "In Baghdad, Dreaming of Cairo," 206.

siete entrenamientos se mueve a través de estos paisajes radical-mente distintos y finalmente trascienden las fronteras aparente-mente irrevocables que los encierran. Abundan las variaciones personales y culturales sobre este tema.

El ensayista del siglo XVI Michel de Montaigne escribió que demasiada lealtad al juicio racional limita nuestra libertad, es-pecialmente nuestra libertad de investigación. La Ilustración europea exaltó la nueva libertad frente a la obediencia ciega a las religiosidades recibidas y la sustituyó por la obediencia a las pretensiones de la razón. Esto se convirtió en una jaula di-ferente, pero también limitante. La obediencia a las normas de la adicción y a la pulcritud vinculante de los sustantivos puede ocultar la corriente y su amplitud. En los siglos XVI y XVII, la división filosófica entre corazón y mente, o emoción y razón, reforzó un paisaje de territorios en conflicto: el *"Pienso, luego existo"* de Descartes cree que toda la luz del paisaje procede de la razón; cuando Pascal dice *"El corazón tiene sus razones que la razón no entiende"* señala las limitaciones de esa luz. Pero el corazón y la razón permanecieron secretos el uno para el otro. En tiempos más modernos, Sigmund Freud (1856-1939) dividió los paisajes internos de los individuos occidentales en conocidos e incognoscibles, conscientes e inconscientes. Freud consideraba que los recuerdos e impulsos dolorosos o vergon-zosos solían estar ocultos. William James (1842-1910) ofreció un relato similar cuando concluyó que pasamos casi un tercio de nuestras vidas en estados mentales marginales o periféricos y que, a pesar de que no seamos conscientes de ello, influyen enormemente en nuestros sentimientos y juicios generales.

Hasta cierto punto, Freud y James dicen lo mismo que Long-chenpa y Jigme Lingpa: que no nos conocemos muy bien a no-sotros mismos. Su preocupación, y la nuestra a lo largo de estas páginas, es nuestro conmovedor desconocimiento de nuestro rostro genuino. Que no podemos ver si no nos enfrentamos a nuestra otra cara.

En la totalidad radicalmente consumada del Dzogchen, el estado despierto lo incluye todo. Esta mente despierta, bodhicitta, es la verdadera naturaleza de la mente del practicante. En la metáfora de Longchenpa, reconocer el sol de la sabiduría primordial ilumina el espacio íntimo e infinito del dharmadhātu, inseparable de la luz de la sabiduría.

Esta convergencia de bodhicitta y realidad es crucial para el Dzogchen y completa el arco del giro gnóstico de Longchenpa. Este bodhicitta —invencible, irrevocable, que no requiere ninguna manipulación— está siempre presente. La manipulación la oscurece. Y cuanto más miramos, más vemos lo omnipresente que es nuestra manipulación. La omnipresencia del fingimiento.

Con el despertar, como con la salida del sol, todo en nuestra experiencia cambia de color. Todos los pivotes de Longchenpa son para esto. Las cinco prácticas medulares son para esto. Y no apuntan sólo en una dirección. La realidad está en todas partes. Simplemente sigue apareciendo.

PAUSA CONTEMPLATIVA

QUINTA PRÁCTICA MEDULAR

Corta los hilos que tejen el pensamiento.
Deja que tu atención y tu conciencia
desemboquen en una apertura desenfrenada.

རྟོག་པའི་སྐྱན་ཐག་བཅད་ནས་དྲན་ཤེས་ཁ་ཡན་དུ་གློད་པར་བྱའོ།

AGRADECIMIENTOS

LOS PRINCIPIOS RECTORES del budismo del surgimiento dependiente, la integridad y el gran corazón hacen que los hilos de mi agradecimiento se extienden a lo largo y ancho. En primer lugar, me inclino ante la propia tradición y ante todos los grandes seres que, a lo largo de los últimos cincuenta años, han ayudado a que el budismo se convierta en una realidad.

Tuve la suerte de conocer, pasar el tiempo y, sobre todo, estudiar profundamente con algunos de los principales eruditos y practicantes tibetanos de su generación, especialmente los gueshes geluk, empezando por Gyume Khensur Ngawang Lekden (1900-1972), que enseñaba en la Universidad de Wisconsin, Madison, cuando yo apenas empezaba a estudiar budismo en 1970; Gueshe Rabten y Gueshe Ngawang Dargye, a quienes pronto conocí en Dharamsala; en la Universidad de Virginia, Lati Rimpoché y Denma Locho Rimpoché; y tanto en la India como en Virginia, el primero y el último, el gran Loseling Khensur Yeshe Thupten. Jeffrey Hopkins, el director fundador del todavía próspero Programa de Estudios Budistas de la Universidad de Virginia, invitó a varios de estos maestros a trabajar con nosotros individualmente, y él mismo leyó textos tibetanos atentamente con nosotros durante años, haciendo posible todo lo demás. Leía con todos los estudiantes de posgrado individualmente cada semana sobre nuestros temas individuales, leyendo ampliamente sobre cada tema para informar mejor nuestras reuniones. Gueshe Wangyal, mi piedra de toque en todo momento, iluminó todos estos temas a su manera.

Durante esos mismos años, también conocí a maestros dzogchen que me introdujeron en las prácticas de Longchen Nyingthig, especialmente Khetsun Sangpo Rimpoché, que completó su formación en el Tíbet antes de exiliarse en la India y Nepal, y con quien me reuní siempre que pude desde 1974 hasta su fallecimiento en 2009; Lama Gonpo Tseten de Amdo, que pasó varios años enseñando en California en la década de 1980; y Chogyal Namkhai Norbu Rimpoché, a quien también conocí a mediados de la década de 1980 y en 2009. Todos estos grandes seres ya han fallecido.

Desde 1996, el maestro dzogchen Adzom Paylo Rimpoché, que me dio mi nombre dhármico en nuestro primer encuentro y en 2010 me honró con el título de Dorje Lopon, ha sido fundamental en mi aprendizaje del dzogchen, al igual que el destacado estudiante y erudito dzogchen de Khetsun Rimpoché, Lama Tenzin Samphel, cuyas enseñanzas he traducido oralmente con regularidad, ya que yo y la comunidad de la Montaña del Alba llevamos u n a docena de años estudiando regularmente la literatura dzogchen con él, especialmente las obras de Longchenpa. Las conversaciones con colegas de la iniciativa Dzogchen de David Germano, una cohorte colegial de estudiosos y practicantes del Dzogchen, me proporcionaron mucho apoyo de fondo, y especialmente Gyurme Lodro Gyatso (Khenpo Yeshi), a quien conocí por primera vez en ese contexto y cuyas reflexiones sobre las prácticas medulares que aquí se discuten fueron vibrantemente esclarecedoras.

También me beneficié enormemente de la oportunidad de ser becaria en el Centro de Investigación de Humanidades de la Universidad Rice, donde desarrollé el manuscrito, discutí partes del mismo con mis compañeros becarios de todas las humanidades, y presenté segmentos de este trabajo en dos seminarios de Gnosticismo, Esoterismo y Misticismo (GEM) a mis excelentes colegas y a la comunidad de estudiantes graduados del Departamento de Religión de Rice. Y un profundo agradecimiento a la Dra. Phyllis McBride, Directora de la Oficina de Desarrollo de Propuestas de Rice, por sus hábiles perspectivas y su aliento.

Gracias también a David Kiuelstrom, de Wisdom, que nos animó desde el principio y nos dio directrices útiles, y a Mary Petrusewicz, que tomó el relevo en la fase final.

Más recientemente aún, Learned Foote, una destacada candidata al doctorado en la Universidad Rice, leyó una primera versión y aportó útiles comentarios. La enseñanza de los siete entrenamientos y las instrucciones medular a los practicantes en Vækstcenteret, Dinamarca, gracias a la invitación de Jes Bertelsen y la ayuda de Martijn van Beek; en Ganden Chokhor, Suiza, gracias a la amable acogida de Ven. Geshe Lodro Tulku Rinpoche, con el apoyo adicional de Natascha Keller-Gasserman y Mary O'Beirne, y en Dawn Mountain, donde inició nuestro Programa de Ciclos Dzogchen, me dio la oportunidad de reflexionar sobre muchas cuestiones prácticas y filosóficas con muchos participantes, al igual que la preparación de la clase de la Academia de la Sabiduría basada en este libro. Gracias también a numerosos estudiantes de Rice, especialmente a Tiffany Padilla, por su curiosidad y sus preguntas cuando leímos en clase *Steps the Great Completeness*, de Cortland Dahl, que es obviamente una base importante para este libro. Cort y Martijn van Beek han sido también para mí compañeros de conversación muy graciosos. En los últimos meses de finalización del manuscrito tuve la suerte de mantener conversaciones muy interesantes con Gyurme Lodro Gyatso (Khenpo Yeshi). En el apuro de las ediciones finales, Jann Ronis, el director del BDRC, intervino con una ayuda bibliográfica vital, al igual que Karma Gongde. Gracias a los amigos de Dzogchen Nyingthig que compartieron sus notas de las enseñanzas orales de Adzom Rimpoché sobre los Siete Entrenamientos en Whidbey y en Alemania, y también a los estudiantes que asistieron a mi curso de los Siete Entrenamientos en Barre, Massachussets, por sus notas y conversación, especialmente a Moses Mohan, Jungeon You, Cara Snajczuk, Melanie Jane, Isabelle Freda, Nancy Thompson, Joseph Hennessey y Patricia Crain.

Y un guiño a otros amigos con los que no hablé de este libro pero cuya brillante cordialidad contribuyó definitivamente a la energía de inspiración y a terminarlo, incluyendo a amigos académicos de Rice y de otros lugares —Marcia Brennan, David Germano, Bill Parsons, Niki Clements, Sarah Jacoby, Ann Gleig, Renée Ford, Walter Goodwin, Nathanial Rich y Steven Tainer—, así como a Sharon Jackson y a los increíbles miembros pasados y presentes de la junta de Dawn Mountain y del Templo Budista Tibetano Dawn Mountain, y al Dr. Mark Yurewicz, que ha diseñado y tipografiado cuidadosamente durante muchos años las publicaciones de los sādhanas del texto tesoro del Dawn Mountain Research Institute. Mark Yurewicz, que durante muchos años ha diseñado y tipografiado cuidadosamente las publicaciones del Dawn Mountain Research Institute de los textos tesoro de Adzom Rimpoché, sādhanas, asistido hábilmente por Elizabeth Walleu.

Y, por último, alegría e infinita gratitud por compartir toda la aventura del Dharma de mi vida y todo lo demás que es importante para mí con Harvey B. Aronson, Lama Namgyal Dorje, que me ha apoyado de todas las formas posibles desde que nos conocimos en 1970, y que en los días crecientes de esta luna de Sagadawa, cuando estaba finalizando este manuscrito en el plazo previsto, me ofreció su tiempo y su mente sin fin para leer atentamente y dar sugerencias cruciales en cada una de las páginas hasta que estuvo terminado. Hoy.

Luna llena Sagadawa, 14 de junio de 2022.

BIBLIOGRAFÍA ORIGINAL DE LA EDICIÓN INGLESA

FUENTES PRIMARIAS TIBETANAS

Adzom Drukpa, Drodrul Pawo Dorje (A'dzom 'gro 'dul dpa'o rdo rje). *Autobiography: Liberation and Treasure Revelations. Grub dbang rje btsun bla ma'i rnam thar zhal gsung ma byin rlabs gter 'byin.* In *The Collected Songs of Jetsun Drupwang Rikzin Drodul Pawo Dorje. Rje btsun grub pa'i dbang phyug rig 'dzin 'gro 'dul dpa' bo rdo rje'i mgur 'bum.* Rekhe, Tibet Autonomous Region: Re khe Dgon chen nang bstan shes rig spe tshogs (Publishing House of the Great Monastic Center), n.d. BDRC MW1AC333.

Adzom Paylo Rinpoche (A'dzom pad blo rin po che). *Becoming Guru Rinpoche. 'Od gsal snying thig las gu ru sgrubs thabs gsang ba'i thig le.* English translation, Klein, *Practice for Becoming the Guru.*

———. *Becoming Yeshe Tsogyal, from the "Luminous Heart Essence." 'Od gsal snying thig las mtsho rgyal dkar mo'i sgrub thab msbde chen dpal ster.* English translation, Klein, *Becoming Yeshe Tsogyal.* German translation, Claudia Webinger, privately printed for Ganden Chokhor, Chur, Switzerland, 2018.

———. *Ḍākinī Ngöndro, from the "Luminous Heart Essence." 'Od gsal snying thig las ḍāk'i sngon 'gro bde chen lam bzang.* English translation, Klein, *Foundational Dakini Practice.*

———. *From the Lotus Heart Essence: Great Compassionate One. Padma snying thig las thugs rje chen po yang snying 'gro ba kun sgrol.* English translation, Klein, *Great Compassionate One.*

———. *Troma Severance. 'Od gsal snying thig las khro ma'i sgrub thabs gzang ba'i ye shes.* English translation, Klein, *Troma Severance.*

Dodrupchen Jigme Trinle. *Commentary on Root Verses of Jigme Lingpa's "Treasury of Precious Qualities": A Rain of Joy. Yon tan mdod rtsa 'grel / Yon tan rin po che'i mdzod dga' ba'i char.* Chengdu: Si khron mi rig skrun khang, 1998.

Gyurme Dorje. *Biography of Adzom Drukpa. A 'dzoms rgyal sras 'gyur med rdo rje'i gsung 'bum,* vol. 1 of 5. Khrom: 'Jam dbyangs shes rig dar spel khang nas bsgrigs, 2011. hups://www.tbrc.org/#!rid=W1PD159426.

Jigme Lingpa ('Jigs med gling pa). *The Application of Mindfulness: Instructions of the Unique Great Perfection Preliminaries of the Heart Essence of the Vast Expanse. Thun mong ma yin pa'i sngon 'gro 'i khrid yig dran pa nyer gzhag.* In the *Collected Works,* vol. 8, 905–43. Reprinted in the *Nyingthig rtsa pod,* Dilgo Khyentse edition, vol. *hum,* 271–304. English translation, Dahl, *Entrance to the Great Perfection,* 61–80.

————. *The Collected Works of 'Jigs-med-gliṅ-pa Raṅ-byuṅ-rdo-rje Mkhyen-brtseʼi-ʼod-zer*. Compiled by the First Dodrupchen. 9 vols. Gangtok: Derge Parkhang, 1985. BDRC W27300.

————. *Fruits of Excellent Deeds: A Biography of Rangjung Dorje Khyentse Ozer [Jigme Lingpa] from the South*. *Yul lho rgyud du byung baʼi rdzogs chen pa rang byung rdo rje mkhyen brtseʼi ʼod zer gyi rnam thar pa legs byas yongs ʼduʼi snye ma)*. In the *Collected Works*, vol. 9, 3–502.

————. *Heart Essence of the Vast Expanse*. *Klong chen snying thig rts pod*. Bodnath, Kathmandu, and Bodhgaya, Bhihar: Shechen Publications, 1994. BDRC MW1KG13585.

————. *Stairway to Liberation: Instructions on the Meaning of the Shared Mahāyāna Foundational Mind Training*. *Thar baʼi them skas /Thun mong gi sngon ʼgro sems sbyong bdun gyi don khrid thar paʼi them skas*. Bhutan: Lama Ngodrub and Sherab Demy, 1985. English translation, Dahl, *Steps to the Great Perfection*.

————. *Treasury of Precious Qualities, Book One*. *Yon tan rin po cheʼi mdzod*. English translation, Padmakara Translation Group, *Treasury of Precious Qualities, Book One*.

————. *Treasury of Precious Qualities, Book Two*. *Yon tan rin po cheʼi mdzod*. English translation, Padmakara Translation Group, *Treasury of Precious Qualities, Book Two*.

————. *Wisdom Chats*. *Shes rab gtam tshogs*. In *Chats and Counsel, An Ocean of Spiritual Paths*. *Gtams gyi tshogs theg paʼi rgyal mtsho*. n.d., n.p.

Longchen Rabjam (Klong chen rab 'byams pa dri med 'od zer). *Commentary on the "Precious Dharmadhātu Treasury."* *Chos dbyings mdzod ʼgrel ba*. In *The Seven Treasuries*, vol. 3. Garze, Tibet: Adzom Chogar. English translation, Barron, *Treasure Trove*.

————. *Precious Treasury of Philosophical Systems*. *Grub mthaʼ mdzod / Theg pa mthaʼ dag gi don gsal bar byed pa grub paʼi mthaʼ rin po cheʼi mdzod*. BDRC WA3CN4960.

————. *Practical Instructions: A Sevenfold Mind Training on the Foundational Practices*. *Sngon ʼgro sems sbyong bdun gyi don khrid*. In *Snying thig ya bzhi*, vol. 1, 323–32. Darjeeling: Talung Tsetrul Pema Wangyal, 1976. Reprint of the Aʼdzom 'brug pa chos sgar edition. Bod ljongs bod yig dpe rnying dpe skrun khang lha sa, 2011. BDRC WAS1KG18486,

————. *The Trilogy of Rest*. *Ngal gso skor gsum*. English translation, Padmakara Translation Group, *Trilogy of Rest*, 3 vols.

TRADUCCIONES Y FUENTES SECUNDARIAS

Ackerman, J. M., Christopher C. Nocera, and John A. Bargh. 2010. "Incidental Haptic Sensations Influence Social Judgments and Decisions." *Science* 328, no. 5986: 1712–15. doi 10.1126/science.1189993.

Almaas, A. H. [A-Hameed Ali]. *Spacecruiser Inquiry: True Guidance for the Inner Journey.* Diamond Body Series 1. Boston: Shambala Publications, 2002.

Apte, Varnan S. *The Practical Sanskrit-English Dictionary.* Poona: Shiralkar & Co., 1890.

Aronson, Harvey B. *Buddhist Practice on Western Ground: Reconciling Eastern Ideals and Western Psychology.* Boston: Shambhala Publications, 2012.

Barks, Coleman. *The Essential Rumi.* San Francisco: Harper San Francisco, 1996.

Barron, Richard (Lama Chokyi Nyima), trans. *The Precious Treasury of the Basic Space of Phenomena,* by Longchen Rabjam. Junction City, CA: Padma Publishing, 2007.

———. *The Precious Treasury of Philosophical Systems: A Treatise Elucidating the Meaning of the Entire Range of Spiritual Approaches,* by Longchen Rabjam. Junction City, CA: Padma Publishing, 2007.

———. *A Treasure Trove of Scriptural Transmission: Commentary on the "Precious Treasury of the Basic Space of Phenomena,"* by Longchen Rabjam. Junction City, CA: Padma Publishing, 2001.

Barsalou, Lawrence W., Christine D. Wilson, and Wendy Hasenkamp. "Conclusion: On the Vices of Nominalization and the Virtues of Contextualizing." In Mesquita, Barreu, and Smith, *Mind in Context,* 234–360.

Basham, Arthur Llewellyn. *The Wonder That Was India.* New York: Grove Press, 1954.

Bateson, Gregory. *Steps to an Ecology of Mind.* Chicago: University of Chicago Press, 1972.

Becker, Ernest. *The Denial of Death.* New York: Free Press, 1997. Bertelsen, Jes. *Gateways of Empathy: The Pentagon Model.* Copenhagen: Danish

Society for the Promotion of Life Wisdom in Children, 2010. hups://www.academia.edu/38648218/Gateways_of_Empathy_The_Pentagon_Model_by. Bitbol, Michel. "Is Consciousness Primary?: Moving beyond the 'Hard Problem.'" *NeuroQuarterly* 6, no. 1 (2008): 53–72.

Bitbol, Michel, and C. Petitmengin. "The Science of Mind as It Could Have Been: About the Contingency of the (Quasi-) Disappearance of Introspection in Psychology." *Science as It Could Have Been: Discussing the Contingency/Inevitability Problem,* edited by L. Soler, E. Trizio, and A. Pickering,

285–316. Piusburgh, PA: University of Piusburgh Press, 2015.

Borges, Jorge Luis. "The God's Script." In *Labyrinths: Selected Stories C Other Writings.* Edited by Donald A. Yates and James E. Irby. New York: New Directions, 1964.

Borges, Jorge Luis, and L. A. Murillo. "The God's Script." *Chicago Review* 17, no. 1 (1964): 5–9. hups://doi.org/10.2307/25293818. [Borges, *La escritura del dios,* in *El Aleph,* Buenos Aires, 1949.]

Brunnhölzl, Karl, trans. *In Praise of Dharmadhātu, by Nāgārjuna.* Commentary by the Third Karmapa, Rangjung Dorje. Ithaca, NY: Snow Lion Publications, 2008.

———. *Straight from the Heart: Buddhist Pith Instructions.* Ithaca, NY: Snow Lion Publications, 2007.

Choying Tobden Dorje. *The Complete Nyingma Tradition: From Sutra to Tantra.* Translated by Ngawang \angpo. Boulder, CO: Shambhala Publications, 2017.

Crosby, Kate. *Theravada Buddhism: Continuity, Diversity, and Identity.* West Sussex: Wiley-Blackwell, 2014.

Dachille, Erin. "The Body Mandala Debate: Knowing the Body through a Network of Fifteenth-Century Tibetan Buddhist Texts." PhD diss., University of California, Berkeley, 2015.

Dahl, Cortland. *Entrance to the Great Perfection: A Guide to the Dzogchen Preliminary Practices.* Ithaca, NY: Snow Lion Publications, 2009.

———. *Steps to the Great Perfection: The Mind-Training Tradition of the Dzogchen Masters.* Boulder, CO: Snow Lion Publications, 2016.

Damasio, Antonio. "The Somatic Marker Hypothesis and the Possible Functions of the Prefrontal Cortex." *Philosophical Transactions of the Royal Society B* 351, no. 1346 (October 1996): 1413–20. hups://doi.org/10.1098/ rstb.1996.0125.

Deroche, Marc-Henri. "On Being Impartial: The *ris-med* in Tibet: From Non-Sectarianism to the Great Perfection." *Revue d'Etudes Tibétaines* 44 (March 2018): 129–58.

Dharmachakra Translation Commiuee, under the Patronage and Supervision of 84,000: Translating the Words of the Buddha. *The Teaching on the Indivisible Nature of the Realm of Phenomena. Dharmadhātuprakṛtyasambhedanirdeśa.* Toh 52, dkon brtsegs, *kha,* 140.b–164.a. 2018. hups:// read.84000.co/translation/UT22084-040-003.html.

Dondon, Yeshe. *Health through Balance: An Introduction to Tibetan Medicine.* Translated and edited by Jeffrey Hopkins. Boulder, CO: Snow

Lion Publications, 1986.

Duckworth, Douglas. *Mipham on Buddha-Nature: The Ground of the Nyingma Tradition.* Albany: State University of New York Press, 2008.

Dunham, Yarrow, and Mahzarin R. Banaji. "Platonic Blindness and the Challenge of Understanding Context." In Mesquita, Barreu, and Smith, *Mind in Context,* 201–13.

Edgerton, Franklin. *The Buddhist Hybrid Sanskrit Grammar and Dictionary.* New Haven, CT: Yale University Press, 1953.

Farb, Norman, et al. "Interoception, Contemplative Practice, and Health." *Frontiers in Psychology,* June 9, 2015. hups://doi.org/10.3389/fpsyg.2015.00763.

Fenner, Peter. *Ontology of the Middle Way.* Studies of Classical India 11. Dordrecht: Kluwer Academic Publishers, 1990.

Garfield, Jay. *Madhyamaka and Yogacara: Allies or Rivals?* New York: Oxford University Press, 2015.

Gendlin, Eugene. *Focusing.* New York: Bantam Books, 1982.

Germano, David. "Architecture and Absence in the Secret Tantric History of the Great Completeness (*rdzogs chen*)." *Journal of the International Association of Buddhist Studies* 17, no. 2 (1994): 203–335.

Geshe Gedun Lodro. *Walking through Walls: A Presentation of Tibetan Meditation.* Translated and edited by Jeffrey Hopkins. Coedited by Anne C. Klein and Leah \ahler. Ithaca, NY: Snow Lion Publications, 1990.

Ghent, Emmanuel. "Masochism, Submission, Surrender: Masochism as a Perversion of Surrender." *Contemporary Psychoanalysis* 26 (1990): 108–36. Gill, Sam. *Dancing Culture Religion.* Studies in Body and Religion 1. Lanham, MD: Lexington Books, 2012.

———. *Native American Religions: An Introduction.* Belmont, CA: Wadsworth Press, 1982.

Gleig, Ann. *American Dharma: Buddhism beyond Modernity.* New Haven, CT: Yale University Press, 2019.

Goodman, Steven, and Ronald Davidson, eds. *Tibetan Buddhism: Reason and Revelation.* Albany: State University of New York Press, 1992.

Guenther, Herbert. *Kindly Bent to Ease Us.* Varanasi: Dharma Publishing, 1972. [The first English translation of Longchenpa's *Trilogy of Rest* (*Ngal gso 'khor gsum*).]

———, trans. *Now That I Come to Die: Longchenpa's Parting Injunctions.* Berkeley, CA: Dharma Publishing, 2007.

Gyaltsen, Khenpo Konchog Rinpoche. *The Jewel Ornament of Liberation.*

Translated by Gampopa. Ithaca, NY: Snow Lion Publications, 1998.

Gyatso, Janet. *Apparitions of the Self: The Secret Autobiographies of a Tibetan Visionary.* Princeton, NJ: Princeton University Press, 1998.

Hopkins, Jeffrey, trans. and ed. *Compassion in Tibetan Buddhism: Meditations of a Tantric Abbot, by Khensur Lekden, and Way of Compassion, by Tsongkhapa.* Ithaca, NY: Snow Lion Publications, 1980.

———. *Fundamental Mind: The Nyingma View of the Great Completeness, by Mi-pam-gya-tso, with Practical Commentary by Khetsun Sangpo Rinbochay.* Boulder, CO: Snow Lion Publications, 2006.

Jinpa, Thupten. *Essential Mind Training.* Boston: Wisdom Publications, 2011.

———, trans. *Mind Training: The Great Collection.* Boston: Wisdom Publications, 2005.

Jousse, Marcel. "Le jeu manuel de l'enfant." Cours à l'École d'Anthropologie du 24 janvier 1938. CDRom, edited by l'Association Marcel Jousse. (Transcription of course dates and titles at: hup://www.marceljousse.com/wp-content/uploads/2016/01/CatalogueCoursEcoleAnthropologie.pdf.) Kapstein, Mauhew. *The Presence of Light: Divine Radiance and Religious Experience.* Chicago: University of Chicago Press, 2004.

———. *The Tibetan Assimilation of Buddhism: Conversion, Contestation, and Memory.* Oxford: Oxford University Press, 2000.

King, Charles. *Gods of the Upper Air: How a Circle of Renegade Anthropologists Reinvented Race, Sex, and Gender in the Twentieth Century.* New York: Double day, 2019.

Khetsun Sangpo Rinpoche. *Strand of Jewels: My Teachers' Essential Guidance on Dzogchen.* Translated, introduced, and compiled by Anne Carolyn Klein. Boulder, CO: Shambhala Publications, 2015.

Khetsun Sangpo Rinbochay. *Tantric Practice in Nying-ma.* Translated and edited by Jeffrey Hopkins. Co-edited by Anne C. Klein. Ithaca, NY: Snow Lion Publications, 1982.

Klein, Anne (Rigzin Drolma), trans. *Becoming Yeshe Tsogyal.* Houston: Dawn Mountain Research Institute, 2020

———. "Feelings Bound and Freed: Wandering and Wonder on Buddhist Pathways." *Contemporary Buddhism* 19, no. 1 (2018): 83–101. hups://www. tandfonline.com/doi/full/10.1080/14639947.2018.1443567.

———, trans. *The Foundational Dakini Practice: Excellent Path of Great Bliss, from the "Luminous Heart Essence."* Houston: Dawn Mountain Research Institute, 2019.

———, trans. *Great Compassionate One: Essential Texts Liberating All Be-*

ings. Houston: Dawn Mountain Research Institute, 2021.

———, trans. *Heart Essence of the Vast Expanse: A Story of Transmission*. Ithaca, NY: Snow Lion Publications, 2009. Reprinted as *Heart Essence of the Vast Expanse: Foundational Practices and Transmission of the Longchen Nyingthig*. Boulder, CO: Shambhala Publications, 2020.

———. "Imagining the Real: Buddhist Paths to Wholeness in Tibet." In *Cambridge Handbook of the Imagination*, edited by Anna Abraham, 500–513. Cambridge: Cambridge University Press, 2020.

———. *Knowing, Naming, and Negation: A Sourcebook on Tibetan Sautrantika*. Ithaca, NY: Snow Lion Publications, 1997.

———. *Knowledge and Liberation: Tibetan Buddhist Epistemology in Support of Transformative Religious Experience*. Ithaca, NY: Snow Lion Publications, 1998.

———. *Meeting the Great Bliss Queen: Buddhists, Feminists, and the Art of the Self*. Boston: Beacon Press, 1994. Boulder, CO: Snow Lion Publications, 2008.

———. *Path to the Middle The Spoken Scholarship of Kensur Yeshey Tupden*. Albany: State University of New York Press, 1994.

———, trans. *Practice for Becoming the Guru: The Secret Essence*. Houston: Dawn Mountain Research Institute, 2021.

———, trans. *Troma Severance*. Houston: Dawn Mountain Research Institute, 2021.

Klein, Anne Carolyn, and Elizabeth S. Napper, trans. *Lamp Lighting the Path*. Somerville, MA: Wisdom Publications, forthcoming 2024.

Klein, Anne Carolyn, and Geshe Tenzin Wangyal Rinpoche. *Unbounded Wholeness*. Oxford: Oxford University Press, 2006.

Kozhevnikov, M., O. Louchakova, \. Josipovic, and M. Motes. "The Enhancement of Visuospatial Processing Efficiency through Buddhist Deity Meditation." *Psychological Science* 20 (2009): 645–53.

Levinson, Jules. "The Metaphors of Liberation: A Study of Grounds and Paths according to the Middle Way." PhD diss., University of Virginia, 1994.

Lopez, Donald S., Jr. *In the Forest of Faded Wisdom: 104 Poems by Gendun Chopel*. Chicago: University of Chicago Press, 2005.

McEvilley, Thomas C. *The Shape of Ancient Thought: Comparative Studies in Greek and Indian Philosophy*. New York: Allworth Press, 2002.

McLeod, Ken. *Wake Up to Your Life: Discovering the Buddhist Path of Amention*. New York: HarperCollins, 2001.

McGee, Rhonda. *The Inner Work of Racial Justice: Healing Ourselves and Transforming Our Communities through Mindfulness*. New York: TarcherPerigee, 2019.

Mesquita, Batja, Lisa Feldman Barreu, and Eliot R. Smith, eds. *The Mind in Context*. New York: Guilford Press, 2010.

Morrison, Toni. "The Reader as Artist." Oprah.com. hups://www.oprah.com/omagazine/toni-morrison-on-reading/all (accessed June 28, 2021).

Napper, Elizabeth S., trans. and ed. *Mind in Tibetan Buddhism*, by Lati Rinbochay. Ithaca, NY: Snow Lion Publications, 1980.

Neumaier-Dargyay, Eva K. *The Sovereign All-Creating Mind: A Translation of the Kun Byed Rgyal Po'i Mdo'*. Albany: State University of New York Press, 1992. Nyoshul Khenpo Jamyang Dorje. *A Marvelous Garland of Rare Gems*. Junction

City, CA: Padma Publishing, 2005.

Owens, Lama Rod. *Love and Rage: The Path of Liberation through Anger*. Berkeley, CA: North Atlantic Books, 2021.

Padmakara Translation Group. *Treasury of Precious Qualities: Book One, The Rain of Joy, by Jigme Lingpa, with The Quintessence of the Three Paths, a Commentary by Longchen Yeshe Dorje, Kangyur Rinpoche*. Boston: Shambhala Publications, 2010.

———. *Treasury of Precious Qualities: Book Two, Vajrayana and the Great Perfection, by Jigme Lingpa, Commentary by Longchen Yeshe Dorje, Kangyur Rinpoche*. Boston: Shambhala Publications, 2013.

———. *The Trilogy of Rest*, by Longchen Rabjam. Vol. 1, *Finding Rest in the Nature of the Mind*, vol. 2, *Finding Rest in Meditation*, vol. 3, *Finding Rest in Illusion*. Boulder, CO: Shambala, 2018–2020.

Pagels, Elaine. *Beyond Belief: The Secret Gospel of Thomas*. New York: Random House. 2005.

Patrul Rinpoche. *The Words of My Perfect Teacher*. Boston: Shambhala Publications, 1998.

Pelzang, Khenpo Ngawang. *A Guide to "The Words of My Perfect Teacher."* Translated by Dipamkara with the Padmakara Translation Group. Boston: Shambhala Publications, 2004.

Petitmengin, Claire. "Anchoring in Lived Experience as an Act of Resistance." *Constructivist Foundations* 16, no. 2 (2021): 172–81.

———. "The Intuitive Experience." *Journal of Consciousness Studies* 6, nos. 2–3 (February 1999): 43–77. Reprinted in *The View from Within: First-Person Approaches to the Study of Consciousness*, edited by Francisco Varela and Jonathan Shear, 43–78. Thorverton, UK: Imprint Academic, 1999.

———. "Towards the Source of Thoughts: The Gestural and Transmodal Dimensions of Lived Experience." *Journal of Consciousness Studies* 6 (2007): 43–77.

Rumi, Jalal al-Din. "In Baghdad, Dreaming of Cairo." In *The Essential Rumi*. Translated by Coleman Barks. San Francisco: HarperSanFrancisco, 1995.

Samphel, Lama Tenzin. "Oral Commentary on Longchenpa's *Chos dbyings mdzod*." Houston: Dawn Mountain Center for Tibetan Buddhism, 2016.

Śāntideva. *The Bodhicaryāvatāra*. Translated by Kate Crosby and Andrew Skilton. Oxford: Oxford University Press, 2008.

Shenphen Dawa Rinpoche. *Bum Chung: The Yoga of the Small Vase*. n.p.: Yeshe Melong, n.d.

Shukman, Henry. *One Blade of Grass: Finding the Old Road of the Heart*. Berkeley, CA: Counterpoint, 2019.

Smith, Malcolm. *The Great Commentary by Vimalamitra*. Boston: Wisdom Publications, 2016.

Stern, Daniel N. *Forms of Vitality: Exploring Dynamic Experience in Psychology, the Arts, Psychotherapy and Development*. Oxford: Oxford University Press, 2010.

———. *The Interpersonal World of the Infant: A View from Psychoanalysis and Developmental Psychology*. New York: Basic Books, 2000.

———. *The Present Moment in Psychotherapy and Everyday Life*. New York: W. W. Norton, 2004.

Suzuki Roshi. *Zen Mind, Beginner's Mind: Informal Talks on Zen Tradition and Practice*. New York: Weatherhill, 1970.

Thānissaro Bhikkhu. "Bāhiya Suua." hups://www.dhammatalks.org/suuas/KN/Ud/ud1_10.html (accessed July 5, 2022).

Theise, Neil D. "Beyond Cell Doctrine: Complexity Theory Informs Alternate Models of the Body for Cross-Cultural Dialogue." *Longevity, Regeneration, and Optimal Health: Integrating Eastern and Western Perspectives* 1172, no. 1 (August 2009): 1–361. hups://doi.org/10.1111/j.1749-6632.2009.04410.x.

Tsongkhapa. *The Great Treatise on the Stages of the Path to Enlightenment*, vols. 1–3. Translated by the Lamrim Chenmo Translation Commiuee. Edited by Joshua Cutler and Guy Newland. Ithaca, NY: Snow Lion Publications, 2000–2002.

Tulku Thondup. *Masters of Meditation and Miracles: The Longchen Nyingthig Lineage of Tibetan Buddhism.* Edited by Harold Talbou. Boston: Shambhala, 1996.

Wangyal, Geshe Tenzin Rinpoche. *Healing with Form, Energy, and Light: The Five Elements in Tibetan Shamanism, Tantra, and Dzogchen.* Edited by Mark Dahlby. Ithaca, NY: Snow Lion Publications, 2002.

Willis, Jan. *Dreaming Me: Black, Baptist, and Buddhist, One Woman's Spiritual Journey.* Sommerville, MA: Wisdom Publications, 2008.

Van Schaik, Sam. "Early Dzogchen IV: The Role of Atiyoga." Early Tibet blog, August 3, 2011. hups://earlytibet.com/2011/08/03/eawrly-dzogchen-iv/.

Wallace, Vesna. *The Kālacakra Tantra: The Chapter on Sādhana, Together with the Vimalaprabhā Commentary: A Study and Annotated Translation.* New York: Columbia University Press, 2010.

Wolter, Doris. ed. *Losing the Clouds, Gaining the Sky: Buddhism and the Natural Mind.* Boston: Wisdom Publications, 2007.

Yalom, Irvin D. *Existential Psychotherapy.* New York: Basic Books, 1980.

Yampolsky, Philip B., trans. *The Platform Sutra of the Sixth Patriarch: The Text of the Tun-Huang Manuscript.* New York: Columbia University Press, 2012. Ying, Chinghui Jianying. "Being and Knowing in Wholeness Chinese Chan, Tibetan Dzogchen, and the Logic of Immediacy in Contemplation." PhD diss., Rice University, 2010.

LINAJE DE MAESTROS

ADZOM PAYLO RIMPOCHÉ

Nació en la región de Kham, en el Tíbet tradicional, en 1971. Fue reconocido como encarnación de Jigme Lingpa, y de los reyes Trisong Detsen, Vimalamitra y Ngari Panchen, entre otros, así como de la dimensión del habla de Manjushri. A los trece años, uno de sus maestros le pidió que disertara sobre la obra de Patrul Rimpoché *Palabras de mi Maestro Perfecto* en la prestigiosa sede sagrada de Samye Chimphu, observó que "muchos lamas vinieron, no para aprender, sino para criticarme". ¿Cómo podía alguien tan joven enseñar un texto tan profundo? A medida que avanzaba su discurso, se inclinaban ante él en señal de reverencia.

Creció y se formó en Adzom Gar, fundada por Adzom Drukpa (1824-1942), que fue el padre de Adzom Rinpoche en su vida anterior como Pema Wangyal. Actualmente enseña donde reside principalmente, en Ogyen Samden Ling, el monasterio que fundó hacia el año 2000, situado en la zona de Rege de la Región Autónoma del Tíbet, en un lugar sagrado desde hace mucho tiempo para Guru Rimpoché y Yeshe Tsogyal. A lo largo de los años ha aceptado invitaciones para enseñar en centros monásticos de las cuatro órdenes del budismo tibetano, y también del Bön. De este modo, continúa y amplía la orientación no sectaria (*ris med*) de su vida anterior como Jigme Lingpa.

En Ogyen Samden Ling enseña y transmite con maestría todos los programas monásticos y dzogchen tradicionales, y comparte con sus alumnos un raro linaje de instrucciones sobre la naturaleza de la mente (sems khrid). Es un terton prolífico, un revelador de textos o buscador de tesoros. Los tesoros que ha dado a conocer en los últimos años incluyen la *Esencia del Corazón Luminoso* (*Osel Nyingthig*), tras ver el rostro de Yeshe Tsogyal; los ciclos *Esencia del Corazón de Loto* (*Pema Nyingthig* o *Avalokiteshvara Dzogchen*), recibido en la isla de Potu, sagrada para Kwan Yin; y *Manjushri Dzogchen*, recibido en la cueva de Vimalamitra en Wu Tai Shan en 1999. También posee la *Esencia del Corazón* de Jigme Lingpa, el ciclo de la *Vasta Extensión* (*Longchen Nyingthig*) y la colección de tesoros Adzom Drukpa conocida como el *Tesoro Secreto del Vajra Luminoso* (*Osel Dorje Sang Mdzod*). Es titular de los linajes Dzogchen y Mahāmudrā. Se le conoce por muchos logros inusuales, como dejar huellas de pies y manos en rocas de diversos lugares del Tíbet y, quizá lo más famoso, como medio hábil para inspirar la práctica y el aprendizaje del dharma, una huella en la cabeza en Tedrom, que en el siglo VIII fue lugar de retiro de Yeshe Tsogyal y Guru Rimpoché.

ༀ

JIGME LINGPA (1730-98)

Encarnación de Trisong Detsen y Vimalamitra, es famoso por su revelación del ciclo *Esencia del Corazón, Vasta Extensión*, que surgió para él cuando tenía veintiocho años y estaba en retiro, después de llorar de añoranza por Guru Rimpoché al verlo en sueños.

A los treinta y un años experimentó tres visiones puras del cuerpo de sabiduría de Longchen Rabjam, en las que recibió sucesivamente la transmisión de las enseñanzas de Longchenpa, las bendiciones del habla que le facultaban para enseñar como representante de Longchenpa, y la bendición de la mente de sabiduría de Longchenpa, que le transfirió su conocimiento. Posteriormente recibió la transmisión de los Diecisiete Tantras de Nyingthig, Vima Nyingthig, Lama Yangthig y otros a través del monasterio de Mindrolig. A los cuarenta y tres años organizó la impresión de los tantras nyingma en veinticinco volúmenes. Como ya se ha señalado, Jigme Lingpa era conocido como uno de los primeros defensores del no-secularismo en Tíbet; sus devotos alumnos procedían de todos los rangos de la sociedad, desde los más humildes hasta el rey y la reina de Derge. A los setenta años se retiró a Tsering Jong, donde había establecido un convento. Un día claro y luminoso impartió una enseñanza sobre Tārā Blanco. Una dulce fragancia llenó el lugar, una suave lluvia cayó del cielo despejado y, tras pedir que se pusieran nuevas ofrendas en el altar, se unió a la primordialidad.

☙

LONGCHEN RABJAM (1308-64)

Se considera la reencarnación de la hija de Trisong Detsen, la princesa Pemasal, que murió mientras visitaba Samye Chimphu. Guru Rimpoché la revivió brevemente, el tiempo suficiente para otorgarle el ciclo de la Esencia del Corazón de Dakini (Khandro Thugthig), indicando que revelaría el ciclo en su vida futura como Pema Ledreltsal y lo promulgaría en su vida posterior como Longchenpa. Profundamente erudito, profundamente practicante, Longchenpa es el principal compilador e intérprete creativo del Dzogchen en el Tíbet. Además de sus voluminosos escritos, recopiló y amplió ampliamente el Vima Nyingthig de Vimalamitra y la Esencia del Corazón de Dakini de Padmasambhava. A la edad de veintisiete años recibió las enseñanzas completas de Vimalamitra de Kuma-radza, quien facultó a Longchenpa como titular de su linaje. A continuación, Longchenpa pasó siete años en retiro, principalmente en Samye Chimphu. Más tarde, recibió las enseñanzas de la Esencia del Corazón de Vima directamente del propio Vimalamitra en una visión, y así se inspiró para escribir la Esencia Esencial de Lama (Lama Yangthig). Pasó gran parte de su vida en soledad. Cuando llegó de nuevo a Chimphu a la edad de cincuenta y seis años, dijo que morir en Chimphu era mejor que nacer en otros lugares. Pasó allí, y su estupa (visible en la quinta imagen de la práctica de la médula) sigue siendo un objeto de veneración en lo alto del valle hasta el día de hoy.

ÍNDICE

Ser un humano y también un buda
de Anne C. Klein,
compuesto con tipos Adobe Garamond Pro
y Microsoft Himalaya para
los textos en sánscrito
bajo el cuidado de Raúl Alonso,
se terminó de imprimir
el 13 de marzo de 2024.

LAUS DEO